生长教育

成为最好的自己

李江美　著

北京师范大学出版集团
BEIJING NORMAL UNIVERSITY PUBLISHING GROUP
北京师范大学出版社

图书在版编目(CIP)数据

生长教育：成为最好的自己/李江美著. —北京：
北京师范大学出版社，2022.7(2024.8 重印)
ISBN 978-7-303-27799-5

Ⅰ.①生… Ⅱ.①李… Ⅲ.①学前教育－教育研究
Ⅳ.①G610

中国版本图书馆 CIP 数据核字(2022)第 021091 号

图书意见反馈　gaozhifk@bnupg.com　010-58805079
北京师范大学出版社教师教育分社微信公众号　京师教师教育

SHENGZHANG JIAOYU：CHENGWEI ZUIHAO DE ZIJI

出版发行：北京师范大学出版社　www.bnup.com
　　　　　北京市西城区新街口外大街 12-3 号
　　　　　邮政编码：100088
印　　刷：北京虎彩文化传播有限公司
经　　销：全国新华书店
开　　本：710 mm×1000 mm　1/16
印　　张：15
字　　数：240 千字
版　　次：2022 年 7 月第 1 版
印　　次：2024 年 8 月第 4 次印刷
定　　价：63.00 元

策划编辑：冯谦益　　　　　责任编辑：马力敏　李灵燕
美术编辑：焦　丽　李向昕　装帧设计：焦　丽　李向昕
责任校对：康　悦　　　　　责任印制：马　洁

丛书编委会

主　任：苏泽庭

副主任：徐文姬　陈如平　柳国梁

委　员：（按姓氏笔画排名）

马　兰　王晶晶　石伟平　朱永祥

刘占兰　李　丽　沙培宁　张新平

林小云　赵建华　袁玲俊　耿　申

戚业国　彭　钢　蓝　维

序 一

"教育兴则国兴，教育强则国强。"实现中华民族伟大复兴的中国梦，归根到底是靠人才、靠教育，必须把教育事业放在优先位置。党的十九大报告提出的"建设教育强国"，主要方向是走中国特色社会主义教育发展道路。习近平总书记在 2018 年全国教育大会上明确提出"坚持扎根中国大地办教育"。中国的教育应根植于中华文明，守住中华优秀传统文化的根与魂，讲好中国教育故事，创生中国特色理论，为人类贡献中国智慧和中国方案。

宁波简称"甬"，位于长江三角洲南翼，是我国东南沿海重要港口城市和历史文化名城。宁波教育源远流长，长盛不衰。唐建州学，宋设县学，人文荟萃，贤才辈出。在河姆渡文化的孕育下，宁波先后出现了一批又一批有影响力的教育思想家，如宋元时期的高闶、王应麟等，明清时期的王阳明、钱德洪、徐爱、方孝孺、朱之瑜、黄宗羲等，民国时期的陈训正、张雪门、杨贤江等。这些先贤都为宁波的教育做出了不朽贡献，在中国的教育发展史上发挥了重要作用，是甬派教育家的典型代表。

改革开放以来，宁波市的基础教育实现了跨越式发展。宁波教育本着"以人民为中心"的宗旨，全力"办人民满意的教育"。人民满意的教育是优质公平的教育，是"办好每一所学校""教好每一个孩子"的教育。谁来办好每一所学校呢？除了政府提供必要的条件外，"教师是立教之本、兴教之源"。那么，靠谁把广大教师组织起来呢？靠校长。有一位好校长，才有一所好学校。宁波基础教育高水平优质发展的伟大实践，需要一批"教育家型"的优秀校长。正是基于这种思路，从 2009 年开始，宁波市就启动了"甬派教育管理名家培养工程"，2017 年 3 月启动了第二期工程。

一项人才培养工程能够持续开展十余年，并持续发挥重要作用，这本身就值得研究。长期以来，宁波市一直重视中小学校长和幼儿园园长队伍的建设，注重校(园)长成长规律和培训规律的研究，凭借宁波人"敢为人先"的创新精神，开创性地提出了教育干部培训的宁波模式和宁波经验，形成了"新任校长—合格校长—骨干校长—名校长—教育管理名家"的"五段三分双导"校长培养的完整体系。"甬派教育管理名家培养工程"位于宁波市教育干部培训"金字塔型"培养体系的塔尖，代表了宁波市教育干部培训工作的新高度，已经成为宁波市教育干部培训的新品牌。第二期"甬派教育管理名家培养工程"采用"双导师制"，聘请国内著名教育专家为理论导师，聘请全国有影响力的著名校长为实践导师，采用课题研究与经验提炼相结合的方式，来进行三年学习、两年展示的为期五年的培训，进而培养出教育管理的领军人物。这次出版的"甬派教育管理名家系列"丛书就是第二期培养对象经过三年学习，在名家的指导下，对自我教育实践进行提炼和提升的成果。

丛书的出版，虽然有种"立此存照"的意思，但更重要的是为了提供一种"本土经验""本土智慧"和"本土创造"。本系列丛书，有的是对办学实践的经验反思，有的是对办学主张的提炼梳理，有的是对办学理想的叙说表达……这些教育经验、教育主张、教育信念和教育理论，共同组成了新时代"甬派教育管理名家"的教育思想。细细品味丛书，我们可以清晰地感受到这批"甬派教育管理名家"办学思想背后的文化底蕴。

"知行合一，就是要行必务实。"本系列丛书的每一位作者都是宁波校长队伍中的优秀代表，他们的成长都建立在成功办学的基础上。每一本专著背后，都有一所或几所优质学校做后盾。从每一位校长的成长历程中，我们可以清晰地看到，"知行合一"已经成为他们共同遵循的基本观念。他们强调做实事、务实功、求实效，确保定下的每一件事能做到、能做好。他们强调"经世致用"学风，"务当务之务"，勇于任事，致力创新。本系列丛书记录了他们从理论到实践的行进方式，促进了宁波教育的率先发展，体现了"实践、认识、再实践、再认识"的实践论观点。

"知难而进，就是要行不懈怠。"本系列丛书在编写和出版过程中遇到的困难是显而易见的。从出版的数量上看，一项工程要出版20本专著，这在宁波市教育干部培训历史上是前所未有的。本系列丛书出版的组织者——宁波教育学院，坚持志不求易、事不避难，这种担当精神令人敬佩。从出版的质量上看，作为专著的作者，各位校长要从忙碌的日常管理工作中抽出时间是一件十分不易的事，而且在写作过程中还会遇到各种问题，这些对他们来说都是很大的挑战。但是，他们敢于直面挑战，勇于解决问题，把不可能变成了可能。因此，本系列丛书的成功出版，是各方知难而进、共同奋斗的结果。

"知书达理，就是要行而优雅。"有着 400 多年历史的天一阁，是中国现存较早的私家藏书楼，也是亚洲现有较为古老的图书馆和世界最早的三大家庭图书馆之一。它使人们真切地感受到了书香宁波的特有气质。本系列丛书的出版既是对这种城市魅力的共建，又是对流淌在宁波教育人身上"书卷气"的共识。从工程一期的《我的教育思想》到这次二期的系列丛书的出版，反映了宁波教育人注重内涵发展、崇尚理性思想、爱好著书立说的优雅旨趣。翻开丛书，我们从字里行间都能感受到各位校长在办学过程中体现出来的崇文重教、崇德向善的教育思想和知书达理、彬彬有礼的人格魅力。

"知恩图报，就是要行路思源。"宁波人懂感恩、会感恩，本系列丛书的出版也是一种感恩回报。在工程的实施过程中，他们有幸得到了全国著名教育专家的指导；他们感恩各位导师的辛勤付出，珍惜与导师的深厚情谊。本系列丛书的出版是他们对导师最好的回报。他们有幸遇到了北京师范大学出版社，敬业勤勉的编辑老师的专业指导助推了丛书的顺利出版。他们感恩党和政府，正是在党的正确领导下，才实现了他们的个人价值。他们感恩教育本身，蓬勃发展的教育事业为他们提供了研究教育、施展才华和专业成长的沃土。本系列丛书的出版，必将对宁波教育的发展发挥重要作用。他们感恩所有关心、支持和帮助过他们的人，本系列丛书正是他们抒发这种感恩之情的载体。书中提到的每件事、每个人，其背后都是浓浓的感恩之情。

总之，"甬派教育管理名家系列"丛书的出版是宁波教育史上的一件大事，是宁波教育向中国共产党成立 100 周年的献礼之作，必将对宁波教育努力率先高水平实现教育现代化的新时代总目标发挥重要作用。

苏泽庭

2020 年 8 月

序 二

2017 年 3 月，宁波市第二批"甬派教育管理名家培养工程"启动，29 位宁波市知名校长入围受训。此工程是宁波市加强校长队伍建设的创新之举，也是宁波市校长培训工作的顶端品牌，旨在落实"教育家办学"理念，通过培养一批"更加专业""更加卓越"的"本土教育家"校长，来领导宁波教育的创新发展。我受宁波市教育局、宁波教育学院、宁波市教育行政干部培训中心的委托，全权代邀 10 位国内著名的专家学者组成了一个专业的导师组；又因是宁波人的关系，被任命为组长。三年多来，经过面试面授、外出游学、著书立说、登台报告等环环相扣的程序，"甬派教育管理名家培养工程"已完成大部分的目标和任务，进入了最后的收官阶段。

回首当初，宁波市教育局、宁波教育学院、宁波市教育行政干部培训中心和导师组曾就此工程提出了"五个一"的目标，即申报立项一个课题，核心期刊上发表一篇学术论文，每年外出短期游学拜师一次，撰写一部教育管理专著，举办一次办学思想研讨会。其中，最为重头也是最硬气的，就是要求第二批教育管理名家培养对象人人完成一部专著，即基于办学实际和对教育内涵、教育教学管理具体工作、办学育人规律的认识，对教育问题进行思考并总结行之有效的经验做法，通过思考、梳理、总结、提炼，集结成册，最后形成一本专著。令人欣慰的是，在宁波市教育局、宁波教育学院、宁波市教育行政干部培训中心的领导下，在导师组的精心指导下，29 位培养对象中，除却 3 人因工作调动不再担任校长外，有多位校长最终提交了书稿，编写成"甬派教育管理名家系列"丛书，由北京师范大学出版社正式出版，成为"甬派教育管理名家培养工程"的标志性成果。

30 多年来，我始终关注学校的发展问题，特别是"校长"这个学校发展的关键性和决定性因素。俗话说得好，"火车跑得快，全凭车头带"。从某种意义上说，校长的素质决定学校的发展，没有高素质的校长，就不可能有学校的可持续发展。近年来，大量的学校实践案例和校长实践经验，让我对"一位好校长就是一所好学校"这一信条深信不疑。这一点已在第二批"甬派教育管理名家培养工程"的培养对象办学以及他们各自的专著中体现出来。2020年9月15日，《教育部等八部门关于进一步激发中小学办学活力的若干意见》（以下简称《意见》）发布，明确提出注重选优配强校长，努力造就一支政治过硬、品德高尚、业务精湛、治校有方的高素质专业化校长队伍。这是激发办学活力的关键性因素。《意见》不仅增强了实施"甬派教育管理名家培养工程"的信心和决心，也给未来中小学校长的选拔、培养与使用提出了新的目标和要求。

关于校长的素质特征、能力表现等，我结合近年来自己的研究，认为现在衡量和评判校长水平高低的重要标准或指标有了变化，除了显性的办学成就和管理水平外，还要看他教育思想的整体性、系统性和集成性，看他办学思路的完整性、清晰性和流畅性，看他育人成果的全面性、发展性和创新性。这些标准或指标，以往可以体现在学校章程、发展规划、年终总结或述职报告等载体中，如今必须通过系统思考、全面梳理和总结提炼，形成办学育人的规律性认识以及体系化建构，最终集合成综合性论文或学术专著来展示。这也是我们在第二批"甬派教育管理名家培养工程"中如此重视和强调著书立说的原因。

鼓励和引领校长去著书立说，在实际操作时容易走向功利化境地，对此社会上和教育界内出现了不少反对的声音。尽管我也特别反对教育中各种功利化的做法，如校长为出书而出书，但我还是会建议校长随时对自己的办学思路、行为及其结果进行思考、总结、梳理和提炼。这既是校长的基本功和校长专业发展的必修课，也是加强校长队伍建设的重要任务。那么，如何做好这一项工作？在此，我用教育管理名家的"名"字做些发挥，谈谈自己的三点体会，同时也表明我对"甬派教育管理名家培养工程"的认识、态度和立场。

第一，要弄清楚因何而"名"。所谓"名"，是指知名、著名。校长有名，实指校长声望高、有影响力。在现实中，名校长包括两层含义：一是名校的校长；二是知名或著名的校长。二者往往又是可以转化的。校长先担任名校的校长，再在办学上有所动作和贡献，使自己成为知名或著名的校长；也可以是知名或著名的校长执掌一所学校，把学校办成名校，使自己成为名校的校长。学术界给出了很多关于名校长的定义和主要特征，但从总体上看不外乎三个方面：一是办学成功，二是思想定型，三是影响力大。"甬派教育管理名家培养工程"的培养对象都或多或少地具备这三个方面的特征。

我一直认为，名校长是一个发展性的概念。任何事物的发展都是由量变到质变的过程。一位校长的成功与成名也是一个积累和发展的过程，不可能一夜成名。任何一位名校长，都是其办学思想和办学业绩得到广泛认可后才逐渐成名的。教育行政部门对名校长的认定只是一种形式。从根本上讲，名校长不是自封的，也不是任命的，而是社会公认的。名校长在被教育行政部门认定之前就已经在教育界和社会上具有一定的名望。名校长的"名"应是一种社会影响和社会认可。引导和鼓励校长成为名校长，可以使校长有更高的追求和境界，从而把学校办得更好。

第二，名校长要擅长"明"。一位优秀的校长必须有独具特色的教育思想并身体力行。苏霍姆林斯基根据自己多年从事校长工作的实践经验，提出领导学校，首先是教育思想的领导，其次才是行政上的领导。这是一个十分重要的观点，也是校长管理学校的客观规律。教育家是实践家，衡量教育家的首要标准就是他们在教育实践工作中的成绩：或育才有方，或治校有方、成绩突出。名校长都是成功的校长，是治校有方、办学成绩突出的校长，理应被称为教育家。教育家要有自己的办学思想，甚至有的教育家还创立了新的教育理论。他们都必须亲身从事教育实践，把办学思想和新的教育理论用于教育实践并且取得显著的成效，否则就不能被称为教育家。这是所有想成为名家的校长们必须懂得的道理。

"明"就是要明理。明理是读书人要达到一种通达慧明、明晓事理的境界。名校长要明以下三方面的理。一是教育之理，说的是教育的本质特征。《说文解字》对"教育"之理讲解得非常精辟："教，上所施下所效也""育，养子使作善也"。这两句话表明育人是教育的本质。二是办学之理。办学是有规律可循的。办学规律及其衍生出来的运行体系、体制和机制等，都是办学之理。三是育人之理。弄清楚"培养什么人"的问题，这是教育的首要问题，同时还要弄清楚"怎样培养人""为谁培养人"等问题。这三个问题构成育人的有机整体，不可分割，只有如此才能培育和造就全面发展的人。名校长还要善于捕捉代表时代发展和前进方向的新思想、新观念，善于用批判的眼光、理性的思维去分析教育的问题，对自我教育行为进行反思，不断深化对教育的规律性认识。

第三，名校长要善于"鸣"。鸣，就是发出声音。意思就是，名校长要善于表达，善于发表自己的意见和主张，引导舆论，营造氛围。"千线万线，只有一个针眼穿。"千线万线指的是各种各样的政策、理论、理念和方法；这个针眼是指学校实践，任何政策、理论、理念和方法都要通过学校实践来落地实现。当下，名校长必须把以下问题的落实和解决作为己任，下足功夫，写好文章。一是全面贯彻党的教育方针，建立健全立德树人教育机制，大力发展素质教育，着力培养学生的社会责任感、创新精神和实践能力。二是深化教育教学改革，不断推进课程改革，优化教学方式，探索因材施教的路径、机制和策略，创建适合学生发展的教育体系。三是注重理论与实践的结合。校长要用科学的理论指导教育教学实践，要通过实践总结创造出新的科学理论，从而再用新的理论去指导新的实践，提高办学育人水平；同时，还要结合时代和教育的发展，不断融入新的元素，寻找新的增长点，实现发展目标。四是善于传播先进的教育思想理念，既能用自己先进的教育思想和教育价值去影响教师和改造教师，促进教师教育观念和教学行为自觉地转变，又能科学引导家长和社会树立正确的教育观、育人观，努力营造良好的教育生态环境。

陈如平

2020 年 9 月

序　三

蓬勃生长的力量

得知李江美园长的个人教育专著已经完稿，并邀请我为她写序，我欣然答应。这份高兴既指向李园长交出的这份沉甸甸的教育成果，又指向李园长自身蓬勃的生长力量。

认识李江美园长很早，这位看起来安静、有些年轻的园长早已经获得浙江省特级教师、正高级教师等荣誉。在"甬派教育管理名家培养工程"中见到她时，她告诉我，参加这个培养工程，是希望自己能够有一个空间安静下来，反思、提炼自己的教育实践。她说，作为一名教育者，必须要不断学着认识、发现、梳理自己的教育思想。因为任何一位教育者，无论其教育思想是否清晰，都一定会在教育与管理的点滴实践中，不由自主地传递自己或模糊、或清晰的教育思想。只有主动地去认识、发现、梳理自己的教育思想，才能更好地帮助自己不断优化教育方法与教育管理。

"甬派教育管理名家培养工程"有许多规定要完成的任务，个人专著是其中一项。李江美园长在学前课程、教师培养、教育管理等方面有很多的建树。例如，她的《幼儿园新行为课程》，获得浙江省基础教育成果二等奖；《幼儿园编织课程》获得浙江省优秀教研课题成果一等奖，首批浙江省幼儿园优秀精品课程；她的教师培养系列文章在《学前教育》多次连载发表；她的教育管理系列文章在《中国教育报》连载刊出。她并没有选择这些现成的材料作为自己的著作方向。她说，一位教育者如果仍然停留在"教育思想、理念是专家的事"的阶段，就是不称职、渎职。因为，作为一名教育者，当你与幼儿见面的瞬间，教育就开启了。于是我见证了李江美园长建构、梳理自己生长教育理念过程的艰辛、执着和收获。我曾多次和李江美园长交流、沟通，并实地走访过她的幼儿园，真切感受到了李园长对教育的激情与执着。她团队对生长教育理念的理解，对生长教育精神在教育实践中的落实，都展现出了强大的生命力。

何为"好的幼儿教育"是每个幼儿教育者都必须回答的问题。这本著作的核心就是探讨、寻找、践行"好的幼儿教育"。我很认同李江美园长的思考和实践，书中呈现的生长教育体系，明确回答了"为谁培养人""培养怎样的人""怎样培养这样的人"的教育核心问题，展现了一位有扎实理论基础的教育工作者是如何在不断的学习、实践、反思中建构起有体系的生长教育思想的，概括而言有三。

一是好教育应立足于教育根本。

立足教育原有基础。本书以贴近一线幼儿教育者理解的方式，梳理了从 20 世纪 80 年代起我国幼儿教育走过的几个典型阶段：关注课堂教学阶段、关注特色阶段、关注课程阶段。李江美园长用大量鲜活的案例，让我们清楚地了解了当下幼儿教育所取得的成绩和存在的问题，以及导致这些问题的根源所在：教育原点的迷失。"看得见过去"是教育研究者非常重要的品质，任何教育的探索都要建立在对过去已有理论、经验的反思基础上。不盲目照搬、不全盘否定，真正理性分析教育前辈的经验，依据当下的情况有选择地吸收、拓展，这是教育研究者最好的研究态度。也只有如此，才能真正构建出满足当下时代要求的教育实践模式。李江美园长的生长教育正是因为有这样的理性思考，所以才会呈现厚重的韵味。

立足我国国情。正如书中所提出的，我国幼儿教育起步较晚。因此，向幼儿教育先行国家学习、借鉴经验是一条必然之路。但借鉴不是全盘复制，"盲目跟风"是当前幼儿教育实践者们必须杜绝的现象。我国文化、我国的实际发展水平决定，幼儿教育必须建立在我国国情之上，要与我国国情相结合，只有这样，才能培养出有中国心的儿童。生长教育立足我国国情，坚持在我国文化中汲取营养，尤其是对陶行知的"儿童六大解放"观点、陈鹤琴"活教育"精神、张雪门"行为课程"精髓的吸收和运用，让这些中国本土化教育思想光芒都在生长教育的实践中得到彰显。可以说，生长教育的探索让我们看到了中国优秀的幼儿教育思想是如何在当代的实践中继承和发展的。

二是好教育始终看到真儿童。

坚守教育者的柔软心。教育者的柔软心就是坚定地相信教育对象，懂得努力观察教育对象的不同特点。具备教育柔软心的教育者碰到教育困难时，他的反思会指向自己，而不是责怪甚至放弃教育对象。我们看到李江美园长所构建的生长教育起点是真实的幼儿。面对3～6岁的教育对象，李江美园长始终记得"敬畏儿童"，她认为，终其一生，我们也无法完全读懂幼儿，我们能做的只能是不断地接近。她珍惜、欣赏幼儿的未成熟，她认为未成熟状态意味着精彩与可能，未成熟里有巨大的力量。面对这种未成熟，她认为教育者应该做的是调整自己的步伐，看懂未成熟的长处。所以，在她的生长教育下，幼儿能真正成为学习的主动者。

坚守教育者的专业心。如何看待幼儿，如何看待教师的使命，如何看待教育对幼儿发展的作用，这三个问题是每一位教育者必须面对的教育三要素：儿童观、教师观、教育观。李江美园长的生长教育构建，清晰地展现出她的专业思考是深度的：对儿童的认识——率天性；对教师作用的认识——承天职；对教育目的的认识——致天赋。精炼的9个字体现的是她的理性、专业，她无愧于幼儿教育实践引领者的称号。书中，她对幼儿生理、心理发展的追溯方式非常独特，是结合现实的可触摸案例来进行的，这样读者就能在教育故事中产生深度的教育思考。这样的书写方式能满足一线教师的需要，她用自己的专业能力为一线教师搭建了一座理论和实践的桥梁。

三是好教育始终看得见老师。

提炼精准的路径。生长教育体系以16个易记、易懂的文字提炼出一条人人可去实践的教育路径：发现生长点，搭建生长平台，增强生长力。这条严谨、清晰的操作路径体现了好教育的根本：教育的起点是读懂真实的幼儿，教育的重点是教师运用适宜的教育策略支持幼儿，教育的目的是实现每个幼儿在自己原有基础上的成长。书中第五篇章，展现了生长教育路径下大量有意义的案例，这些案例让我们看到，只要遵循这16字，无论开展大课程还是小课程，无论是新手教师还是成熟教师，无论是在正规教育场所还是在非正规教育场所，都可以去实践优质教育。

提炼可学的方法。生长教育在充分看到幼儿主观能动性的同时，也看到了教师的主观能动性。在给出了可复制的生长教育模式时，更给出了教育者如何发现、搭建符合当地实际、幼儿实际、教师实际的生长平台。生长平台怎么搭建？李江美园长给出了根本的原则，即"心中有法，灵活用法，让静态的教育方法、路径变成动态的生长平台"，也给出了具体的对照标准，即"满足个性需求、紧密联系生活、主动选择评价、整体浸润发展"。每位教师都可以以此来衡量自己搭建的平台是否符合幼儿的需要。怎样确定生长力得到增强？李江美园长坚信，最好的教育不是改造人，而是让人发现自己内心的力量。她将生长力解剖为教师很容易触摸到的生活力、健康力、学习力、交往力、创造力，也深度剖析了幼儿生长力的潜在性、动态性特点，这让一线教师清楚地认识到，只要借助幼儿感兴趣的事物，通过搭建适宜的生长平台，推动幼儿兴趣的拓展、延伸，就是增强生长力，这就实现了教育的真正目的。同时，她又谨慎地说明，要"静等生长力、拓展生长力"。

生长教育所倡导的理想的生长型教师，是"爱智统一"的教师。李江美园长做到了：她有爱，真心接纳每一位孩子；她有智，有支持孩子成长的无穷办法。我很欣喜在宁波本土有这样深度的幼儿教育探究，我也非常乐意把它推荐给每一位教育者。好教育是成全每一位幼儿，能让每个不同能力的幼儿得到适宜而充分的成长。生长教育倡导关注幼儿个性，了解、顺应幼儿天性，唤醒、增强幼儿内在力量，它有着源源不断的蓬勃生长力，可以让每个人都"成为最好的自己"！

柳国梁

2021 年 11 月 20 日

（宁波市教育行政干部培训中心主任、宁波市中小学幼儿园教师中心主任、研究员）

目　录
CONTENTS

引言 我的小蜗牛

不知道在香樟树的世界里，二十年有多长？是弹指一挥还是沧海桑田？幼儿园门前的那棵香樟树在二十年的光阴中默默见证着幼儿园的成长：从最初的稚嫩迷惘到如今的青春飞扬。当然还有那最重要的——一种尊重儿童生命成长规律的教育。

清晨，晨曦透过香樟树密密的缝隙撒落在幼儿园门前的台阶上。我如往常一样在幼儿园门口迎接来园的幼儿和家长。突然传来的一阵争执声吸引了大家的注意力。原来，大门口外中（一）班的天天和他的母亲不知道为什么事争吵起来了。我快步走过去，发现母子俩僵持在原地，天天抱着一个盒子，眼里含着泪花，母亲则一脸的恼怒。原来，今天早上天天妈妈发现天天饲养了一周的小蜗牛死了，就让天天扔掉。可无论妈妈怎么劝说，天天都听不进去，固执地说："小蜗牛不是死了，只是睡着了！"

天天听着妈妈和我的对话，转头用期盼的眼神看着我。我轻轻走上前，用眼神示意妈妈停止说话，我蹲下来微笑地问天天："天天，你怎么啦？"天天立即靠到我的怀里："园长妈妈，我的小蜗牛是睡着了，它没有死，真的没有死，它一会儿就会醒的。"我认真地听他诉说，然后轻轻地说："哦，原来你的小蜗牛睡着了。那我们讲话声音是不是要轻点，别吵醒它。"

天天立刻停止了哭泣，望着我说："嗯，我一定轻轻地讲话。园长妈妈，那我可以带我的小蜗牛去教室吗？"

"当然可以。"

天天立即抱着蜗牛兴冲冲地向教室飞奔而去。天天的母亲连连叹气："这孩子，怎么这么犟啊！"我微笑着说："没关系的，天天妈妈，你先去上班，我会关注天天的，你放心好了。"

对于教育者、家长而言，虽然幼儿就在我们面前，但是我们并未真正认识他们，更未真正发现他们。虽然许多教育者懂得教育学、心理学方面的知识，但我们所拥有的理论上的儿童观，和我们在实践中实施的儿童观存在着较大的差异。这其中的原因有很多。从生物学角度来讲，幼儿是生理发育和心理发育都不成熟的人，这是自然的特点和规律。在成人看来蜗牛是否死亡这是一件一目了然的事情，怎么5岁的幼儿就是不明白？于是，我们对幼儿的这种未成熟就产生或轻视或急于拔高的心态。因为在潜意识里，我们会认为未成熟的状态是能力差的表现。你看，连区分蜗牛是否死亡这么简单的事情都不懂。于是，我们成人就想当然地认为应该让幼儿脱离这种状态，尽早进入像成人那样的较成熟状态。在这种情况下，我们就会忘记教育应顺应幼儿的发展规律，忘记教育应根据幼儿的能力提供适宜的支持。我们不会去思考5岁幼儿是如何建立起对小蜗牛的亲密情感的，也不会去思考5岁的天天对"死亡"的了解有多少。

一上午的时间，我都在追随着天天。在我们成人眼里天天那无法让人接受的观点，在班级幼儿那里却没有任何的疑义。他们认真听完天天的诉说后，立刻开始探讨各种唤醒小蜗牛的方法：有建议给小蜗牛讲故事的，因为精彩故事可以吸引小蜗牛；有让声音特别好听的婷婷给小蜗牛唱歌听的，因为早上她妈妈就是放好听的音乐叫醒全家的；有拿着科学区的放大镜，仔细观察小蜗牛是否睁开了眼睛的……还有因担心小蜗牛睡觉会冷，去保健室找来柔软的棉花给小蜗牛当被子的……

大家对唤醒小蜗牛的各种建议、尝试让我震惊，他们呵护蜗牛时流露出的那种对生命的真正关怀让我感动万分：他们懂得美好的文学故事、美妙的声音是让人苏醒的好办法。他们唤醒小蜗牛的对话让成人惭愧："我喜欢妈妈早上放音乐叫我起来。""我妈妈总喜欢叫我，快起来，快起来。我希望她不要这样。"幼儿帮助蜗牛苏醒的各种科学尝试让我惊叹不已。的确，幼儿是未成熟的人，但这里的"未"不是匮乏或一无所有，这里的"未"包含的是无限可能的意义。"婴儿带着一个天然进度表降生到世界上来，它是生物进化三百万年的成果。"[①]幼儿有着超出我们成人数倍的敏感心、好奇心、探究心、创造力、模仿力和积极热烈的情感。但是

---

① ［美］威廉·C.格莱因：《儿童心理发展的理论》，39页，长沙，湖南教育出版社，1983。

我们在成长的过程中，不知不觉遗失了这一切我们原本也具有的能力。如果在与幼儿的互动中，我们成人不强行将幼儿嵌入我们预先设想的模式中，真正懂得尊重幼儿的实际水平，在幼儿尚未成熟时，耐心等待。我们或许就会惊喜地发现：我们不只是在陪伴幼儿成长，我们也在获得成长。教师、家长与幼儿的互动是相互影响、相互作用的。

直到午后，天天和他的同伴在反复确认中才接受了小蜗牛已经死亡的现实。看着他那稍许失落的眼神，我适时地开展了一个心理辅导活动：学会告别。我和幼儿分享了自己曾遇到过的永别：我饲养过的小狗死了，我很伤心。大家也纷纷加入分享：自己最喜欢的小乌龟死了，家里的老奶奶再也不会醒了……

天天问："小蜗牛不能陪伴我了，我怎样让它舒服点？"全班开始寻找"怎样让小蜗牛好好离去"的办法。有的幼儿去幼儿园木工房为小蜗牛钉了一个小木盒，有的为小蜗牛制作名字木牌，有的选择了一首他们认为最美的音乐，有的制作了花和卡片。下午，全班幼儿举行了一场"蜗牛告别会"，然后天天和小伙伴们一起将小蜗牛埋在了他们最喜欢的那棵香樟树下。

作为教育者，我们要清醒地认识到，所有的教育只有建立在认识、顺应幼儿发展特点和规律的基础上，那才有意义。每一个幼儿都是自己世界的主人，我们是给幼儿提供支持的人，而不是代替幼儿成长的人。如何支持？那就是真正聆听幼儿的心声，真正理解他们的困惑，然后根据幼儿的发展规律及其本性，以适合幼儿的方式帮助每一位幼儿挖掘潜能，健康成长，成为最好的自己！当我们去深度理解幼儿时，就能觉察到我们习以为常的关于幼儿的思维，可能就是没有把幼儿当幼儿，而是把幼儿当成了我们想象中的幼儿。成长的密码其实就是自然的规律，每一个幼儿都有自己的节奏，一点也勉强不得。追随并信任幼儿，让自己重返童年，做幼儿的追随者，而不是决策者和拯救者。

一天结束后，我将所有发生的事情写成了一封信，描述了天天和小伙伴们为蜗牛所付出的努力以及收获：敢于和保健医生大胆沟通；学会使用放大镜；埋葬小蜗牛时对我的耳语：我会永远记得小蜗牛……

在香樟树下，天天妈妈打开了信件，望着她那若有所思而又饱含谢意的眼神，我的心暖暖的。

这就是生长教育，它以适宜幼儿的方式、节奏慢慢支持每一位幼儿的生长。因为我知道即使我们拥有系统的专业知识，我们也无法洞悉一名成长中的幼儿最需要的究竟是什么。生长教育是一种互相寻找、发现、彼此促进的过程，在这样的教育中无论是教师、家长还是幼儿，都能不断获得真正的生长，都能不断完善自己。如此，教育才能真正担负起生命成长的重任。我坚持教育是发现幼儿的生长点，为幼儿搭建生长平台，最终增强每位幼儿生长力的观点。

生长教育努力的方向就是能真正尊重每个幼儿内心成长的愿望，挖掘每个幼儿的天赋和潜能，引导他们实现美好的愿望。只要你走入生长教育，你就能感受到这一切：我们对幼儿的信赖、鼓励、支持……这就是我们追寻的文化——生长教育。

我们期盼着，从每一所幼儿园里都能走出：

个性而乐观的幼儿；

自信而睿智的教师；

阳光而包容的家长……

这里，有关注生命本质的课程；这里，有爱智统一的教师；这里，有守望童年的宁静；这里，有助力成长的能量……如同门前的这棵香樟树，那么美好，像一首诗歌，依照着生命的节奏，在风中吟唱出优美的旋律。

幼儿教育的对象是幼儿，为人师者，必须明白幼儿的身心发展。从今起，大家都应该主观上忘掉了自己，客观上须认清楚了儿童。

——张雪门

①张雪门：《张雪门幼儿教育文集》，1408～1409 页，北京，北京少年儿童出版社，1994。

第一章

重思教育的原点

第一节　曾经的实践

我 1991 年参加工作，进入幼儿教育领域三十多年，这段时间正是中国学前教育飞速发展的阶段。我和大部分同行一样，在学前教育历次的改革变迁中亲身经历了许多变化。回头审视，我们越来越清楚我们在教育中付出的努力，以及这种努力到底取得了什么样的效果。

当我们将视线从幼儿的当下延续到他们生命成长的未来时，我们会发现，如果脱离了教育对象，单纯追求教育内容和教育手段，我们的追寻可能是低效甚至是无效的。在教育的任何努力中，首先要回答的问题是，我们的教育对象是谁？我是否真正了解我的教育对象？只有幼儿，这才是幼儿教育的真正原点。离开幼儿去谈教育方法和教育内容，教育一定是空泛且苍白无力的。在幼儿阶段，教育者必须要学会用幼儿的眼光去发现幼儿、引领幼儿，这是由我们教育对象的特点决定的。

一、以教材为教育原点

1991 年 7 月，我进入幼儿园开始从事学前教育工作。第一年的教育生涯没有让我感觉有太大的困难，因为我只要将明天要教的教材准备好就可以了，并且所有教材都有配套的教案和教学挂图。

时间：1991 年

教育背景：基本沿用苏联的模式——分科教学模式，有指定的唯一教材，有固定的课时安排。每节课有确定的传授内容，有规定的时长。

地点：大班教室

授课内容：语言故事《小羊和狼》

授课过程：

我：今天，我给大家带来一个故事，故事的题目叫"小羊和狼"。大家仔细听哦。

我改变声调模拟故事中不同角色（狼、小羊、猫、狗、马、大象），完整地给幼儿讲故事。

讲完故事后提问：故事的题目是什么？故事中有哪些小动物？你最喜欢谁？为什么？

幼儿回答故事的题目，故事中出现的几种小动物名称，以及最喜欢的动物。如果有幼儿回答得不对，我会请别的幼儿示范或自己示范。

我：这个故事好听吗？

大家异口同声地回答：好听。

我：那老师再讲一遍，这次你要仔细听听，小羊是怎么说的，狼是怎么说的，小动物们是怎么说的？

然后，我演示教具（贴绒教具），再一次讲述故事。

讲完第二遍故事后，我提问：小羊怎么说的？大灰狼怎么说的？小猫怎么问的？……

幼儿回答问题，对于一些重复句子，我就带领全体幼儿多次学习，确保正确率。

我：现在，老师讲故事，你们当小动物（指让幼儿说动物对话的部分），好吗？

我和全部幼儿共同讲述第三遍故事。

讲完三遍故事后，我提供故事里出现的动物头饰，并配合磁带，让幼儿轮流表演。由于头饰只有一套，没有办法让每个幼儿表演，因此我基本上是邀请语言发展比较好的幼儿来扮演各个角色，其他人观看。

——记我的一节集体教学活动"小羊和狼"

这是我毕业后的第一次公开教学课。在整个教学过程中，我重点关注的目标是班级幼儿是不是大部分学会了这个故事，因为这一点决定了我这次教学是不是成功的。为了确保幼儿学会这个故事，我还会布置课后作业：让幼儿回家向家长讲述这个故事，家长记录下来，第二天由幼儿带回幼儿园，我再批改。根据批改的情况，我还会安排时间复习这个故事。到学期末,我会将这一学期所有教过的故事、诗歌提前一周整理出来,组织幼儿进行集中复习。我将整理好的材料发放给家长,让家长在家中也督促幼儿练习。我还会集中时间对幼儿进行检测,检测的方法是幼儿逐一到我面前,背诵我指定的诗歌,并根据幼儿背诵的结果给幼儿确定期末语言领域学习情况的等级评价。就是说幼儿一学期学会几首诗歌、几个故事、会不会看图讲述,决定了我对一名幼儿语言水平的判断。

回望这个阶段,可以发现当时的幼儿教育和当时的小学教育是非常相似的,甚至还学拼音,几乎就是降低了难度的小学教育:围绕非常确定的知识点展开教育,教育的目标就是让幼儿学会、掌握教师制定的明确知识点。例如,语言活动是学会某个故事、诗歌、散文诗;数学活动是学会某个数字的读写、计算,学会某种数学方法,如比较、分类、排序;音乐活动是学会唱某一首歌曲,会跳某个舞蹈动作,掌握某个节奏;美术活动是掌握某种绘画技巧,如正面人、侧面人、仰面人;体育活动是学会某个规定动作,如投掷、双脚跳、屈膝爬;科学活动也如此,当时称为常识课,有非常确定的认知对象,如认识芹菜,或者通过图片来认识四季、宇宙。

仔细观察"小羊和狼"这个教学案例,我们会发现整个教学活动的开展在我心中有明确的既定路线,我完全掌控着整节课的节奏,幼儿处于参与、配合的地位。我的一些看似征询的问题,如"这个故事好听吗?""你们来当小动物,好吗?"看起来幼儿是有选择权的,但其实我并不在意幼儿的回答,因为答案在我的预料中。如果幼儿回答的和我预定的答案不同,我就会让其他幼儿回答,或者直接告诉幼儿正确答案。也就是说,无论幼儿是否觉得这个故事好听,这节课、这个故事我一定会讲三遍,这是事先在教案中确定的。久而久之,幼儿能根据教师的语调回答选择题。例如,有幼儿说:"不好听。"我只要提高语调再问一次:"嗯?这个故事好听吗?"幼儿就会回答:"好听。"其中的主要提问,我称之为"故事教学三必问"。

故事的题目叫什么?

故事里有哪些小动物?

你喜欢哪个小动物?

这样的提问方式不只是在大班，在小班、中班故事教学中也如此。这种提问方式在不同年龄段使用，会分别出现什么样的状况呢？小班幼儿经常无法正确回答故事的题目，因为小班幼儿在听教师说要开始讲故事时，他们的注意力其实还没有被吸引过来，而是随着教师对故事的生动演绎才慢慢被吸引进来。因此，教师在讲述故事后提问"故事的题目叫什么"，小班幼儿就会听到什么说什么，如说故事题目叫"小兔子""大灰狼"等，可以说这个问题对小班幼儿而言是低效的甚至是无效的。小班幼儿对"故事里有哪些小动物"这个问题比较感兴趣，因为故事里的小动物都是伴随具体的事件出现的，这样的问题就比较适宜小班幼儿。而"故事的题目叫什么""故事里有哪些小动物"这样的问题对大班幼儿而言也是低效的甚至是无效的，因为这些问题对大班幼儿来说已经没有任何挑战性了。但那时我们不太研究这些问题，只觉得按照教材上课就可以了。在某种程度上，一名教师只要小、中、大班完整带一届，以后的教学基本上就是复制了。

此阶段教育的原点，就是教材以及如何让幼儿在单位时间内学会指定的教材。所有的教育方式、方法都围绕这一点展开。衡量教师教育教学水平的标准就是看教师能不能把一个教材说透，衡量幼儿有没有发展的标准是看幼儿能不能学会这节课上讲的教材内容。既然教材是原点，那么教师的重点自然就会转移到对教材的演绎上，教师关注的是书本当中的学习。因此，幼儿在幼儿园的重点活动就是上课，幼儿学习的是书本中的知识，至于幼儿当下的生活，几乎完全被忽略，除非是教材中提及的。例如，大班有一节常识课"落叶树与常绿树"，教师为了实现这个具体的教学目标，会事先寻找一些树叶，供幼儿在课堂中学习比较，但也仅此而已。

如果进一步探寻为什么当时幼儿教育的原点是教材，这就折射出那时候我们对幼儿的认识及对教育目的的看法。我们认为，幼儿是缺乏知识的，教育的目的就是尽快弥补幼儿的不足。教师、家长都非常推崇知识就是力量，认为幼儿能学会的知识越多将来获得幸福的可能性就越大。因此，我们认为能让幼儿学会更多知识的教育就是"好教育"。

二、以特长为教育原点

20 世纪 90 年代末，似乎在一夜之间从幼儿园到教师到家长，都开始关注"特长"二字。幼儿的特长班、特色活动、特色表演在各地上演，和幼儿相关的演出和比赛吸引着所有人的眼球。

1998年，我带的一届大班幼儿即将毕业。毕业前夕，准备一场毕业文艺汇报演出，让全班幼儿上台表演是当时的流行做法。在毕业演出上展现幼儿唱歌、舞蹈的特长，会让园长和家长满意。大部分幼儿的节目我都会确定好，也为他们选好节目、服装、音乐等。从4月份开始，班里就停止了许多活动，进入了排练节目的阶段。只是每一届，班级中总有几名幼儿属于"特别缺乏艺术细胞"的，吹、拉、弹、唱没有一样可以拿出手的。对待这一类幼儿，我们也有常用的办法：让他们表演时装秀。他们穿上各种色彩鲜艳、造型独特的服装，跟着音乐走一遍，效果也是不错的。然而，有个叫本本的幼儿，节奏感极差，无论怎么练，都很难跟着音乐合拍走，并且一不小心还容易同手同脚走。离毕业汇报演出的日子越来越近了，可本本基本上没有一点儿进步。于是，除了平时的集体练习，每天中餐后本本都要跟我补课：继续练习走时装模特。本本在走的过程中常常会张望其他幼儿，走得就更不好了，为此经常受我的批评，因为他走不好我也着急。有一次在练习间隙休息时，本本对我说："李老师，我走得累死了。我明天想背个炸药包来，把幼儿园炸掉。"

——记录我的一次大班毕业汇报演出筹备

虽然本本不喜欢，但他最后还是上台表演了时装秀，我安排了一个走得比较好的女孩和他牵手走。从成人视角看，那次演出还算圆满。但从那之后，本本的那句话常常会在我脑中跳出来，教育的目的到底是什么？如果让幼儿拥有自己的特长是以伤害自信心为代价的，那这样的努力值得吗？这些我们认为的特长是幼儿需要的特长，是幼儿感兴趣的特长吗？在当时那个追求特长和特色的年代，这些思考并不是教育者的常态。虽然我们学过的专业知识，如幼儿教育学、幼儿心理学都明确告诉我们，幼儿教育应该坚持的原则是什么。但在"不让孩子输在起跑线上"的大环境中，教育、教育者并不一定能清晰地坚持自己的教育准则。

在许多幼儿园的节目演出中，我们看到的场景常常是教师、家长们非常激动，幼儿基本上只有在表演自己的节目时才听教师的安排，其他时间都是在表演场地玩自己或同伴即时"发明"的游戏。"到底是谁过节日？到底是谁要演出？到底是谁要看演出？演出的标准到底由谁定？"时至今日，我们的教育者仍然需要不断地问自己。

时间：1998 年

地点：幼儿园门口

内容：几位幼儿家长的交流

家长 1：我们孩子昨天参加朗诵比赛得奖了。这学期幼儿园的朗诵兴趣班没有白学。

家长 2：我觉得幼儿园弄点兴趣班蛮好的，孩子能学点东西。我们报了硬笔书法班，以后上小学省心多了。

家长 3：我们隔壁邻居孩子上的幼儿园还要好，有国学、篮球、艺术体操、珠心算……有十几种可以选。

时间：2001 年

地点：某幼儿园门口

内容：新生报名

家长 1：今天报名的人好多啊，我们不知道还能不能报上。

家长 2：我们也担心，这幼儿园好啊，能够学英语。

家长 3：我还报了一所幼儿园，是美术特色的幼儿园。

——记录家长间的交流

类似这样的家长间的交流，在 20 世纪 90 年代末非常普遍。"不要让孩子输在起跑线上"成为一句非常响亮的口号，或许最初提出这句口号的人的本意是关注幼儿。但大众有自己的解读，怎样才是"不输在起跑线上"，那就是"人无我有，人有我优，人优我精"。虽然大部分家长自己不一定有特长，但这一点并不妨碍他们要求自己孩子一定要在某一方面优于别人家的孩子。众多家长明确表示："选择让孩子上这个幼儿园，是因为在这个幼儿园里可以学到点'东西'。如果学不到什么，那还不如让长辈带。"这里所说的"东西"，是明显的、短时间内可量化的成果。最好是能说出口的、能带出去展示的成果。在幼儿园门口，家长接到孩子的第一个问题基本上都是"今天学了什么?"社会期待幼儿园能有某方面的特色，一些有特色的幼儿园希望社会大众立即记住它。在这种价值观的裹挟之下，强调以服务为中心的幼儿教育出现了许多以幼儿兴趣命名的特色：美术特色、体操特色、围棋特色、双语特色、珠心算特色、经典诵读特色，等等。仔细分析这些教育特色，它们都有一个共同之处，那就是都有非常明确的、成人可以检测的标准，通过这些标准能够评比、比较出幼儿水平的高低。

追求特长教育、特色教育，让幼儿园教育内容在一段时间内出现了"超负荷"的现象。幼儿园除教授教材规定的教育内容外，还增加了各种符合家长、社会期望的特长和特色教育内容，甚至出现了离园后再让幼儿学习的现象。许多家长还抽取晚上、周末的时间继续让幼儿参加园外兴趣班。"白天在幼儿园学，晚上在各大培训机构学"成为一种现象。幼儿的声音在追逐特长的庞大队伍中被淹没了。

如果寻找此阶段教育的原点，那就是幼儿特长以及怎样在既定的时间内让幼儿拥有一种社会大众认可的技能。既然特长是原点，那么教师致力研究的是怎样让幼儿拥有某一方面的特长，幼儿园考虑的是怎样让幼儿园有一种特色印记。教育目标就变成怎样让幼儿拥有特长，并且这种特长必须是显性的、可比较的。因此，围绕幼儿特长开展的各种比赛、表演应运而生。由于特色、特长是有一定可测量标准的，因此教师就要让幼儿努力朝着标准前进。例如，乐器考级、英语对话、古诗数量，等等。那时，我们也会进行教育教学研究，但研究的核心都是围绕如何让幼儿更快学会这些技能来开展的。

以特色为原点的观念，它认同幼儿是有潜力的，并认为要加快挖掘幼儿的潜力。我们成人认为，只有符合成人价值观的潜力才值得推崇，如舞蹈、英语、球技等，只有这些特长我们才认为对幼儿的未来有用。同时，我们认为成人可以加快挖掘幼儿的这些潜力。所以，我们推崇提早教育和反复训练，目的就是尽快激发幼儿这些以某种技能为标准的潜力。我们认为，幼儿越快掌握某种技能，他未来获得成功的可能性就越大。这种儿童观和教育观决定了当时幼儿教育的标准：能够让幼儿学会并尽快学会某种特长的教育就是"好教育"。

三、我们的反思

回望以教材为原点、以特色为原点的幼儿教育，从今天关注幼儿立场的视角去审视，这样的教育值得我们反思。

（一）存在的问题

1. 静态看待教育

我们将幼儿教育简化成一节节固定的、明确的课程，认为幼儿只要掌握了这些课程内容，那么教育就是成功的；或者将幼儿教育视为培养某一种明确技能，幼儿只要具备了这种技能，教育就是成功的。但在整个教育过程中，我们忽略了教育中最关键的因素——幼儿，这活生生的教育对象。他们的真实想法、他们的真正兴趣、他们的个人特点，都不在这种教育的考虑范围中。

在以教材为原点的教育中，幼儿每天学习的内容是教师事先按照教材规划好的。那时，处在不同幼儿园、不同家庭文化背景下的幼儿，其学习的内容和进度几乎是一样的。在以特色为原点的教育中，幼儿学习的内容，是幼儿园、教师确定的特色内容，是按照某一种技能分步安排的。学习的进度完全根据技能的节奏确定。这两种方式虽然内容不完全相同，但它们让教育呈现出一种静态的趋向，那就是教育本身和幼儿之间不一定存在必然的关联，这导致教育和幼儿处于分裂的状态。在这样的理念下，最典型的师幼对话是这样的。

我：今天我们来玩一个游戏，看清楚老师是怎么做的，听清楚老师是怎么说的。待会儿，我要让你们来试一试，看看谁的眼睛最亮，比比谁的耳朵最灵。

我示范游戏的玩法：手挎一个箩筐，里面放着卡片(卡片上画着各种水果)。我一边走一边说："谁要买水果？谁要买水果？"然后走到一个举手的幼儿面前问："你要买什么水果？"幼儿找出箩筐里的某一种水果，回答："我要买××。"幼儿的回答如果和卡片上的画一致，那么幼儿就可以挎过我手上这个箩筐。然后，我继续一边走一边问："谁要买水果？谁要买水果？"依次游戏。

(这个游戏的目的是让幼儿认识各种水果，并能正确说出水果名称)

当大家基本了解这个游戏的玩法后，我就带领全班幼儿玩"卖水果"游戏。游戏玩了若干遍后，牛牛忍不住问我："老师，我们什么时候可以出去玩？"我有些奇怪："牛牛，我们现在就是在玩游戏啊。"牛牛说："我想去玩我想玩的游戏，不是你这种。"

——我的带班实录

以教材和特色为原点的教学活动非常容易出现这样的尴尬现象：虽然我为这个游戏认真画了很多水果卡片，精心备课，并且自认为幼儿应该会喜欢。然而，幼儿却并不因此认同这个游戏是好玩的，我的努力和幼儿的认可不能成正比。因为我并不是依据幼儿真实的兴趣和能力来设计活动的，我是完全依据教材来演绎活动的。例如，我所在的幼儿园里有一棵高大的梧桐树，每到秋天，满树金黄，风吹过，树叶在空中"飞舞"，常常引得幼儿连连赞叹。但我不会组织关于梧桐树的活动，因为教材上没有。在开展"认识水果"的教育活动中，我如果先了解班里幼儿对水果已有的经验，并考察幼儿园周边和水果相关的场地，然后再来思考如何将幼儿的已有经验和"卖水果"游戏结合起来，如让幼儿和同伴协商设计水果筐、制作设计各种水果、确定卖水果的规则，那么这个游戏或许就会受到幼儿的欢迎，并能真正推动幼儿在原有基础上的发展。决定教育活动能符合教育规律、符合幼儿发展需要的关键是教育懂得动态构建，但以教材和特色为原点的教育无法做到这一点，因为它看不到具体的幼儿。固定的教材、来自成人视角的特色决定了教师为了实现教育目的，只会用静态的游戏来教幼儿学会图画上的水果。生活是鲜活的，幼儿是生活在这鲜活的，具体的生活中的，他们无时无刻不和具体的生活发生着互动。面对处在这一时期的幼儿，教育必须要动态地回应幼儿及幼儿的具体生活，同时教育还要懂得通过幼儿鲜活的生活，去实现支持幼儿发展的目的。

2. 固化看待幼儿

以上述教材语言游戏"卖水果"为例，或许我自己都没有意识到，在我的假想中全班幼儿是不认识这些水果的，或者说所有幼儿都需要学习这些水果。至于现实中可能有幼儿早已认识水果，有幼儿对某些水果特别感兴趣，有幼儿对水果的认识早已超出了名称的范围，有幼儿对水果有新的疑问，等等，这些都不在我的考虑范围中。我的教育对象，那充满个性的"每一个幼儿"，在我眼中成了"同一个幼儿"，还是我"想象中的同一个幼儿"。这种现象在以教材和特色为原点的教育中是非常普遍的，因为幼儿是被固化的定位在"不会"以及"需要我们(成人)手把手教"的角色中的。但是幼儿不是靠想象出来的，每一位幼儿都有自己的思想、自己的兴趣和自己的文化背景，这些是任何一种教育方式都无法忽视的。

幼儿园中午基本都有午睡时间，一般从12：00开始到下午2：30，这是根据幼儿生长规律确定的睡眠时间，以保证幼儿有比较充沛的精力。2003年，因为幼儿园工作的需要，我中途被安排在一个大班担任班主任工作。我发现，每天的午睡对悠悠来说，是痛苦的环节。悠悠其实很聪明，在所有的活动中他都表现得非常活跃，做事情的速度也非常快。但只要一开始午睡，他就磨磨蹭蹭：喝水、整理书包、去门口张望、去帮助别的幼儿整理衣服。一定要我反复催他，他才会走到自己的床边。悠悠妈妈第一天和我沟通时就说过，悠悠从小就不太喜欢午睡，但晚上也不需要早睡，早上也能准时起来。悠悠妈妈说，对于老师反映的悠悠不喜欢午睡的情况，她在家也批评过、惩罚过，但实在想不出什么好的办法来。于是，我本着对幼儿认真负责的态度，每天中午等其他幼儿基本入睡后就搬把椅子坐到悠悠旁边，盯着悠悠。悠悠也表现得很乖，闭着眼睛一动不动，只是偶尔闪动的睫毛表示他还没有睡着。但即使我这样一对一地管着，一周五天，悠悠能睡着的日子最多也只有一天。每当悠悠某一天在幼儿园睡过，悠悠妈妈就会告诉我，那天晚上悠悠11点还没有入睡。而且，我还发现悠悠出现了啃指甲的毛病。仔细观察，我发现每天中午躺在床上两个多小时的悠悠，在无所事事时会无意识地啃指甲。

——我的带班实录

在之后的若干年里，每当我想起悠悠、悠悠妈妈，以及那些和悠悠一样的幼儿时，我总会懊恼自己当时采取的教育方式。为什么如此固化地看待幼儿？幼儿生物学告诉我们，4～7岁幼儿睡眠时间一天需要11个小时左右，也正是因为如此，所以在幼儿园有午睡的环节。但并不是所有幼儿需要的睡眠时间都是一样的，有的幼儿可能需要13个小时，有的幼儿可能9个小时就够了。如果我能真正观察悠悠的睡眠，一定会发现悠悠需要的睡眠时间是短于同龄幼儿的。因为他的精神以及他一天的活动表现都充分说明了这一点。

以教材为原点，以特色为原点，会让教育"只见教育，不见幼儿"。这样的结果会让教育者和受教育者都无法真正成长。1956年，张雪门先生在《认清你的对象和你自己》一文中引用过一首短歌："老鸡骂小鸡——你这蠢东西！我教你的咯咯咯，你偏说是叽叽叽。"[1]张雪门先生批评教师固化看待幼儿的做法虽然已经过去60多年，但在今天的幼儿园中还能见到教师一成不变地看待幼儿的现象，这必然会导致师幼的对立与冲突。例如，我们可以听到教师间这样的对话："我们班的幼儿上课时坐不住""我们班一名幼儿上课一点儿都不专心"。

---

[1] 张雪门：《张雪门幼儿教育文集》，1414页，北京，北京少年儿童出版社，1994。

(二)问题的成因

1900 年,瑞典女作家与教育家爱伦·凯迎着 20 世纪的钟声,推出了《儿童的世纪》一书。这为当时的幼儿教育构筑了一种希望:儿童就是进步本身,20 世纪是儿童的世纪。这也预示着"儿童中心"的观念在 20 世纪全面开花,在社会各个阶层中得到共识,成为主流的教育哲学。然而,在现实的教育中,我们发现"儿童的世纪"落地并没有想象中的那么顺利和迅速。以教材为原点、以特色为原点导致幼儿教育的目的可能是达到某个既定的标准,或者是为未来美好的生活做准备,但不是"真正看见儿童的教育"。这些现象背后的原因是多方面的。我认为,教育与经济发展、文化发展息息相关,教育和社会诉求永远在需求和矛盾中同行。

1. 社会制约

从 20 世纪 90 年代开始,经济发展是时代的主旋律,各行各业都强调经济的优先地位,人民大众追求高品质的物质生活成了主要目的。在这种社会背景下,追求科学与技术以适应社会的发展,成为人们拥有更好生活的前提,也只有通过掌握科学技术和知识,才能在激烈的社会竞争中占有一席之地。这种思想潜移默化地影响着幼儿教育、要求着幼儿教育,即让幼儿尽可能又快又多地掌握知识与技能。幼儿教育呈现出明显的知识取向和成人取向。渴望幼儿教育成为"为未来做准备"的手段,并且这个"未来"的标准是成人心中的标准,这种情况在今天的幼儿教育中仍然存在。

近十年来,幼儿园不断纠正小学化倾向,教育部专门为此发过两个文件:《教育部关于规范幼儿园保育教育工作　防止和纠正"小学化"现象的通知》(教基二〔2011〕8 号);《教育部办公厅关于开展幼儿园"小学化"专项治理工作的通知》(教基厅函〔2018〕57 号)。幼儿园出现小学化现象的实质是什么?是迷失的教育原点,它反映的是当前幼儿教育中存在的深层次问题:教育中,幼儿在哪里?"不要让孩子输在起跑线上"这一句极其具诱惑力的口号,催生出各种带有功利色彩、忽视幼儿天性的教育方案。如何能让幼儿提前学习各种知识、如何让幼儿多学点知识,成为许多教育者的追求。于是,幼儿教育中增加了许多成人认为的很重要的、可随时测量的教育内容,缺失了幼儿认为的好玩的、有趣的内容,剩下的是非常具体的知识和技能。经过几个月的学习,成人看到了效果:

幼儿的英语水平会有看得见的变化；他们能记住连意思都不理解的古诗词；在乐器方面他们的接受程度远远超过成人。这些成果的获得，都付出了相应的代价，幼儿或许无法表达自己付出的代价是什么，但这不意味着没有。在热闹的教育中，幼儿这些无声的表达得不到足够的重视。

2. 教育成长

和幼儿成长相同，幼儿教育也需要成长。幼儿教育出现以教材为原点、以特色为原点的现象不是某个幼儿园、某个幼儿教师决定的，它和处在某一时代的幼儿教育的成熟度息息相关。

在幼儿教育领域，我们起步比较晚。以教材为原点的年代是我们幼儿教育体系全面借鉴苏联模式的时代，我们普遍接受"学习就是帮助幼儿系统地掌握各学科知识"的教育观点，以教师为中心、以课堂为中心、以教材为中心的"三中心"思想体现在幼儿教育中。以分科教育为主、以知识点为主，这是幼儿教育的主流方向。教育教学内容全部来自确定的教材，教材中明确给予了幼儿必须掌握的知识点，也给予了教师教授这些知识点的方法。在这样的教育过程中，幼儿处于被动接受的地位，教师同样也处于比较被动的地位。

我们幼儿园后面就是宁波市中山公园。公园里有一棵高大的银杏树。一年四季，这棵银杏树的变化非常明显：树叶从春天的浅绿色，到夏天的深绿色，再到秋天的金黄色，最后到冬天的焦黄枯枝。我经常带班级幼儿餐后去公园散步。秋天，每当经过银杏树下时，树上的叶子就会随风纷纷飘落，在我们身边"飞舞"，很美，很美，让我们沉醉其中。幼儿也会捡银杏叶，但我从来没有开展过和银杏树相关的教学活动，无论是科学活动还是美术活动，都没有，因为教材中没有"银杏树"这样的题材。

——1996 年，记我在宁波市第一幼儿园的带班经历

明确规定了教学进度、教学重点的教材，并没有给教师关注幼儿及幼儿的生活留下多少时间。当教育以教材为原点时，教师的教育创造力会陷入休眠期，教师只是教材的传递者。

幼儿教育以特色为原点的时代，是将幼儿园教育推向市场的时代，幼儿教育成为一种产品在市场中博弈，有些幼儿园甚至出现追逐经济效益的现象。很多幼儿园也忘记了"成人只有通过对儿童的兴趣持续地予以同情的观察，才能够进入儿童的生活，才能知道他对什么具有准备性，

用什么材料才能最轻易，也最有效地发展这种准备性。[①]"各个幼儿园、教师努力寻找各自幼儿园的特色课程，有的开始从国外引进某些课程。这样的教育不是基于对幼儿的认识来回应幼儿成长需求的，而是为了得到家长和社会的认同。这样的做法让幼儿教育远离了其最本真的价值，从而发生了异化。

幼儿园要生存必须要做特色。例如，英语特色效果就非常好，如果你能再请一两个外籍教师，那么这个幼儿园就是好的幼儿园，家长就会非常认可。如果你幼儿园没有这个条件，那么做点美术特色也是好的，将幼儿的作品粘贴到园内醒目的地方，或者组织幼儿参加各种美术大赛，拿各种奖项，也非常受家长的欢迎。

——2002 年，园长培训班一位园长分享的观点

这种现象的背后是教育原点的迷失，当幼儿教育的目的不是幼儿时，幼儿就会成为工具，异化是必然的结果。早在 200 多年前，康德就明确提出"人是目的"的命题。如果我们不能找到幼儿教育的真正原点，幼儿教育的荒诞现象仍然会继续存在。

3. 教育自觉

作为陪伴幼儿成长的教师，我们在制定教材及其特色要求时忘了教育真正的对象是幼儿这一点。虽然教材及其特色限制了教师的创造力，但如何让教材及其特色不断满足幼儿的需要，教师还是有较大自主权的。

市里组织青年教师展示半日活动，我选择了教材里"邮电局"这部分内容。我在征得园长的同意后，联系了龙泉当地的邮电局，组织幼儿去实地走访，在邮电局了解了寄信的全过程：邮电局的工作人员向幼儿演示了盖邮戳、信件分类、从邮筒中取出信件等流程。同时，工作人员还和幼儿进行了对话，解答了幼儿的各种困惑和问题。回来后，我组织了教学活动"邮电局"，幼儿都能够比较清楚地讲述、讨论、分享邮电局的功能。

——1992 年，记我的第一次市级半日活动展示

但我不一定经常具备这样的教育自觉，"邮电局"活动只是我教育实

---

① ［美］约翰·杜威：《我的教育信条——杜威论教育》，9 页，上海，上海人民出版社，2013。

践中的一次偶然。因为这是我从教两年来第一次也是唯一一次带领幼儿去实地参观学习，如果不是因为公开课，或许这一次也不会出现。大部分情况下，我还是习惯按照固有的教学内容和教学方法来教学。

一个教育者要具备教育自觉，就要对常见做法有质疑的精神，只要自己的做法违背了幼儿真实发展的需要，就懂得反思、调整。比如，在各个幼儿园、各个班级中盛行的"常规教育"，每个新教师一年后基本上就会自动习得这种教育。但这种做法并不是基于教材或者特长的规定，而是我们为了便于班级管理工作的需要。我们乐此不疲地通过集体活动组织幼儿练习取放杯子、毛巾，学习摆放椅子。我们将幼儿在园里的时间切割为一个个时间单元，幼儿必须按照教师事先划分好的时间单元进行各项活动，每一个时间段的节奏和速度都由教师掌控。幼儿成了一个个活动中的匆匆"过客"，经常是被催促着完成手头的任务，快速进入下一个环节。至于不同幼儿的能力和兴趣则在这样的过程中被忽视了。"好了，今天就玩到这里！"成为结束活动时的统一命令。活动的开始不是因为幼儿兴趣的产生，活动的结束也不是因为幼儿经验的实现率与完成度。但我们很少从幼儿成长的角度来审视这样的做法，教师的自觉反思行为是教育中非常重要、又没有办法用制度规定的行为，它不是仅靠某个优秀课程就可以拥有的，而是教师对幼儿的正确认识以及对幼儿教育目的的真正明晰。

回望过去，不只是为了批判，而是为了寻找适宜的方向。虽然在以教材为原点、以特色为原点的时代，幼儿教育存在许多弊端。但不能否认的是一代一代幼儿教育工作者的努力与探寻，正是因为他们的付出才有了我们幼儿教育今天的新局面。如果站在未来回望我们今天的努力，会不会也同样被认为今天的教育有许多商榷之处？教育就是在这样不断尝试、不断质疑、不断改变的过程中前进的。

作为教育者，我们必须要时时思考：为什么众多教育者如此努力，却还会出现异化的幼儿教育？我们必须静下心来，认认真真地重新来认识我们的教育对象，找到幼儿教育的真正原点。

第二节　当下的困惑

《幼儿园教育指导纲要(试行)》《3—6岁儿童学习与发展指南》是幼儿

教育方向性、纲领性的文件。它们传递出鲜明的基于幼儿立场、真正尊重幼儿兴趣、遵循幼儿生长发育规律来实施幼儿教育的导向。各地围绕这两个文件进行了大量的学习与培训，并通过各种方式落实。但是否幼儿教育在实践层面因此就达到了较为理想的局面呢？

一、被忽视的幼儿身体生长需要

路过小（一）班，我看到全班幼儿一动不动地坐在位置上，教室里很安静，但气氛很凝重。我看到班主任陈老师面带恼色地看着全班幼儿，幼儿的双手放在膝盖上，面面相觑，一脸茫然。其中，有几个还互相挤眉弄眼。当陈老师生气的眼神瞪过来时，他们几个就赶紧垂下双目，一动不动。我猜一定是陈老师在"做规矩"。就是不知道是幼儿什么错误行为引发的，于是我悄悄问配班老师。配班老师告诉我，刚才自由活动时，有几名幼儿在教室里跑，带动着几乎全班幼儿跟进，奔跑中有几名幼儿摔倒在地，其他幼儿则乐呵呵地压上去。陈老师很是生气，严厉地批评了大家，现在罚全体幼儿坐着反思自己的错误行为。

——我的随班观察日记

很明显，案例中陈老师的教育目的是指向幼儿常规的，她期待通过惩罚教育的方式让幼儿记住在班级活动中需要遵守的常规。幼儿具备规则意识是必要的，但问题是幼儿是否真正了解这些常规存在的意义？这些常规的制定过程是否需要幼儿的参与？如果规则的制定只是为了教师便于开展班级管理，不考虑幼儿的年龄特点和个性特点，那看似"为幼儿好"的常规就很难真正进入幼儿的内心。因为幼儿只是"记住不能做什么"，但不清楚"该怎样做""为什么这样做"。

比如，"进餐时不能说话"这样的规定在幼儿园的小班、中班、大班一模一样地存在着。大部分教师在常规制定中采用的办法是模拟前人制定常规的办法：不和幼儿商量就确定好班级常规内容。教师制定常规，幼儿负责遵守服从，这也是非常普遍的现象。让好动的幼儿在常规的框架下成为一群整齐划一、严格执行命令的机器人的现象在幼儿园里仍然大量存在。

（一）"我喜欢手舞足蹈"与"看谁坐得好"

"活泼好动""一刻不停""手舞足蹈"……我们认同这些词语是形容幼儿的。因为3—6岁这个时期就是一名幼儿通过行为对自己进行"建设性完善"的时期……他们想要亲身去感触一下各种事物，区分各种不同的东西。于是，这个阶段的孩子总是表现出非常忙碌的样子，不停地用手做这做那，而且感到非常快乐。[①]然而在实际操作层面，教师似乎会忘记幼儿的这个特性，会花更多时间要求幼儿能控制自己的身体动作。

早上8：00左右，幼儿陆续入园。他们有的茫然，有的兴奋，有的哭闹……

王老师、张老师和保育员李老师都开始忙碌起来。王老师负责一些情绪相对稳定的幼儿，陪他们一起玩桌面玩具。张老师负责一些哭闹严重的幼儿，并一一照顾。李老师要回答有些焦虑的家长的各种问题。9点左右，王老师带着情绪相对稳定的幼儿按照要求拿着有自己学号的水杯喝水。这一天的活动基本上都是这样的，幼儿玩桌面玩具或者看电视，一段时间后去拿自己的水杯喝水，喝好水后找到贴有自己学号的椅子，其实这一周的安排基本上都是这样的。

——我的随班观察日记

这是许多幼儿园新小班幼儿入园时的班级活动安排，甚至几周时间都是围绕训练幼儿常规来安排的。对于因陌生而存在恐惧感的幼儿来说，他们入园时的疑虑是"这个爸爸妈妈都不在的地方好玩吗，有趣吗？"但在实际教育中，教师更希望幼儿学会的是能找到有相应学号的杯子、毛巾，能知道物品从哪里拿来的放回哪里去，能听教师的口令摆放椅子，离开位置回来后能找到自己的座位，能知道班里的玩具等物品，教师说可以玩才能玩，自己不能随便拿……教师普遍觉得让新入园的幼儿较快学会集体生活中的规则很重要。

我知道，开学初这几周的活动安排很多幼儿可能会觉得不好玩。他们在家里多自由啊，想玩什么玩什么，哪有这样坐过。但没有办法，常规好，会让幼儿安全很多。

——我的随班访谈

"尽快学会老师要求的常规"与"如何遵循幼儿生长的规律，支持3岁幼儿对一个全新环境的接纳"，这二者显然是背离的。过于重视幼儿常规学习的背后是我们对幼儿好动身体的一种担心和恐惧，这种恐惧并不仅仅表现在对待新小班幼儿上。许多幼儿园的户外场地都有一个共同的现

---

① ［意］玛丽亚·蒙台梭利：《有吸收力的心灵》，127页，北京，中国妇女出版社，2012。

象：除了早上户外运动、早操时间外，幼儿园户外活动的场地基本上是闲置的。城市幼儿园的户外活动场地普遍له较紧张，很多幼儿园的场地甚至无法充分满足幼儿一天 2 小时户外活动时间的要求，并且教师也热衷于让幼儿在教室里学"本领"。除了幼儿园统一规定的户外活动时间，其他时间教师更乐意开展集体活动、区域活动、桌面玩具活动等室内活动。因为"安静的身体"比"运动的身体"更容易控制。

今天的教室里虽然已经没有了以往让幼儿双手整齐地背在椅子背后的做法，但希望幼儿"站有站相，坐有坐相"还是很多教师对幼儿上集体活动课的基本要求。因此，也出现了一些朗朗上口的口号："小眼睛，看老师""一二三，静下来""小手放好，小脚并拢"。常常是教师说口令的上半句，幼儿即使是小班的幼儿通过几天的训练，也能对答如流地说出下半句。"看谁坐得好""比比看谁坐得好""谁先坐好，老师就把这个东西先给他"成了教师鼓励幼儿遵守规则的口头禅。

豆豆，4 岁，家长、老师对他的评价是一刻不停、太过活泼。

豆豆这天又因为做早操时不认真跟操，试图打扰旁边小朋友，被留在操场反思。

我：豆豆，你怎么了？

豆豆：我不好好做操，我拉小意的头发被批评了。

我：你觉得你这样做对吗？

豆豆：不对，这样不是好孩子。

我：怎样才是好孩子呢？

豆豆：认真做操，不打扰别人。

我：那你为什么拉小意的头发呢？

豆豆：小意跳，小意的头发也会跳。

在和豆豆对话期间，豆豆一刻不停地围着我转。

班主任吴老师苦恼地说："你看，你看，他就是这个样子，一刻不停，拿他怎么办啊？"

——我的随班观察日记

虽然知道幼儿是好动的，但教师还是试图让幼儿"该动的时候动，不该动的时候别动"，却不关注幼儿好动背后的原因。"学生有一个身体，他把身体和心智一起带到学校，他的身体不可避免地是精力的源泉；这个身体必须有所作为。"①在实际操作层面，大多数教师认为压抑幼儿身体活动的自由，是为了换来幼儿静心学习的效果，因为幼儿身体活动太多容易分散注意力。但我们忘了幼儿是通过身体动作与外部环境来进行互动的。

(二)"我喜欢运动"与"太危险了"

"在户外可以和大家一起玩。""在户外玩的时候，我就会特别开心。""户外有滑梯、有沙坑、有野战营，我都喜欢玩。""因为户外有很多玩具，我最喜欢去户外玩了。"

——幼儿关于"你喜欢去幼儿园的户外吗?"的回答

"老师只给我们一点点玩的时间。""不同意我们爬山坡。""我爬到高的大型玩具上，老师总让我下来。""老是拍球、拍球，跳绳、跳绳，没劲!""老师说收就必须收。"

——幼儿关于"你觉得去操场哪里不好玩?"的回答

"担心幼儿受伤。""建议选择难度低点的活动。""运动量小点儿，幼儿弄得满头大汗的容易生病。""类似拍球这样的活动比较安全。""让幼儿混龄运动，我们老师管理难度大。"

——教师关于"你对幼儿户外运动怎么看?"的讨论

幼儿充沛的运动精力常常让成人匪夷所思，运动之所以吸引幼儿就是因为它满足了他们好动的天性，并且幼儿在运动中可以不断接受新的挑战。对任一年龄阶段的幼儿而言，运动所带来的强烈刺激性和挑战性能满足他们生长的需要。通过运动，幼儿能获得感官体验和对生活世界的体验，也能获得天性中所需要的生活乐趣。因此，运动在幼儿成长的过程中占据了非常重要的地位。可以说，每个幼儿天生就是一个运动家，只要有场地，他们就可以自发地进行各种运动、游戏。只要有器械，他们就可以研究出各种各样的玩法。

虽然我们知道运动可以促进幼儿的发展，但许多管理者、教师潜意识里还是认为户外活动会有危险。"万一幼儿在运动中出事呢?"是广大幼儿教师担心的点。即使在有了幼儿户外活动一天不得少于 2 小时的硬性规定后，担心安全隐患的教师仍然会采用一些方式来降低户外活动的难度。比如，只允许幼儿在小面积、平整的场地上运动，尽量不让他们去山坡等地方玩耍。这些对幼儿运动采取过分保护的结果，是导致幼儿的

———————

① [美]约翰·杜威:《民主主义与教育》，150 页，北京，人民教育出版社，1990。

运动缺乏针对性、挑战性而使幼儿对运动失去原有的兴趣。幼儿的身体得不到充分的、与能力发展相匹配的运动机会，就会失去更好的成长时机。当对幼儿的安全约束过度增加时，运动的价值就相应地降低。小孩不怕跌倒，跌倒是他以他的身体融入周遭世界，干扰外在事物的秩序时，必须付出的成本，但他从不计算成本，只因体验是他生命成长不能割离的血肉。[①] 幼儿只有在开放的环境中，自如地参加奔跑、爬跳、攀登等活动时，才真正符合幼儿喜爱运动的天性。有梯度的挑战性运动是幼儿最佳的学习方式，也是他身体生长的需要。

在幼儿园的常见项目中，你会发现无论是城市幼儿园还是农村幼儿园，无论是户外活动场地大的幼儿园还是户外场地小的幼儿园，都有两种固定的、常态的运动方式：拍球和跳绳。拍球比赛和跳绳比赛，几乎是每个幼儿的运动经历，教师对拍球和跳绳这两项运动的喜爱程度也一直居高不下。仔细观察这两项运动，有一个共性：在一个较小的固定空间中幼儿一个人独自进行。相比四散追逐跑、攀登、跳跃……这两项运动是成人容易控制安全度的运动。然而，教师眼里的好的运动方式，是不是也是幼儿心中的最爱呢？不一定。

幼儿：老师，我拍球拍好了，可以去玩了吗？

老师：你连续拍球还没有到 10 下，再好好练练。

幼儿：老师，我已经会跳 10 下（绳子）了，我可以去山坡上玩了吗？

老师：今天的运动是跳绳哦。加油，老师相信你可以连续跳 20 下，我来帮你数。

——我的随班观察日记

我：你觉得跳绳好玩吗？

幼 1：这个是一定要学会的，不管它好不好玩。

我：为什么一定要学会？

幼 2：要比赛的。

幼 1：老师说了，读小学要考试的。

幼 3：我不喜欢跳绳，我喜欢去山坡上跑。

幼 2：我们两个上次在山坡上玩很有趣。

幼 4：我跳绳总是不会跳。

---

① 黄武雄：《童年与解放》，45 页，北京，首都师范大学出版社，2009。

我：如果可以选择跳绳、玩大型玩具、去山坡上玩，你选择什么？

幼1：我选择跳绳，妈妈说了要听老师的话。

幼2、幼3：我们去山坡上玩。

幼4：那我肯定也是去玩，跳绳一点儿意思都没有。

——我的随班观察日记

(三)"我喜欢沙水"与"衣服又弄湿了"

几乎每个成年人都会记得自己小时候踩水坑、偷偷淋雨、玩石头的情景。即使长辈反对，我们也乐此不疲。幼儿对沙、水、泥、石有天生的亲近感。虽然幼儿是不同的，但只要和沙、水、泥、石互动起来，他们就会有非常相似的表现：专注、快乐。他们似乎天生就具有亲近这些自然物的本能，所以我们称儿童为自然之子。幼儿对大自然有一种天然的渴望和浓厚的兴趣。他们能够从中获得一种强烈的美和惊喜的体验，这种体验会深深地烙印在他们心中，影响他们的一生："那些感受大地之美的人，能从中获得生命的力量，直至一生。"[1]

虽然沙、水、泥、石这些材料获得的方式非常便捷，成本也不高，并且它们都具有低结构、可变性强的特质，可以充分满足幼儿动作发展的需要。然而，在实际的教育中，幼儿与自然物亲近的机会并不多。部分教师、保育员、家长甚至并不喜欢玩沙、水、泥、石的活动。越来越多的标准都建议，规定幼儿园要设置玩沙、玩水的场地，但在实际工作中，有的幼儿教师会不由自主地避开这些活动。

51名教师对"你们班级幼儿喜欢玩沙、玩水活动吗？"的问题的回答是："喜欢，非常喜欢。"对"你会主动带班级幼儿去玩水、玩沙区吗？"的问题，高达78％的教师回答是："偶尔。""为什么幼儿喜欢玩，你却很少带他们去玩呢？"答案很相似："担心他们把沙子弄到眼睛里。""玩水容易把衣服、鞋子弄湿。家长会有意见。""幼儿玩水、玩沙时就容易兴奋，不好管理。"

——教师对幼儿玩沙、水、石头的态度调查

相比水、沙，目前能提供泥(除了做美工材料的陶泥)、石(除了做美术区创作的小石头)的幼儿园数量相对来说不是很多。教师和家长对幼儿玩石头、玩泥土都比较排斥。

---

[1] [美]理查德·洛夫：《林间最后的小孩——拯救自然缺失症儿童》，25页，长沙，湖南科学技术出版社，2013。

"（玩泥）太脏了，玩完后不但要解决他们衣服的问题，连他们走过的地板、楼梯都脏得不得了。""玩石头太危险了，万一不小心砸到自己、砸到别人都不好啊。""幼儿容易兴奋，不太适合玩这些东西。"

——教师对幼儿玩沙、水、石头的态度调查

幼儿的身心成长离不开大自然，幼儿自身也渴望亲近这些自然物，教育者要尽力支持幼儿亲近大自然，不去阻碍他们与大自然的亲密接触。但在现实中，教育者普遍认为幼儿一进入沙、石、泥、水的场地，就会特别兴奋，成人无法控制他们。"幼儿对大自然事物天然的渴望与热爱"与"成人希望幼儿能很好控制自己的身体动作"发生冲突，于是幼儿渴望与自然物嬉戏的愿望就会遭到来自成人或委婉、或粗暴的干涉。

"我喜欢手舞足蹈""我喜欢运动""我喜欢沙水"，好动、好玩是幼儿的天性。陶行知先生提出的"六大解放"中三方面的解放都指向儿童动作，即解放儿童的双手、解放儿童的眼睛、解放儿童的嘴巴。然而，在与幼儿的实际互动中，我们的教育行为却可能是"看谁先坐好""太危险了""衣服又弄湿（脏）了"，思想与行为的相悖不时地出现在我们的教育场中。期待通过外在力量让幼儿好动的身体静下来是天方夜谭，为了所谓"遵守纪律""认真听话""卫生安全"而极力限制幼儿的身体动作是荒谬的。美国人本主义心理学家罗杰斯曾批判美国的学校全力进行的是"脖子上教育"。传统教育最大的问题导致学生认识与身体的分离、认识与情感的分离。[1]

二、被忽视的幼儿精神生长需要

精神需要是满足人的心理和精神活动的需要，指人们在精神上的欲望和追求。例如，人的自尊、发挥自己的潜能、精神上的娱乐等需要。与物质需要相比，精神需要是更高层次的需要。[2] 幼儿同成人一样，有着自己的精神需要。但幼儿精神需要的表达和呈现方式与成人不同，并且幼儿精神生长的需要处于弱势地位。

餐后，张老师带领幼儿去户外散步。秋风吹过，树叶纷纷飘落。孩子们兴奋地尖叫起来，纷纷跑去捡落叶。张老师提醒他们："数数自己捡

---

① 吴式颖、任钟印：《外国教育思想通史 第十卷 20世纪的教育思想（下）》，117页，北京，北京师范大学出版社，2017。

② 罗子明：《消费者心理学》（第4版），105页，北京，清华大学出版社，2002。

了几片叶子？""看看自己捡的树叶的颜色与以前有什么变化？""看看树叶的形状都是一样的吗？"但此时幼儿明显被"风吹树叶漫天飘"的美景所吸引，追着树叶跑，捡起树叶往空中扔。张老师的话淹没在大家的叫声中，除了几个比较乖巧的幼儿跑到张老师这边来回应："我捡了四片叶子。""这片树叶是黄色和绿色的。"然后眼巴巴地看着张老师说："我可以去扔树叶了吗？"张老师提醒了几次没有效果，于是张老师拍手，有些生气地高喊："中（二）班，集合了！中（二）班，集合了！"大家恋恋不舍地回来排队。张老师生气地说："我们都是中班的小朋友，怎么还是像小班的弟弟妹妹一样？表扬豆豆、苗苗和欢欢，今天学到了关于树叶的新的知识。现在我们要回教室睡觉了，大家把手上的树叶扔到草地上去。"很多幼儿舍不得，有些想藏在口袋里。张老师补充道："我们的家在教室，小树叶也有家，它的家在草地上，我们要回家，小树叶也要回家。快，看谁先放好。"幼儿最终将捡到的树叶都扔在了草地上。

——我的随班观察日记

在万物的秩序中，人类有它的地位；在人生的秩序中，童年有它的地位。[①] 这个地位指什么？我认为，童年的地位是指幼儿真正拥有和成人同等的地位，幼儿的精神需要能够得到充分的满足。作为拥有话语权的成人往往习惯从自身思维出发，代替幼儿思考和做决定。上面"落叶"的案例在幼儿园中是比较常见的现象，作为认真、负责的张老师，她的出发点没有错，她是为了"让幼儿从落叶这个现象中学到点什么"。但仔细分析，张老师认为的"学到点什么"是从成人思维出发的。幼儿为什么喜欢追随树叶飞舞？幼儿从飞舞的树叶中发现了什么？他们此时对树叶有什么想法？她并没有设身处地地聆听幼儿的心声。

人们常常称赞幼儿是诗人、艺术家、哲学家、思想家、梦想家、探险家等，我们清楚儿童是一个谜，我们所能知道的是，幼儿有着最丰富的潜力，但我们不知道他将成为什么人。[②] 在很多时候，我们不了解幼儿潜能也不努力尝试去了解，而是将我们的想法当作他们的想法。潜意识里，我们可能轻视幼儿的精神状态，我们希望帮助幼儿早日脱离"幼稚""蒙昧""愚蠢"的精神状态，从而早日进入成人眼里的有意义、高质量

① ［法］卢梭：《爱弥儿　论教育》（上卷），74页，北京，商务印书馆，2009。
② ［意］玛丽亚·蒙台梭利：《童年的秘密》，45页，北京，人民教育出版社，2013。

的生活。

（一）"天生的哲学家"与"就你话多"

幼儿眼里的世界是纯粹的世界："为什么水不能往上流？""人为什么会死？""把雪藏在口袋里明天再玩。"他们的思考不受环境影响，不会妥协已有的观念，他们相信任何事情都有其他的可能，他们还很乐于尝试。因此，幼儿被喻为"天生的哲学家"。苏霍姆林斯基认为，幼儿的发问与困惑是有哲理性的，就其天性来讲，幼儿是富有探索精神的探索者，是世界的发现者。如何让这"天生的哲学家"充分展现他们的天赋？拥有"说话的权利"非常重要，幼儿的求知、表达、交往、探究、想象、创造等精神需求都离不开说话。幼儿拥有充分的话语权是幼儿内在精神的需求，是幼儿健康成长的必然条件。然而，在现实的教育中，幼儿的这一权利有时得不到保障。

我很喜欢我们班幼儿，他们乖巧、可爱的时候真的就是天使。但每次我进行集体教学时，他们就立即变了模样，包括那个平时说最爱我的甜甜。我要求上课发言要举手，他们却经常随便插嘴，而且答案和我问的问题没什么关系。有一次，我精心准备了"茶叶"活动。我问："你们家里谁喜欢喝茶？"本想唤起大家关于茶叶的相关经验。闹闹第一个站起来说："我奶奶喜欢喝茶，我不喜欢喝，我喜欢喝碳酸饮料，它们甜甜的，很好喝。可妈妈说这些是垃圾饮料。林老师，为什么垃圾饮料就特别好喝？你喜欢喝垃圾饮料吗？"他这么一问，大家就开始吵吵嚷嚷了："我喜欢喝果汁。""我知道薯片是垃圾食品。"……我精心准备的课根本就没有办法进行下去，简直让我崩溃，瞬间觉得这些小天使变成了小捣蛋。

——新教师教育故事分享会

上面案例中新教师的困惑让我们发现，虽然《幼儿园教育指导纲要（试行）》与《3—6岁儿童学习与发展指南》已颁布多年，我们也已经习惯说"充分尊重和保护幼儿的好奇心和学习兴趣""让幼儿想说、敢说、喜欢说并能得到积极回应""谈论他感兴趣的话题，询问和听取他对自己事情的意见等。尊重和接纳幼儿的说话方式，无论幼儿的表达水平如何，都应认真地倾听并给予积极的回应"这样的观点。但在实际的教育教学中，我们还是要注意：让幼儿充分表达的是幼儿的想法，而不是教师的想法。

在幼儿园一日生活中，为了便于管理，有许多环节教师是不允许幼儿随便讲话的，如早操、早点、晨谈、进餐、午睡等环节。教师希望幼儿尽量保持安静，常常要求、鼓励幼儿做个"听话的乖孩子"，不随便说话，不随便乱问，说和教师期望一致的话，问和教师期望一致的问题。

访问者：你是否支持让幼儿充分表达自己的想法？

师：当然。

访问者：晨间谈话时他们可以随便说自己想说的事情吗？

师：那要围绕一个主题。

访问者：这个主题是谁定的？

师：当然是老师啦，让每个幼儿随便说主题，一定会乱的。

访问者：早点时，幼儿可以随便说话吗？

师：那不行，吃东西时怎么可以说话？

访问者：集体教学时幼儿可以随便说话吗？

师：那怎么可以，在集体中回答问题要举手。

访问者：中餐时候幼儿可以说话吗？

师：不可以，吃饭时说话还能吃好啊？

访问者：那幼儿什么时候可以随便说话？

师（想了想）：午睡时肯定不可以，户外活动还有课间休息的时候。你这么一问，好像幼儿可以随便说话的时候确实不多。

——幼儿一日生活安排访谈录

这种现象在幼儿园里并不是个例，甚至在户外活动时，如果幼儿长时间聚在一起聊天，教师也会去干预。有幼儿喜欢在厕所里聊天，因为在那个时候他们想说什么就说什么。虽然在倡导对话教学的今天，越来越多的教师开始关注"独白"形象，越来越多的教师希望在教学中创设对话情境。但幼儿并没有获得充分表达的权利，这一点在集体教学中表现得尤为明显。教师决定教学内容和教学节奏，幼儿接受既定的安排，不表达和教育教学内容无关的想法。一方面，教师所创设的对话情境是一种预设情境，有确定的答案，只有答对的幼儿才获得认同；另一方面，集体教学有确定的时间，教师往往只请几个幼儿回答一下，就往下一个预设环节走。

除了这些显性的言行提示我们，幼儿还没有拥有自由表达的权利，更值得我们关注的是，教师在许多看似可以让幼儿自由阐述的环节中，也有着隐性的拒绝。成人常常阻止孩子提出哲理性问题，先是自以为是地对待他们，次则引导他们好问的头脑转向更加'实用'的探索。大部分成人本身对哲学问题毫无兴趣，他们可能觉得某些问题甚至挑战了自己。而且，虽然对于大多数成人来说不可能是普遍现象，但确实孩子们提出的很多问题，他们也没办法提供明确的答案，甚至标准字典或百科全书也没办法解答。① 因此，在实际的教育教学中，面对"天生的哲学家"，我们出现的是三种层面的教育者。

第一种层面：否定幼儿有自己的观点。停留在这一认识层面上的教师会习惯性要求幼儿闭嘴，让幼儿保持安静，并且会不断强调班级规范和纪律的重要性。在他们眼里幼儿是被管理对象，"他们懂什么啊，当然要我们老师告诉他们啦。"教师对于幼儿自由表达的认识和理解完全处于滞后状态，压抑了幼儿的天性，扼杀了幼儿的主动性。教师对幼儿话语权的管控，使幼儿主动的行为需求变成了被动的听从安排。

第二种层面：轻视幼儿的观点。停留在这一层面上的教师知道要给予幼儿表达的机会，但这种给予的前提是幼儿要顺从教师开展各种活动，幼儿的问答要接近教师心中的既定标准。他们会倾听幼儿的表述，但属于无心的倾听。"好，现在你们说好了，接下来听听老师是怎么说的。"而这个"接下来"才是教师觉得有意义的语言。久而久之，幼儿丧失了表达、思考的兴趣，甚至慢慢习惯了倾听教师的声音，对自己的声音产生了怀疑，因为不管自己说什么，没有得到教师的认可，就不是真的。

第三种层面：困惑幼儿的观点。"原来你是这样认为的啊！""老师也不知道是为什么。"苏霍姆林斯基指出，儿童的世界是一个特殊的世界。儿童有他们的善恶、荣辱观念及人的尊严观念；他们有自己的审美标准，甚至有自己的时间尺度：童年时代，一天犹如一年，而一年则是无限长的。② 我们的教育缺乏对幼儿独特的精神世界进行切实而有效的理解与关照，忽视幼儿精神的人文性表达与体验。

让幼儿说，让幼儿充分地说，尽力理解幼儿说的话。教育者只有做

① ［美］加雷斯·B. 马修斯：《哲学与幼童》(修订版)，103～104 页，北京，生活·读书·新知三联书店，2015。

② ［苏联］苏霍姆林斯基：《育人三部曲》，6 页，北京，人民教育出版社，1998。

到这三点，教育才能真正助力"天生的哲学家"的成长。

（二）"天生的艺术家"与"画得不像"

毕加索自言，学会像一个 6 岁的孩子一样画画，用了我一生的时间。这句话流传至今，幼儿园、社会机构、家庭也越来越关注幼儿的艺术教育。以艺术为特色的幼儿园比比皆是，走进一所幼儿园，墙上、楼道里随处可以看到幼儿的美术作品。以艺术为招牌的培训机构非常火爆：美术班、乐器班、歌唱戏曲班等，应有尽有。家庭开支中的一部分用于支付幼儿艺术发展的经费，已经成为一种普遍现象。然而，越过这些形式，我们发现幼儿在所谓艺术关注中，获得的可能是异化的艺术。因为这些关注的本质是鼓励幼儿尽早向成人艺术标准方向靠拢，幼儿艺术本身的特点被忽略。当我们的关注不是从真正关怀幼儿生长的角度出发时，那结果很可能如熊秉真所言：当一个社会特别关怀孩子的时候，有时反而对孩子可能是一个不利的趋势。[1]

你画的这是树？这个树叶太少了，树枝也不够多，你再去加一些吧，一定会更好看的。

——教师对幼儿作品的解读

好好看看老师是怎么跳的。表扬苗苗，和老师跳得很像，很好看。芳芳，你是怎么回事？手伸平一点，要和前排小朋友一样高。

——幼儿舞蹈班上的对话

幼儿对艺术的看法与成人不同，在幼儿眼里艺术是他内心表达情绪情感的一种方式。但在实际的师幼互动中，真正能够接纳并践行这样观点的教师占比并不高。艺术是幼儿的另一种表达认识和情感的语言。如果教育者只是以成人的审美标准和艺术水准来判断幼儿艺术作品的价值，那么幼儿艺术作品中隐藏的幼儿的内心世界、幼儿的表达与想象就会荡然无存。如果我们习惯将我们的艺术标准施加给幼儿，那么无论我们精心设计的艺术活动多么完美，幼儿感受到的都可能是前所未有的压力。当父母的可能都有一个相同的体会：孩子只要学会抓笔，他就会开始绘画，甚至家里的墙面一不小心就会"遭殃"，等孩子长大一些，将家里的墙面重新粉刷一遍是很多家庭常见的做法，因为墙面已经被孩子的"画作"填满了。

---

① 叶浩生：《身体与学习：具身认知及其对传统教育观的挑战》，载《教育研究》，2015(4)。

然而，当许多孩子进入幼儿园后，他们开始接受教师教授的绘画学习，或进入艺术机构接受专业的艺术培训后，他们反而常常会说："老师，我不会画。""老师，你帮帮我。"在美术活动中，很多老师都很忙碌，因为要忙着帮助"不会画画"的幼儿。同样，许多幼儿很小就会自编自导地唱歌、跳舞，给他一段音乐，他就能自得其乐。虽然他们唱的歌词我们可能听不懂，他们的舞蹈就像是在走路，但我们可以感受到他们是真正愉悦地沉浸在自己的艺术世界中的。有时，经过有计划、有目的的艺术教育后，很多幼儿反而不敢上台表演。

当教育忽略了幼儿与艺术的真正关联和"天生艺术家"的自由表达时，幼儿就会失去对艺术的热爱。有的教师虽然承认幼儿有很丰富的艺术想象力，但是他们仍然非常担心幼儿的艺术技能。他们认为，幼儿必须经过系统的教，才能更好地展现自己的艺术想象。初听这种观点似乎很有道理，但它混淆了成人艺术与幼儿艺术。在成人眼里，艺术是一门独立系统的学科。但对幼儿而言，艺术不是一门学科，而是幼儿精神成长的需要，是他们内心的一种表达愿望。一根树枝、一块沙地能让幼儿即兴涂鸦，一条丝巾、一个发夹能引发幼儿的自在舞蹈，一种美食、一次表扬能引发幼儿的自由哼唱。对语言发展到一定阶段的青少年和成人而言，最快捷、最简单的表达方式就是语言或者文字。然而，幼儿还不充分具备语言表达的能力。艺术为幼儿的表达提供了一条途径，对幼儿而言，艺术是他们情绪的自在展现，是他们表达自己内心情感的一种符号。

《3—6岁儿童学习与发展指南》明确提出，艺术是人类感受美、表现美和创造美的重要形式，也是表达自己对周围世界的认识和情绪态度的独特方式。它强调艺术是幼儿对世界的感性认识的把握与自发表达。在艺术的学习和表达中，教师要站在幼儿的角度审视，相信幼儿的艺术潜能，尊重他们的自发创作。只有科学认识幼儿与艺术的关系，我们才会理解他们画蓝色的太阳是因为"天气很冷很冷"；画黑色的太阳是因为"那天我丢了最喜欢的玩具"；把妈妈的嘴巴画得非常非常大，完全不成比例，是为了表达"妈妈骂我时，声音很响很响，我很害怕"。他们自编的旋律单调的睡觉歌、在成人看来有伤大雅的"大便歌"，总能引起班级其他幼儿的认同和模仿。教育如果不给幼儿发言权，忽视幼儿的表达，甚至随意揣度幼儿的心思，强行介入幼儿自主表达的空间，不珍惜幼儿的真实想法，那必将导致幼儿失去本真。

第三节 重思教育的原点

幼儿教育应该从哪里出发？幼儿教育的目的是什么？这两个看起来非常简单的问题，回答起来却不容易。虽然在两百多年前，康德就提出"人是目的"这一命题。但时至今日，教育中人是目的，还是手段、工具，仍然值得教育者反复思考。许多一线教师认为，我只要按照规定的课程、教材实施教育就完全没有问题。那为何同样的教材，在同样的年龄段，用同样的教具，结果却不相同呢？因为课程、教材、教具都可以统一，唯独教育者的立场无法规定。无论你是否承认，只要进入幼儿世界，与幼儿开展互动，你必然带有自己的教育立场，你必然在教育言行中体现出我怎样看待我的教育对象，教育的目的是什么。任何一名幼儿教育工作者都无法回避这些问题。重思教育原点问题的根本是明晰教育者的教育思想。

一、幼儿教育的原点必须是幼儿

在人的成长中，没有任何一个阶段如幼儿期这样，本能、天性占据主导地位。我们必须正视幼儿期的这一特点，尊重这样的客观事实。幼儿教育的原点必须是幼儿本身，而不是其他，这是由我们教育对象的特点决定的。只有这样，幼儿教育对人的发展才能起到真正的支持、推动作用。在幼儿教育中，看似教师是教育的规划者、组织者，但是真正"发出"教育需求的却是幼儿，是幼儿的需求才让教育真正有了可能，是幼儿的真实诉求，教育活动才可能彰显光芒。幼儿是教育活动的发起者，教师只能顺势支持、助推。

(一)幼儿个体兴趣决定教育成效

豆豆，四岁，个性有点内向，在班级中他不太爱举手发言，也不太愿意当众表演。豆豆妈妈的个性则非常外向，说话风风火火。她觉得豆豆这样是因为小时候都是爷爷奶奶养，展示机会太少导致的。于是只要有演出的机会，如亲友婚宴上唱歌表演、社区诗歌比赛等，豆豆妈妈都要求豆豆去。豆豆妈妈早早开始为豆豆选择表演的节目，陪豆豆反复练习，甚至还专门去歌唱培训班训练。为了让豆豆能够大胆一些，豆豆妈妈还学习各种教育方法，如经常鼓励豆豆，演出前在家里举办一个"豆豆一定行"的小仪式，等等。但基本上每次都是以豆豆哭闹不肯上台，在妈妈责骂、抱怨中结束。豆豆的妈妈很担心豆豆的个性，她认为要在当今社会生存，就必须要善于展现自己。

对豆豆的观察让我发现，豆豆的确不太爱在集体中展现自己。但他做事情比较认真、仔细。从中班开始，他对幼儿园的木工活动就特别感兴趣，每次全园混龄活动时，他都会选择木工坊。负责指导幼儿木工活动的保安师傅也认识了豆豆，他告诉我，豆豆经常向他请教，现在豆豆使用锯子、刨刀都很得心应手。因为木工坊中指导教师人数少，于是我和豆豆沟通，是不是可以当木工坊中保安师傅的助手，帮助他指导全园幼儿，豆豆一口答应。因为豆豆在木工方面的表现的确不错，而且他指导其他幼儿时很有耐心。豆豆开始被全园幼儿认识，平时走在幼儿园中，他常常会被别的幼儿认出，并且高呼："小豆豆老师！""豆豆哥哥好！"在指导其他幼儿的过程中，豆豆需要向各个班级的幼儿介绍、答疑、解惑，在这个过程中豆豆成了一个非常善于表达的幼儿。我把豆豆在木工坊担任小老师的视频发给豆豆妈妈，豆豆妈妈很吃惊。幼儿园为豆豆举办了一场"豆豆木匠展示活动"，豆豆在展示活动上当众表演锯木头、刨木花、钉椅子，介绍他制作的小板凳、小桌子、木枪，收获了很多。

——幼儿成长档案册节选

"儿童的世界是一个具有其个人兴趣和利益的人的世界，而不是一个事实和规律的世界。"[1]幼儿特有的身心发展规律决定了如果我们按照成人的标准要求他们，或者将自己认为好的兴趣、爱好强加给幼儿，其结果不是帮助，反而可能是伤害。尊重幼儿，关注幼儿兴趣；兴趣作为人成长过程中固有的一种特质，对人的成长发展具有极为重要的作用，这些虽已成为共识，但能够真正理解幼儿兴趣并在实践中加以运用的情况并不多。很多时候，成人还是带着自己的认识来确定幼儿的兴趣。比如，培养成人认为"有意义"的兴趣：背诵《三字经》、学习某种乐器、练习书法等，无论是在幼儿园还是在家里，都存在着片面理解与误用幼儿兴趣

---

① ［美］约翰·杜威：《我的教育信条——杜威论教育》，13 页，上海，上海人民出版社，2013。

的现象。豆豆妈妈在为豆豆选择诗歌、歌曲时，都是基于"我觉得这个适合你"的角度出发的，从来没有问过豆豆是不是喜欢。虽然在练习的过程中，豆豆妈妈请了专家，豆豆妈妈自己也非常注意多表扬豆豆。然而，"真正的兴趣是自我通过行动与某一对象或观念融为一体的伴随物，因为必须有那个对象或观念维持自我主动的活动"①。幼儿的兴趣不是来自外部的刺激，而是来自幼儿本身。豆豆还不能理解学习唱歌和诗歌的重要性，其实我们每个成人在3～6岁的时候也不理解学习的重要意义，只是长大后我们都遗忘了自己曾经也有过那样的阶段。在本能、天性更加占据主导地位的阶段，我们更要清楚，学习首先是基于个体内向的意愿，强制幼儿学成人觉得合适的东西，其结果毫无意义。

木匠活动是豆豆感兴趣的，参与木匠活动的过程带给豆豆的是愉悦。因此，他就乐意主动投入。在木匠活动的过程中，豆豆会为了更好地习得木匠的一些技能，主动发起交往：向保安师傅请教。他也乐意将自己掌握的技能教给其他小伙伴。在这个过程中，他不会因为自己个性内向而恐惧交往。帮助豆豆克服交往恐惧，不是成人说："别害怕，有什么好怕的。""豆豆加油，我相信你可以。""男子汉，别扭扭捏捏的。"而是他有自己真正喜欢做的事情推动他主动往前走，教育只有发现了幼儿真正的兴趣，并因此搭建各种平台顺势推动，成长才可能真正发生。

（二）幼儿生长需求决定教育内容

教育的价值是满足幼儿的生长需要，从幼儿生长需求出发，积极回应幼儿生长需求，根据个体生命需求给予精神与文化的滋养。如果我们不关注幼儿的实际生长需求，单纯从教育意义和教育目的的角度出发，来选择教育内容，那教育的质量可能是很差的。表1-1是幼儿园新生入园时两种不同教育内容的模式。

---

① ［美］约翰·杜威：《学校与社会——明日之学校》，170页，北京，人民教育出版社，2004。

表 1-1　新生入园的两种不同教育模式

项目	新生入园的原有模式	新生入园的现有模式
家庭建议	不允许幼儿带奶瓶、依恋物入园。	了解每个幼儿最喜欢做的事情和玩具，建议家长可以和幼儿共同选择幼儿自己喜欢的物品陪伴入园。接纳幼儿原有的生活习惯，接纳幼儿的入园焦虑情绪，尽量给予幼儿安慰和支持。
主题选择	以"我爱我的幼儿园"为新生入园的第一个主题，期待通过教育让幼儿爱上幼儿园。	以"你好，幼儿园"为入园的第一个主题，共同和幼儿认识、发现这个新环境，了解幼儿对新环境的感受，并及时根据幼儿的感受调整环境。
班级活动	非常关注幼儿在群体中的规则意识，组织系列常规活动：记住自己的座位、编号，能够一个一个排队走，学习听老师的指令行动。让幼儿尽快能够按照幼儿园集体生活的要求行动。	根据幼儿的兴趣开设"汽车城""玩偶世界""涂涂画画"区域，鼓励幼儿随时随地进入各个区角，让幼儿在玩耍中慢慢喜欢上自己的班级。

两种教育模式的目的一样，即希望帮助新生度过入园的适应期，开启幼儿社会化进程的第一步，但两者选择的教育方式完全不同。第一种模式选择的教育内容背后有教育需求吗？有。只是这种需求是我们教师的假定，假定幼儿的"坏习惯"会影响幼儿在园的生活，假定幼儿能够迅速爱上幼儿园，假定幼儿整齐划一有利于融入集体生活。但这并不是幼儿的真实需求，在这样的假定需求下采取的教育内容，会导致个体出现较为漫长的入园适应期，有些幼儿花一个多月以及更长的时间都无法接纳这个新环境。教育应该是发展人，而非限制人。"不能保留原来的习惯""要爱上幼儿园""要和大家一样在群体中生活"这些教育内容恰恰是限制人的内容。

"我们已经走得太远，以至于忘记了为什么而出发。"卡尔·纪伯伦的这句诗我们耳熟能详。但在幼儿教育的现实中，我们常常会忘记为师者为什么而教育？教育的最大目的是助人，帮助每一位幼儿实现他心中的梦想，挖掘他隐藏的潜力。当我们清楚初入幼儿园的新小班幼儿他们心目中的真实需求时，我们就会知道当下困扰他们的是没有爸爸妈妈陪伴、这些人我都不认识、这个地方我不熟悉、爸爸妈妈是不是不要我了。只有解决这些问题，幼儿才能真正去拥抱成长过程中的第一次社会化。第二种教育模式选择的教育内容，是依据教师对此阶段幼儿的生长需求做出的回应，接纳幼儿个体的独特性，给幼儿进入群体生活留下足够的缓冲期。进入幼儿园大厅，就有自己喜欢的玩偶，而且还可以带一个自己喜欢的玩偶一起午睡，这样的教育内容传递给幼儿的是安心。进入班级，有自己喜欢的汽车角，和家里相比这里更加有趣的是还有小伙伴一起玩汽车，这样的区域会让幼儿觉得这地方还行。让幼儿在与周围环境的互动中慢慢感受到这个新环境的有趣和友善。

不同的教育内容对幼儿生命发展的影响不同，幼儿有自己的思维方式和自己的生长需求。只有懂得幼儿在每一个阶段的生长需求，教育才能做出积极的、恰当的回应，才能支持幼儿、帮助幼儿。幼儿教育必须学会尊重幼儿对教育内容的选择，因为这是尊重幼儿的独特视角和体验。

二、幼儿教育的目的必须是幼儿

决不把人这个主体单纯用作手段，若非同时把它用作目的。[1] 教育的目的必须是幼儿，是指幼儿当下的感受和当下的发展。虽然幼儿就在我们面前，但是我们似乎并未真正认识他们，似乎并不太在意他们的真实感受。一个 8 岁的儿童写道："对任何人来说，大人从来认为我们是孩子气，没有人能进入我们的内心世界。"

新学年初，幼儿园的大班教师基本上都会组织幼儿去帮助新来的弟弟妹妹，我们称之为"大带小"活动。今年也如此，我依旧组织我们班的幼儿制作教材《小巧手》中的纸大象，作为送弟弟妹妹的见面礼物。全班幼儿在制作的时候都很兴奋，因为他们听我说弟弟妹妹还在哭闹，就等着我们去帮助了，大家心中有满满的自豪感。但当幼儿带着精心制作的纸大象走进小班时，实际场面和幼儿想象中有很大的差距。他们发现小班弟弟妹妹根本不理自己，甚至有些小班幼儿哭得更厉害了，自己手中

---

① ［德］康德：《实践理性批判》，95 页，北京，商务印书馆，2003。

的纸大象也很难送出去。看着哭闹的场面，大班幼儿有点手足无措。无论我怎样鼓励他们："去啊，去和弟弟妹妹玩。""大胆一些，你们可是哥哥姐姐哦。"大家都不太愿意再次去尝试，有几个男生甚至玩起了旁边的玩具。我很尴尬，回来后严厉地批评了大家，特别是几个玩玩具的幼儿。

——记录我一次失败的"大带小"活动

组织这次"大带小"活动，我自认为是为了幼儿：既可以给小班弟弟妹妹带来归属感，又可以为大班幼儿提供照顾他人的机会。但是，在实际开展的过程中，无论是小班的幼儿，还是大班的幼儿，都变成了我实现教育目标的对象。到底怎样帮助小班幼儿才能让他们喜欢这个新环境？到底要给予大班幼儿怎样的支持才能真正帮助他们与小班幼儿实现良好的互动？我是希望有一个比较好的"大带小"场面，还是希望通过"大带小"让小班、大班幼儿获得真正的成长？

（一）尊重幼儿的真实感受

教师是人，作为人必有的局限性使教师无论怎样努力，其对儿童的理解必然只可能无限接近儿童的本真，而无法达到完全理解。① 承认这一点可以让我们真正懂得敬畏幼儿。

在集体教学"白云朵朵学变身"中，有个环节是我展示各种白云的图片，让幼儿想象这些白云像什么。一般常规回答是像花朵、像小船、像兔子……然而高高举起手的张涛说："这白云像大便。"我愣了一下，急忙回应："哦，我理解你的意思，你是想说这朵白云的样子很特别，对吗？"张涛大声回答："不是，我是说这朵白云像大便。"许多幼儿哄堂大笑，还有幼儿附和着说："大便，臭大便。"

——我设计的原创科学活动"白云朵朵学变身"

大班语言活动"梦姐姐的花篮"，在引出幼儿分享自己的做梦经历后，执教老师说："每个人都会做梦，为什么呢？因为在森林里有位梦姐姐，只要她撒下不同的花瓣，我们就会做不同的梦，一起来听听故事《梦姐姐的花篮》吧。"一个男孩站起来高声说："没有什么梦姐姐的，我爸爸说了，做梦是因为人的大脑细胞在我们睡觉时还在活跃。"我有些愣住了，下意识地说："但也可能是因为梦姐姐才让我们做梦的啊，你先坐下听故事吧。"男孩很不服气地坐下，然后在整个活动中，他都不停地和旁边小朋

---

① 赵南：《理解儿童的前提：承认儿童的不可能被完全理解》，载《教育探究》，2019(5)。

友解释："没有梦姐姐，真的没有梦姐姐。"

——大班语言活动"梦姐姐的花篮"实录

在与幼儿的互动中，我常常发现，即使经过精心的准备，我还是不能准确把握幼儿的回应。张涛的"大便"，男孩的"根本没有梦姐姐"，会让作为教师的我们感觉"有些幼儿真难对付"。我们很难接受天真无邪的幼儿怎么会将这么美丽的白云比成"大便"，应该处在"前科学概念阶段"的幼儿怎么会说出如此成人化的"脑细胞"？我们头脑中存在着想象中的幼儿的模样，于是，在潜意识里，我就希望用自己的感受来代替幼儿的感受："你是说这朵白云很特别吧？""也可能是梦姐姐让我们做的梦啊！"这种方法，是我们在与幼儿互动中经常使用的，而且常常有效。许多幼儿会接受我们给予的观点，从而让活动显得"顺利、圆满"，但也会遇到像张涛和那个男孩一样的幼儿。于是，我们会抱怨："今天有个孩子真是特别，简直不可理喻！""应该是这个班级的孩子平时缺乏这方面知识经验的积累。"抱怨后，我们很少会去关注"大便""脑细胞"背后的真实原因。如果我们不接纳真实场景中的幼儿的真实感受，那真正的对话就无从开启。如果我们只是希望幼儿接受我们的想法，那么我们就永远无法了解幼儿的真实感受和体验。真正有效的教育要求我们站在幼儿的角度去审视幼儿的世界，这样才能在幼儿不可思议的回答中理解他的思维方式，才能在幼儿答非所问的回应中懂得该如何支持他的想象。真正接纳幼儿的观点，我们才可以实现幼儿在教育中的成长目标。"成年人只有通过对儿童的兴趣不断地予以同情的观察，才能够进入儿童的生活里面，才能知道他要做什么，用什么教材才能使他工作得最起劲，最有效果。"[1]

（二）发现幼儿的真实生长

幼儿教育不是"生产"，而是一个不断"发现"幼儿的过程。教育要以幼儿的天性为开端，确保幼儿获得充分的发展。正如一颗种子最终是长成一朵花或者一棵树，不是由土壤、阳光、空气决定的，而是由种子自身决定的。教育也如此，教师不能用"想当然"代替幼儿生长，要依据幼儿的天性为其提供适宜的生长环境。我们知道在儿童心灵中有着一种深

---

[1]　[美]约翰·杜威：《学校与社会——明日之学校》，12页，北京，人民教育出版社，2004。

不可测的秘密，随着心灵的发展，它逐渐展现出来。这种隐藏的秘密像生殖细胞在发展中遵循某种模式一样，也只能在发展的过程中才能被发现。① 正是因为我们不可能完全了解幼儿，所以在开展教育教学时，我们必须要更多地关注幼儿的真实生长。

斌斌是一个让老师头疼的孩子。上课时他举手，如果老师没有请到他，他生气。游戏活动如果他不是第一个参加的，他生气。小伙伴带来玩具，他想玩但没有轮到他时，他生气。班里的张老师说："什么事情都要达到他的目的才行，否则就大喊大叫。批评、表扬对他毫无作用。"在让斌斌"学会试着等待"这件事上，班级几位老师都很有挫败感。

——教师教育分享会

这其实是幼儿教育者经常碰到的情况，幼儿生长的速度并不总是和教师的美好愿望成正比的。每个教师在教育生涯中都会遇见：班级那个喜欢攻击其他幼儿的小朋友、那个做事情节奏特别慢的小朋友、那个睡不着午觉的小朋友、那个讲话声音特别小的小朋友……我们的教育方法有时候非常有效，经过几次沟通、几次帮助，幼儿会迅速转变，但有时候同样的教育方法对幼儿的成长似乎起不到作用。幼儿来自不同的家庭，在不同文化背景的熏陶下，他们有不同的兴趣爱好，有自己独特的个性。好的教育是让每个幼儿都能自如地展示自己真实的生长，而不可能做到让每个幼儿都获得统一的生长。承认每个幼儿都是以自己的节奏动态生长的，这不仅尊重了幼儿生长的规律，而且也承认了幼儿的动态发展是给予教师教育生长的机会。

"六一"时，幼儿园邀请魔术师表演魔术。大（一）班的斌斌这段时间非常迷恋魔术，他特意让妈妈把自己打扮成魔术师。魔术师们的表演让大家连连尖叫，斌斌兴奋得手舞足蹈。在魔术表演的最后一个环节，魔术师邀请几名幼儿上台和魔术师合作表演魔术。斌斌将手举得很高很高，但是魔术师没有邀请他，斌斌当场崩溃，在大活动室里大声哭了起来，怎么劝也劝不住。回到教室后，我组织了分享活动"魔术师来了"。我让幼儿借用快乐、害怕、伤心的表情符号，来说说自己在魔术活动中的感受。由于斌斌还在生气，在说到"伤心"的表情时，他突然站起来高声说："我都打扮成魔术师的样子了，我坐得那么好并且举手了，他就是不请

---

① ［意］玛丽亚·蒙台梭利：《童年的秘密》，34 页，北京，人民教育出版社，2004。

我，不请我!"然后又哭了起来。

——幼儿成长档案册节选

直至大班毕业，斌斌达不到目的时的表现仍然会让我头疼。和其他同龄幼儿相比，斌斌的表现简直不可理喻，但这是斌斌的真实成长。回望他小班入园时，因为不能拿走别的小朋友的玩具，他可以哭闹一小时。我们发现，斌斌在逐渐发现"自己想要"和"可以得到"之间是有距离的，他在慢慢学着去接受和了解。或许他学会这一点的过程要比其他同龄幼儿用的时间更长一点，但教育者必须要发现每个幼儿都有自己的生长节奏，或许幼儿的生长节奏和教育者理想中的生长节奏有差距，但这才是真实教育开展前的原点。

儿童拥有一种未知的力量，这种力量能够引导我们走向美好的未来，如果我们真的想改变这个世界，教育就应该以发展儿童的潜能为奋斗的目标。

——[意]蒙台梭利

---

①[意]蒙台梭利：《有吸收力的心灵》，3 页，北京，中国妇女出版社，2017。

敬畏幼儿的力量

∧
∨
∨∨
∨∨∨
∨∨∨
∨∨
∨

第一节 教育对象：我们怎么看待幼儿

认清了幼儿教育的原点必须是幼儿后，我们要时时反问自己："我真的了解幼儿吗？"在教育体系中，每一阶段的教育，都有特定的教育对象，有效教育的基础是认清我们的教育对象。幼儿园的教育对象是 3~6 岁的幼儿，这个阶段的幼儿是什么样的？他们有什么特点？对从事幼儿教育的我们来说，这是非常关键的问题。怎样看待幼儿，便有怎样的幼儿教育。"对人性的不同看法，必然对我们应当做什么和怎样做，得出不同的结论。"①所以，怎样开展幼儿教育，首先取决于我们怎么认识幼儿、怎么看待幼儿。

人们从未放弃过对幼儿的认识，翻开厚厚的幼儿教育发展史，其实质是一部幼儿发现史。梳理过往对幼儿的发现，有助于我们思考自己当下对幼儿的认识。"教育的发展是社会历史发展的一种功能；教育带有许多过去的遗迹。"②

一、过去的遗产

在历史的长河中，我们的教育对象——幼儿，被发现的时间相对来说比较晚。无论是在西方国家还是在东方国家，幼儿在很长的时间里是

---

① ［英］莱斯利·史蒂文森：《人性七论》，5 页，北京，商务印书馆，1994。
② 联合国教科文组织国际教育发展委员会：《学会生存——教育世界的今天和明天》，25 页，北京，教育科学出版社，1996。

被忽视的。成人轻视幼儿的能力，因为个头小、力气小，幼儿被定位为"小大人"，连他们的衣服都是成人款的缩小版本。因为有不同于成人的言行就被视为"捣蛋鬼""小玩具"，是供大人们解闷的。

（一）西方国家探寻

在西方国家，文艺复兴运动开启了解放儿童的先河。人们在16～17世纪开启了对幼儿的关注。

18世纪，启蒙主义浪漫派思想家卢梭提出的"儿童观"，否定了"儿童期仅仅是为未来成人生活做准备"的这一看法，认为儿童有独立存在的价值。他以一种新的视角审视儿童，肯定儿童的地位与童年的价值，首次提出"把儿童当作儿童"的观点。"在万物的秩序中，人类有它的地位；在人生的秩序中，童年有它的地位；应当把成人看作成人，把孩子看作孩子。"①此后，在一个多世纪里，人们对儿童的认识日新月异：从儿童是无知的，到儿童是天生的哲学家、艺术家；从儿童需要鞭打才能顺从，到儿童需要被呵护才能健康成长；从儿童智力有高低，到儿童的智能是多元的……

福禄培尔倡导教育要循序渐进地发展幼儿善良的天性，成人不应过度压制和干涉。教育、训练和全部教学与其是绝对的、指示性的，不如更应当是容忍的、顺应的。②他对幼儿身心发展过程有着独到的见解，反对静止看待幼儿的观点，认为幼儿的身心发展不仅是分阶段的，还是相互联系、连续不断的过程。他认为幼儿教育应是循序渐进的，不能脱离幼儿的发展阶段盲目给儿童制定目标。

蒙台梭利是幼儿教育领域的重要人物，她所倡导的理念影响深远，对今天的幼儿教育仍然具有重要的启示。她提出，幼儿具有独特的"吸收性心智"和内在的生命力。强调幼儿心理发展有自身的特点，教育"要正确对待儿童，就必须研究儿童，尊重儿童心理特点，重视儿童的自我发展，重视儿童发展的敏感期"③。

杜威对儿童相关理论的阐述为现代儿童观奠定了理论基础。他认为，儿童是一个不断成长、发展中的个体，儿童的未成熟状态具有积极的意

①　［法］卢梭：《卢梭全集　第6卷　爱弥儿（上）　论教育》，74页，北京，商务印书馆，2009。
②　［德］福禄培尔：《人的教育》，11页，北京，人民教育出版社，1991。
③　姚伟：《儿童观及其时代性转换》，97页，长春，东北师范大学出版社，2015。

义，儿童的未成熟恰恰赋予了儿童一种积极向前发展的力量。正因为儿童是未成熟的、发展中的人，因此儿童具有巨大的发展潜力和可塑性。杜威充分肯定了童年生活的价值，认为童年生活与成年后的生活，是同样真实、同样积极的，这两个阶段的生活，内部同样丰富，地位同样重要。① 杜威主张，儿童教育应以儿童现实生活经验为基础，满足儿童现实生活的需要，促使儿童生活不断更新。

(二)东方发现

在中国，"发现儿童"的进程几乎比西方国家晚了整整一个世纪。当西方国家在"发现儿童"中啧啧惊叹时，中国的幼儿还处在伦理纲常的封建桎梏下。在有着上下五千年的悠久历史长河中，幼儿一直处在被忽视的状态，对待幼儿"不是将他看作缩小的成人，拿'圣经贤传'尽量的灌下去，便将他看作不完全的小人，说小孩懂得什么，一笔抹杀，不去理他"②。儿童完全没有自己独立的社会地位，自然也就没有人能从教育的角度出发，全面关心、关怀和重视儿童异于成人的特点以及他们特殊的需要。一直到"五四"时期，在"人的发现"与"个性的发现"的历史氛围中，"儿童发现"才异军突起。"'人'的觉醒，归根到底，是要看处于社会结构最底层的'人'——妇女、儿童、农民的觉醒。"③

周作人提出，儿童是人，儿童是儿童。他指出："儿童在生理心理上，虽然和大人有点不同，但他仍是完全的个人，有他自己的内外两面的生活。儿童期的二十几年的生活，一面固然是成人生活的预备，但一面也自有独立的意义与价值。"④

此后，张宗麟、陶行知、陈鹤琴、张雪门等一批本土教育家，将杜威"儿童中心主义"教育思想引入中国，他们在不断传播西方教育思想家的教育思想时，也立足中国的实际，提出了适合中国的教育观和儿童观。

陈鹤琴秉持"儿童本位"的儿童观，在陈鹤琴的眼中，儿童的天性是第一位的，教育内容和教育方法必须是儿童喜闻乐见的、愿意尝试的。"儿童不是'小人'，儿童的心理与成人的心理不同，儿童时期不仅作为成人之预备，亦具他的本身的价值，我们应当尊重儿童的人格，爱护他的

---

① [美]约翰·杜威：《民主主义与教育》，60页，北京，人民教育出版社，1990。
② 周作人：《周作人论儿童文学》，122页，北京，海豚出版社，2012。
③ 王晓明：《二十世纪中国文学史论》(第一卷)，330页，上海，东方出版中心，1997。
④ 周作人：《周作人论儿童文学》，122页，北京，海豚出版社，2012。

烂漫天真。"①这样的儿童观也构成了其"活教育"的理论基础。小孩子有小孩子的意志，小孩子有小孩子的人格。成人应当尊重小孩子的人格。②陈鹤琴认为，教育者必须认识到，儿童是人，是一个独特的人。只有尊重儿童的独立性和自主性，才能培养儿童。只有按照儿童的天性施以体现社会需要的种种教育，儿童才能得到本真的发展。

陶行知旗帜鲜明地提出"小孩子毕竟是小孩子"的儿童观和"从前世界属大人，以后世界属儿童"的命题。拒绝将儿童看作"大人的附属"，倡导要将儿童看成独立的人。"人人都说小孩小，谁知人小心不小，若小看小孩子，便比小孩还要小。"针对当时的教育弊端，他提出了解放儿童的六大思想：解放儿童的头脑、解放儿童的时间、解放儿童的空间、解放儿童的双手、解放儿童的眼睛、解放儿童的嘴。他相信儿童、相信儿童的潜力："只要能因势利导，他们——儿童个个都是思想自由的天使，创造的天使，建设的天使。"③

张雪门强调要尊重儿童天性："儿童是生长的有机体。儿童的全部生活都是生长的一段，他在这一段的时期里，他自有其自己的生理，他自有其自己的心理。他用自己当时的生理与心理，与其当时的环境相接触，因而发生交互的反应，俾得逐渐生长，以完成这一时期的生命，维持已有的生长，继续将来的生长。这才是儿童的本体。"④他的行为课程就是建立在他对儿童认识的基础上的："幼稚教育的目的，应完全以儿童为本位；成就儿童在该时期内心身的发展，并培养其获得经验的根本习惯，以适应环境。"⑤

二、我们的反思

纵观古今中外，虽然幼儿教育起步较晚，但在幼儿教育领域所取得的成果却很丰硕。特别是关于幼儿教育的关键理念如自然、天性、尊重、潜能、敬畏等都直指核心。人类在 20 世纪发现了儿童，21 世纪被定义

① 魏心一：《陶行知　黄炎培　徐特立　陈鹤琴教育文选》，376 页，合肥，安徽教育出版社，1992。
② 陈秀云、陈一飞：《陈鹤琴全集》(第二卷)，696 页，南京，江苏教育出版社，2008。
③ 陶行知：《陶行知选集(三卷本)》(第 2 卷)，15 页，北京，教育科学出版社，2011。
④⑤张雪门著，戴自俺主编：《张雪门幼儿教育文集》(上卷)，119、337 页，北京，北京少年儿童出版社，1994。

为"儿童的世纪"。虽然已有很多的儿童发现和正确的儿童观，但现在我仍要提出一个观点：请认清我们的教育对象。因为在实际的幼儿园教育中，众多的儿童发现并不代表着我们一线教育者在实际教育中，就能够游刃有余地去认识、去理解、去运用。

（一）行与思不一致的困惑

今天的我们该怎样看待幼儿？

让幼儿自己取饼干、自己倒豆浆，还让他们自己洗杯子。你看看，现在一塌糊涂了吧？一早上，豆浆都不知道被倒出几次了，几个洗杯子的幼儿的衣服全部湿了。让他们干？还是我干快多了，他们弄不好的，还添乱。

——小班保育员老师对幼儿园开展"自助点心"的抱怨

"自主性"这个词在幼儿园已经说了很多年，但落到实处时，我们仍感受到这样的观点：幼儿是弱小的代名词，他们不懂事、无能力。成人要决定幼儿应该做什么，不应该做什么，为他们安排好一切就是真正为他们好。

只需每次 5～10 秒的训练，每天累计教学时间 2 分钟，让宝宝轻松拥有超级逻辑数学运算、中文快速阅读的理解、上知天文下知地理的百科知识、英文快速阅读理解、音乐完美音准、听音识谱等高效的多学科直觉学习能力！

——某培训机构的广告页面

以上广告负面承认了幼儿有巨大的潜能，但它没有依据对幼儿的真正了解与幼儿的兴趣提供给幼儿展示潜能的平台。成人以成人世界的"输赢""成功""失败"的观点，以成人认为适合的方式对幼儿开展"充分挖掘"，把他们培养为成人眼里的各方面人才。

大班张韬第二次因为不好好吃饭，被班主任王老师批评，哭着被"请"到隔壁小班吃饭。在小班，张韬眼泪汪汪，努力地咀嚼，用力地吞咽，差点儿吐出来。十分钟后，他吃了半碗饭。王老师对配班的新老师说："他有些时候会欺负你们新手老师，该立规矩的时候你还是要立规矩的。"新老师连连点头。

——我的进班观察日记

"立规矩"是幼儿园教师常用的一个词，在新手教师的困惑表上，很多新教师填写的第一个困惑就是怎样给幼儿立规矩才有效？有家长会要求幼儿园安排严格的班主任，这样才能管住幼儿。幼儿是需要"立规矩"、需要"管的"，这样的儿童观在当下仍然普遍存在。虽然我们每个人都真心是为幼儿好，但我们采取的教育方式完全不同，有的甚至截然相反。在家庭教育中也如此。

持不同教育观点、教养方法的家长历来有许多，如"虎爸虎妈""猫爸猫妈"。父母是全心全意爱孩子的，但同样的爱，在养育孩子时，不同家长采用的方式也完全不同。在媒介高度发达的今天，不同的家庭教育方式引发了大量的探讨，大家的目的都是找到好的家庭教育方式。然而，在这样的探讨中，很少有人会提及，既然是教育幼儿，我们是不是应该听听这些3～6岁幼儿的声音，听听他们怎样看待父母的这些教育方式。

倡导不同特色、不同品牌的幼儿园有很多：健康特色、生活化课程、艺术课程，等等。作为教师，要清楚为师者的目标是支持儿童成长。虽然培养人的总目标相同，但在教育中每位教师采用的方式方法可能完全不同。在探讨幼儿教师教育方式的利弊时，很少有人说，让我们听听3～6岁幼儿的声音，听听他们是怎样看待教师的这些教育方式的。

无论是在家庭还是在幼儿园，受教育的主角——幼儿，常常会缺席关于"怎样才是好的幼儿教育"的探讨现场。大部分人的答案是一致的："他表达不清楚。"是幼儿不会表达，还是我们听不懂幼儿的表达？这或许是幼儿教育的核心问题。我坚持认为，终其一生，我们都读不懂幼儿，但我们不能因此放弃倾听，或者因此代替幼儿发声。我们能做的是不断地靠近幼儿。

(二)行与思不一致的成因

我也知道要尊重幼儿，要多听他们的声音，要根据幼儿的兴趣设计活动，但是我设计的活动幼儿就是不喜欢。

带幼儿到户外探索，他们喜欢是喜欢，但太兴奋了，我根本管不住，不是这个摔了就是那两个打上了，按照专家说的去做真的太难了！

说实在的，幼儿并不像书上说的那样爱小动物，我带来蚯蚓给大家观察，许多幼儿直接和我说："老师，这个太恶心了！"

——青年教师关于"读懂幼儿"的讨论

许多一线教育工作者能意识到自己的教育理念和实践之间存在差距，并且调整这种差距并不容易。幼儿教育不缺乏理论，但缺乏怎样将书本中的理念和真实的幼儿链接起来的路径。为什么懂得了这么多，却没有办法真正支持幼儿呢？

其一，我们习惯用听的方式来读懂幼儿。以成人的语言体系为参照标准，幼儿的语言体系是弱的，但是我们是否思考过，幼儿有一套自己的表达体系。在幼儿园中，你常常可以见到幼儿之间互相聊得非常开心，而旁边的老师却完全听不懂他们在聊什么。显然，我们成人习惯"你说啊，你不说我怎么知道"这样的沟通方式，但这种方式对幼儿不是完全有效的。幼儿与世界对话的方式有无数种，语言仅仅是其中一种。

我成立了一支支持乡村幼儿发展的公益团队，其中有退伍军人组织的"我是小小兵"活动，班上幼儿穿上小军装，跟着军人一起挑战各种户外活动，深受幼儿的欢迎。但是那一次，志愿者们告诉我，一名大班幼儿换好军装裤子后，坚决不肯换军装上衣。我很是奇怪，因为这个活动一直都受到大家特别是男孩的欢迎。于是，我过去询问这名幼儿，他讲话不太清楚，只是一直指着换下来放在旁边的裤子："这个，这个。"我恍然大悟。我指着他换下的裤子，坚定地对他说："你放心，你的裤子放在这里，我帮你看着，等你回来，裤子一定在。"这名幼儿听了，迅速换上军装，冲出教室朝着队伍飞奔而去。其他两名志愿者有点纳闷又佩服地望着我："李老师，你怎么听得懂他说话？"

——我的乡村公益日记

这个听懂，是基于我对乡村幼儿的整体了解。在乡村，由于经济相对薄弱，相比城市幼儿，部分早熟的幼儿已经懂得物质对家庭的重要性。这名男孩估计是丢失过衣物，被家人责骂过或者自己很内疚。今天虽然有他很渴望的"我是小小兵"活动，但他仍然记得管住自己衣物的重要性，为了这个，他宁愿放弃自己喜欢的活动。读懂幼儿，不只是听懂幼儿，还要读幼儿的文化背景，读幼儿的表情和行为。

其二，我们以为我们是懂幼儿的。成人在潜意识里都认为，幼儿是很容易读懂的，因为我们曾经都是幼儿啊，我们总以为自己经历过就一定清楚。的确，每一个成人都亲身经历过童年时代，都曾经用过幼儿的表达方式去表达自己的诉求。然而，遗憾的是，对大部分人而言，我们对 6 岁之前的记忆微乎其微，心理学的研究也表明了这一点。这被我们遗忘的阶段是我们每个人一生中非常重要的阶段，它被称为"潮湿的水泥期"。为什么会这么称呼它呢？因为这个阶段像潮湿的水泥般具有很强的可塑性，过后，"水泥"慢慢凝固，人的基本性格就慢慢定下来了。3～6

岁这个阶段，无论是兴趣爱好、行为习惯、才能等，都会表露出自己独特的倾向，这些个性倾向虽然在以后的发展中还会改变，但已为个体一生的个性特征奠定了基础。

承认我们不一定能读懂幼儿，懂得我们需要真正站在幼儿的角度认真倾听幼儿，才能开启有效的教育支持。因为我们不理解幼儿的语言表达体系，因为我们早已经遗忘了自己的童年想法，所以当我们面对幼儿时，我们不应该用固定的思维模式去对待："你怎么说什么都说不清楚，来，听老师(妈妈)说。"幼儿或许能学会语言表达模式，但作为成人的我们却可能失去了一次走近他们的最佳时机。所以，我们必须要重新去发现，聆听真正的童声。因为这个阶段对人的一生如此重要，而我们对此又是如此的无知。所以，当我们面对幼儿时，我们必须有真正的敬畏之心。只有正确认识幼儿、理解幼儿，一切的教育支持才会有真正的意义。

第二节　发现幼儿：处在未成熟阶段

从生物学角度来讲，幼儿是生理和心理均未发育成熟的人，这是自然的特点和规律。我们如何看待幼儿的这种未成熟？未成熟是一种缺失还是一种财富？

几乎所有的成人，以及青少年都能轻轻松松地在交流、对话中完成一顿中餐。但如果观察3岁小班幼儿的进餐，你会发现这个过程对他们来说是非常辛苦的。

毛毛，3岁。中餐时，他用勺子进食(此阶段的幼儿很少有能驾驭筷子的)。今天中餐的菜中有豌豆，毛毛用勺子舀了好几次，豌豆始终在碗中滚动，就是进不到勺子里。于是，毛毛用左手将豌豆捡进了勺子中，他想多捡几颗，但是显然不行，一颗放好去拿第二颗豆时，勺子里的那颗就滚了出来。因为他左手一用力抓豆，拿勺子的右手就不由自主同时往这个方向倾斜。后来他放弃了，一次就拿一颗豆。其实不仅是圆形的菜，很多切得比较细或者比较大的菜，毛毛都经常用手去拿。老师反复提醒孩子们吃饭时一口菜(汤)一口饭，有老师走过来提醒时，毛毛会去喝口汤。然而，过一会儿他又会忘记，还是习惯将先拿到手中的那碗饭全部吃完，再去喝汤。如果他先拿到的是一份菜，他就会先吃完这份菜。交替在不同的碗中取食物，对他来说比较困难。当放下饭碗拿汤碗或者菜碗时，毛毛容易出现打翻的现象。今天这碗汤有点满，毛毛小心地捧起汤碗，然而还是打翻了。保育员王老师过来帮他擦桌子，并提醒毛毛："拿碗的时候小心点。"这时，坐在旁边的涛涛将整碗饭都打翻到了地上。

——我的幼儿成长记录册

造成这一系列困难的原因是，幼儿的腕骨没有钙化好。人出生时的8块腕骨全部为软骨，大概在10～13岁才能逐渐完成钙化，而掌指骨到18岁前才完成钙化。如果你因此认为幼儿该阶段能力不足，成长缓慢，那是错误的。

一年后的毛毛：

中班的毛毛开始在进餐时练习使用筷子，保育员老师提供了筷子和勺子供幼儿选择。毛毛选择筷子使用，他说："我在家里也用过。"但显然毛毛握筷子的姿势有点奇怪，像拿笔似的。王老师过来示范了一下握筷子的姿势，毛毛认真地观察和模仿，王老师帮完他就去帮其他幼儿了。毛毛自己认真地查看自己握筷子的姿势，自言自语道："这样，这样。"一周后，毛毛已经能用正确的方式熟练地使用筷子了。

——我的幼儿成长记录册

两年后的大班：

大班的毛毛已经可以自如地完成餐前的所有准备工作了：取毛巾、筷子、勺子；自己端回一份饭菜；坐到自己的位置上。今天中午有虾，毛毛自己熟练地剥虾皮，一边剥一边还和旁边的涛涛小声聊天。剥好虾、擦干净手后，毛毛一口饭一口汤，20分钟后，毛毛就已经完成自己的中餐了。

——我的幼儿成长记录册

人生或许没有任何一个阶段如幼儿期这样飞速地成长。仔细观察，你会发现幼儿在每时每刻都可以展开真正的学习。很多成人握筷子的姿势有些奇怪，但是这些成人即使清楚自己握筷子的姿势不正确，也很难更正，这样的"无法改变"不仅仅体现在成人正确握筷子这一件事上。我们自认为比幼儿成熟的优势带给我们的是日趋固化的学习结果，而幼儿却因为成人感到好笑的"不成熟"而具有随时随地学习、调整的能力。

和中班第一学期的幼儿（四周岁）玩捉迷藏游戏，大家很高兴。我们事先约定了简单的规则："老师闭着眼睛从1数到10，你们马上在教室、寝室里躲好，躲到老师不容易发现你们的地方。"幼儿表示都明白了。于是我闭上眼睛，认真数数，等我数到10，睁开眼睛，好几名幼儿没有找躲的地方，而是笑眯眯地看着数数的我。在这几名幼儿看来，老师闭眼睛数数，就足够好玩了。于是，我再次和他们解说游戏规则，并且将数数的速度放得很慢很慢。慢到他们看够了我数数的样子，并去找地方躲了，我才睁开眼睛。

然后，我看到了下面的情景。

一群幼儿躲在钢琴后面，还笑眯眯地看着我（如图2-1），有钢琴在他们的前方遮挡，就是他们理解的"躲"。

一名幼儿趴在地上（如图2-2），不时抬头张望，看到我看向他，立即脸朝下，因为脸朝下，他就看不到任何东西。他觉得自己看不到别人，别人也就看不到他，这就是他所理解的"躲"。

两名幼儿蹲在桌子下（如图2-3），头上有桌面遮挡，就是他们理解的"躲"。

图2-1　躲在钢琴后面的幼儿　　　图2-2　趴在地上的幼儿

图2-3　两名躲在桌底下的幼儿

——我的带班实录

对这种成人看起来幼稚无比的"一目了然"式的捉迷藏游戏，中班幼儿却玩得不亦乐乎，并且不停要求再来一次、再来一次。即使你只用一点点时间就找到了他们，但他们并不在意，也不觉得自己失败了。甚至因为你没有马上找到他，他会从躲的地方里自己跳出来大声说："我在这里！"捉迷藏中的输赢概念在4岁幼儿心中并不重要，他们享受的是在这个游戏过程中"你闭眼睛数数，我找个地方等你"，他们享受在这个过程中和同伴扎堆躲的欢乐。至于成人定义的"捉迷藏"输赢的两个关键要素："能否找到你，花多少时间才找到你"，并不在他们考虑的范围之内。

解释类似这样众多的、成人看来是幼稚的现象，我们可以用一个短句来概括：幼儿处于未成熟状态。一般来说，"发展变化从开始到成熟大致体现为：一是反应活动从混沌、未分化向分化、专门化演变；二是反应活动从不随意性、被动性向随意性、主动性演变；三是从认识客体的外部现象向认识事物的内部本质演变；四是对周围事物的态度从不稳定向稳定演变"。[①] 对于从事 3～6 岁幼儿教育的工作者而言，了解幼儿身心发展的每个阶段特点是非常重要的。

一、幼儿生理发展处于未成熟状态

(一)幼儿身体机能处在未成熟状态

生理发展是人发展的基本前提和物质保障，甚至生理发展还会影响人的心理发展。幼儿生理的发展处于未成熟状态，并且表现在众多方面，如身高、体重、肢体发展，等等。身体机能的未成熟，直接影响着他们的运动能力和生活能力。

> 我这学期带小班，最大的感受是，要带领我们班所有幼儿排队去外面走一趟是很不容易的。一路上跌跌撞撞，不是这个掉队了，就是那个摔倒了。为了能够照顾到每个人，我让他们一个一个排队牵着前面小朋友的衣服走，但他们走路的速度完全不一样，有些小朋友的衣服几乎要被后面的小朋友拽破了。中午用餐，他们将用过的饭碗放回餐具回收处时，不是掉了碗就是摔了勺子。午睡穿、脱衣服也有各种困难：头被衣服卡住、找不到衣服袖子、裤子穿不起来……
>
> ——教师教育故事分享会

支撑人体运动系统的三要素是骨骼、关节和肌肉，这三者的发育水平是运动的基本保障。与成人相比，幼儿骨骼中含水分和有机物相对较多，含无机盐却相对较少。幼儿骨组织成分中有机物与无机物比例为 1：1，成年人是 3：7。[②] 与成人相比，仅从生理发展方面看，成人的发育

---

① 桑标：《当代儿童发展心理学》，50 页，上海，上海教育出版社，2003。
② 顾荣芳：《学前儿童卫生学》(第 2 版)，4 页，南京，江苏教育出版社，2005。

是成熟的，而幼儿则是不成熟的。因此，幼儿骨骼的弹性较大，但硬度与坚固性较差，比较容易出现变形和弯曲等问题。这一时期的幼儿肌肉组织较少，肌纤维成分较细，肌纤维水分较多，因此肌肉力量较小，肌纤维储存能量相对也少。人的手部肌肉也要到大约 6 岁时才开始发育，那时才能做一些较为精细的工作。因此许多相对精细、精准的动作，如捏、搓、夹、剥、舀、剪、撕、旋等手部动作，对 4 岁的幼儿是有困难、有挑战的。为什么我们要耐心等待，用欣赏的眼光看待一名幼儿用 5 分钟才能穿上一件衣服？因为我们看到的不只是他完成了这件事情，而是在做这件事情的过程中他所付出的努力，以及在这个过程中的成长。

你看你，跑一会儿就已经满头大汗了，你不会少动会儿啊。

——一位奶奶和孙子的对话

上幼儿园了，我们怎么总是发烧、咳嗽，而且一咳嗽就支气管发炎、气管发炎。你们老师不要给我们孩子脱外套，让她穿着。

——一位妈妈和教师的对话

类似这样的对话在幼儿园经常会听到，透过这些对话我们看到的是，幼儿与成人不同。幼儿一运动就容易出汗，这是普遍现象，因为幼儿植物神经系统调节能力还在发育。幼儿一旦咳嗽就特别容易转成支气管炎或者急性肺炎，是因为他们鼻腔比成人短，鼻道狭窄，导致鼻腔发炎后容易被堵塞。这也让我们清楚地认识到，在充分满足幼儿运动量的同时，做好幼儿运动护理的必要性。为幼儿准备吸汗巾、提醒幼儿运动前饮水是回应"幼儿身体发育未成熟"这一现象的具体行动。我们幼儿园每个班级除了吸汗巾外，还有一个"运动专用护理毛巾箱"，专门给比较容易出汗的幼儿使用，这是因教师户外运动管理中的困惑而想出的办法。

幼儿在户外运动时，我发现班级中有两名孩子出汗量特别大，而且是满头、满脸的那种，但我仔细观察过他们的运动量和其他幼儿差不多，因此减少他们的运动量肯定是不合适的。但如果不减少，他们的吸汗巾完全无法应对他们出汗的程度。

——大（一）班虞老师幼儿园户外运动护理的困惑

根据教师的困惑，幼儿园保健组进行了针对性的观察、研究和分析，最终给各班增加了"运动专用护理毛巾箱"，专门用于支持班中出汗量较大的幼儿。

纵观幼儿的生长路线，教育者必须要认清，"守望成长"不只是人文的关怀、诗意的表达，还是幼儿生长规律对教育的客观要求。如果脱离了这一点，单独谈教育者的负责、认真，对幼儿的成长毫无帮助。比如，教育者让小班幼儿学习拍球、串珠等活动促进幼儿的腕部发育，这些活动对幼儿小肌肉的发展有帮助。但如果因为有幼儿学习时不够专注或效果不好，教育者就延长学习时间，可能就是错误的。因为幼儿手腕发育不成熟，他们无法长时间进行腕部动作的练习，因此延长时间不但不是支持还可能是伤害。同样原因，通过锻炼的方式培养幼儿勇敢精神是可行的，但如果不加分析一味鼓励幼儿从高处往下跳就可能是错误的。因为幼儿的发育阶段的特点决定了幼儿的髋骨还不是一块严丝合缝的骨头，并且骨盆是人体骨化最迟的一个部位。如果让幼儿从高处往坚硬的地面上跳，形成的可能不是勇敢的精神，而是骨质撕裂，直接影响幼儿骨盆的发育。

（二）幼儿大脑发育处在未成熟阶段

在个体成长的过程中，大脑和神经系统的发育经历了三个明显的生长发育突增期：婴儿期、儿童期和青春期。大脑发育的结果直接制约着幼儿的心理特点和行为特点。在家庭教育困惑的讨论沙龙中，我们常常可以听到家长这样的询问。

我们家孩子 3 岁，她的脾气特别大，说哭就哭，说发火就发火。我们经常教育她要好好说话，但她平静时能够答应得好好的，好像也真的听进去了。可是一碰到问题，立即就大喊大叫。这孩子是不是有问题啊？

老师，我们家孩子 4 岁了，我感觉他做事情没有定性，太容易分心了。让他坐着好好看半小时的书根本就不可能，一会儿被电视的声音吸引，一会儿被隔壁家孩子说笑的声音吸引。他以后会不会读书有困难啊？

我家孩子简直一刻不停，只要发烧不到 39 摄氏度，就不会停歇，你说，他是不是有多动症，我要不要带他去医院看看？

——家长教育困惑沙龙

容易冲动、不易控制自己的行为、集中注意力的时间短……导致幼儿这些外部行为表现的一个重要的生理原因是，幼儿大脑的髓鞘化过程尚未完成。髓鞘化，是指神经纤维外被包上一层绝缘的脂类膜，从而使信息传递更加快速、准确。大脑不同区域完成髓鞘化的时间不一样。控制感知觉和运动能力的脑干、大脑枕叶部分首先完成髓鞘化，随后大部分脑区在 6 岁末基本完成髓鞘化，但是负责维持注意力和自控力的额叶至少要在 15～16 岁才能完成髓鞘化。在小学低年级阶段，儿童大脑额叶和网状结构的髓鞘化都尚未完成。有人说，人类自诞生始，就是早产儿。的确，自然界的哺乳动物几乎生下来不久就具备了生存的基本能力：会走、会跑、会跳，而且它们的大脑在出生前就基本发育完全了。人类则不同，出生时脑容量只占成年的 23%，需要 6 年的时间才基本发育完全，到 23 岁前大脑仍会保持发育势头。与其他灵长类动物相比，人类的不成熟期持续的时间相对较长，童年也因此被延长。美国的儿童心理学家格塞尔用"双生子爬梯"这个经典的实验告诉我们，个体生理和心理的发展都是按照规定的顺序有规则、有次序地进行的，幼儿的成熟有他自己的节律，就像四季更替一样。

1. 幼儿注意力持久性相对较弱

为什么幼儿的注意力持久性比较弱？和大脑发育相关。越小的幼儿，集中注意力的时间就越短，3 岁幼儿大概为 7 分钟，5 岁幼儿为 15 分钟，6 岁幼儿为 20 分钟。所以，不是幼儿故意分心，也不是幼儿习惯不好，而是大脑发育决定了 3～6 岁幼儿处在以无意注意发展为主的阶段。因此，他的注意力容易被鲜艳的颜色、强烈的声音、生动的形象、突然出现的刺激物或自己比较感兴趣、与自身密切相关的刺激物吸引。成熟有一定的程序和规律，明白了这一点，我们就会清楚，让 3 岁孩子静坐 20 分钟上课有困难。

娄老师是一位非常负责的老师，她认为让幼儿有目的地拼搭雪花插片可以很好地训练幼儿的注意力。于是，她在这届新小班中，推广雪花片的构建。她将上届毕业班幼儿的作品呈现给家长看，家长都很配合。然而，部分幼儿就是没有办法完成娄老师指导的雪花插片作品。于是娄老师上午带好班后，下午专门请出这部分"坚持性差"的幼儿，继续练习。练习中幼儿很容易发呆，或者被身边走过的人吸引，娄老师认为他们是太不专心导致的，于是延长了搭建的时间。这样连续陪练几天后，好几名幼儿哭着不肯来幼儿园了。

——我的随班观察日记

如果能从幼儿脑发育的角度看，娄老师会明白，脱离幼儿发展的事实，单纯追求教育的结果，不但没有意义，还可能伤害幼儿。认真剖析幼儿的脑发展，我们会清楚让小班幼儿长达半小时甚至一小时安静地坐着，进行某项幼儿自身并不感兴趣的活动，结果肯定是失败。无论教师有多么的"为你好"，固定单一的练习内容一定会让幼儿感到疲劳和厌倦，结果反而更加容易分心。幼儿注意力不容易受目的支配，在幼儿园里，找不到一名幼儿是为了考上好大学，为了有份好工作而来上幼儿园的(虽然很多父母亲对幼儿有这样的期望)。无论爸爸妈妈如何絮叨对他们的交代，如在幼儿园要好好学本领等，转眼就会被他们遗忘。而外界的无关刺激却对幼儿有强大的吸引力，所以幼儿在兴致勃勃地听故事时，突然飞来一只蝴蝶，他们的注意力会马上离开故事而转向蝴蝶，这样的场景在幼儿园一天中发生的频率很高。

2. 幼儿自控能力相对较弱

为什么幼儿的自控能力相对较弱？和大脑发育相关。人脑器官的发育过程不以个人意志为转移，"人来疯"不是幼儿故意为之的，而是证明他在生长。研究表明，幼儿自我控制能力与其大脑的发育水平存在密切的关系。个体刚出生时，大脑皮质抑制机能尚不成熟，兴奋功能占据了很大的优势，所以表现出极大的冲动性。随着皮质抑制机能的逐渐完善，幼儿的兴奋和抑制逐渐趋于平衡，逐渐能在一定程度上控制自己的情绪和行为。由此可见，大脑的发育水平决定幼儿自我控制能力的水平，神经系统尤其是大脑皮质发育对幼儿自我控制能力的发展有着直接的影响。

大约从四岁起，随着神经系统结构的发展，内抑制开始发展，幼儿能够逐步控制自己的活动和情绪。也就是说一般要到中、大班，幼儿自我控制能力才可能出现。要注意的是，即使到达学龄前的后期，自我控制能力还是停留在一定程度上的水平，成人不能任意提高要求。比如，在面对恐惧、害怕等情绪时，幼儿往往难以进行自我调整或发泄，从而产生心理恐慌和不良影响。

李莉在一项测试调查中发现，幼儿在自我控制的各维度及总分上均存在显著性差异，4～5岁幼儿在自觉性、坚持性、自制力和自我延迟满足上的发展水平优于3～4岁幼儿，其中自我延迟满足存在显著性差异，5～6岁幼儿在自觉性、坚持性、自制力和自我延迟满足上均优于4～5岁幼儿，且均存在显著性差异。[①] 这说明幼儿自我控制及情绪调节能力的发展都随着年龄的增长而增长。张丹华研究得出，幼儿在3岁的时候

① 李莉：《3—6岁幼儿情绪调节与自我控制能力的关系及干预研究》，硕士学位论文，福建师范大学，2017。

自我控制能力还很差，还不能很好地理解语言，主要是以冲动性行为为主。4 岁时，幼儿的自我控制能力开始发展，但还不稳定。在 5～6 岁的时候，幼儿对行为的控制有明显的发展，并且自主性增强。[1] 谢军研究发现，3～9 岁儿童的自我控制能力与年龄的增长成正比，6～7 岁时情绪控制和坚持性发展最为迅速。种种研究说明，对 3～5 岁（即小班和中班）幼儿的自我控制发展若是强行干预，不但没有效果，反而违背了幼儿自然发展规律。[2]

3. 幼儿的记忆力相对弱

为什么幼儿容易遗忘发生的事情，为什么幼儿不能记住大人要求他记住的事情？和大脑的发育有关。在整个幼儿期，幼儿的无意记忆效果都要优于有意记忆。幼儿的记忆带有很大的无意性，将记忆作为专门的、有目的的活动比较困难。

家长甲："我们家孩子是个吃货，每天惦记着吃，幼儿园每天中餐吃了点什么，他讲得清清楚楚。只要问他幼儿园老师教了些什么？他每天都说搭积木。"

家长乙："糟糕，我们家孩子是不是记忆有问题啊？我们问他中午吃了什么菜，他每次说青菜萝卜，可我看幼儿园的食谱明明不是这样的啊。怎么自己吃了点什么都记不住呢？"

——家长教育困惑沙龙

如果了解这两位幼儿，你可能会发现，一名幼儿对食物的欲望不大，而另一名幼儿则对进餐活动、建构活动感兴趣。选择性记忆在幼儿期的表现是非常明显的，幼儿能够记住部分自己感兴趣的事情，但很难记住对他而言不重要的、他不关心的事情。比如，教师反复提醒小班幼儿，上课说话要举手，但幼儿总是一说话就忘了要举手的要求。但同样是这批连"上课说话要举手"都记不住的孩子，却能记住某位教师上个月和他们一起玩过的游戏内容，甚至能记住其中一些复杂的游戏规则。因为游戏记忆是形象记忆，比起枯燥、抽象的语词记忆，要容易得多。但并不是成人所说的游戏，幼儿都能记住，他们记住的一定是能够给他们真正带来快乐的游戏，这种快乐的感受以情绪记忆的形式储存了起来。所以

---

[1] 张丹华：《诱因对 3—6 岁儿童自控行为发展的影响》，载《心理发展与教育》，1989(3)。
[2] 谢军：《3—9 岁儿童自我控制能力的发展》，载《心理发展与教育》，1994(4)。

当幼儿回忆起某个游戏及规则时，伴随的是兴奋、愉快的感受。在人生命的早期，这样的记忆就容易被储存在大脑中。

我们知道，短时记忆的容量是 7±2 个组块，但这指的是 14 岁及以上的人的水平。对于幼儿来说，他们的短时记忆远没有达到这种容量：小于 5 岁的幼儿，短时记忆的容量只有 2 个组块，短时记忆在 8 岁以后增长速度才会显著加快。① 因此教育者如果脱离幼儿的特点要求他们记忆，并以幼儿记忆的结果去判断、评价幼儿的能力是非常可怕的。

曾经，有一位小女孩背诵"三五一十五"的视频在网络上爆红。对于大多数成人来说，背诵"乘法口诀"是一件非常简单的事情。这些要求在成人看来很简单，但是对于六七岁的孩子来说真的没那么容易，甚至是一件困难的事。视频中无论女孩身边的大人如何一遍一遍地重复"三五一十五"，小女孩仍然没有办法正确地说出"三乘五"的答案，这里就蕴藏着记忆的问题。非常明显，抽象的数字对这位处在幼儿期的女孩而言是枯燥且无意义的，这样的记忆过程对她来说是无聊的、痛苦的，其记忆结果也可想而知。

二、幼儿心理发展处于未成熟状态

幼儿的生长方式与成人不同，其实人在任何一个阶段的生长都有自身的特点。只是幼儿的生长有一个非常明显的特质：从原先的未成熟走向成熟。众多研究者都论述过幼儿心理的发展过程，这些论述虽然各不相同，但都很好地说明了幼儿期的心理还处在发展的阶段。

(一)相关幼儿心理发展的论述

1. 皮亚杰的儿童心理发展论述

皮亚杰把儿童心理发展划分为四个阶段。一是感知运动阶段，0～2岁左右。此阶段儿童依靠行为结构来探索、了解环境，通过动作与感知觉认识周围的世界，并逐步把自己与他人区分开来。二是前运算阶段，2～7 岁左右。此阶段儿童形成了符号结构，动作内化了，出现了符号功能，能用符号进行简单的思维活动，但其思维还存有"自我中心"的局限性。三是具体运算阶段，7～12 岁左右。此阶段儿童有了可逆性，出现了非中心化，形成了运算结构，能在头脑中用符号对具体的真实事物进

----

① 周舟：《记忆：儿童认知能力的璀璨花朵》，载《江苏教育》，2018(8)。

行思维活动。四是形成运算阶段，11、12岁以后。此阶段的青少年形成了完整的运算结构，抽象思维获得了质的发展，思维内容可以和形式分开，思维更具弹性和复杂性。

皮亚杰根据长期的实验研究，认为儿童心理发展表现出如下特点。

第一，发展具有阶段性。每个阶段与其他阶段有着质的差异。

第二，阶段具有普遍性特质。阶段的先后顺序是固定的，阶段可能会提前或推迟，但顺序不会跳跃或颠倒。

第三，每一阶段有其独特的认知结构，每一阶段的结构是在前一阶段结构的基础上形成的，形成的结构又为下一阶段、下一结构提供条件。

第四，心理发展是一个完整的系统，具有整体性。每一个阶段是一个统一的整体，而不是一些孤立的行为模式的总和。发展的阶段不是阶梯式的，而是具有一定程度的交叉的。

皮亚杰的理论，让我们明晰了幼儿的心理发展遵循着自己的内在顺序。我们可以助力，但无法更改。更为重要的是，他让我们认识到幼儿发展的每个阶段都是有意义的，正是这一个个独特的心理阶段，才让正在发展的幼儿拥有了完整的个性。

2. 埃里克森关于人的心理发展阶段的论述

埃里克森是精神分析学派的代表人物，他将人的心理发展划分为八个阶段。其中，前三个阶段和幼儿教育密切相关。第一阶段，婴儿期。从出生到2岁，满足生理上的需要，发展信任感，克服不信任感，体验希望的实现。第二阶段，学前早期，约2～4岁，获得自主感而克服羞怯或疑虑，体验意志的实现。第三阶段，学前期，4～7岁左右，获得主动感，克服内疚感，体验目的的实现。每个阶段都会有相应的特点。第一阶段是发展个体心理发展的第一步，他们开始以自己的方式观察、接触环境，此时横亘在个体心理发展面前的是"信任与不信任"的矛盾。第二阶段是婴儿期发展个体习得基本动作技能的关键时期，他们在这个阶段学会爬、拉、抓握、放开等一系列动作技能，此时他们想要独立地去探索周围的环境。第三阶段，个体会对周围的环境以及自身有着强烈的好奇心，发展个体会在顺利度过上一阶段的基础上更加自主。好动、好说、好想是这一阶段个体发展的主要特征。

幼儿心理发展过程是多维性的，在每一个阶段不存在发展不发展的问题。也就是说无论采用怎样的支持方式，幼儿都是会发展的，但是发展的方向很关键。不同的教育方式和内容，可能会导致不同的发展方向。

3. 其他关于人心理发展的论述

弗洛伊德认为，人格模型在儿童时代已经形成。出生以后，要经过一系列性心理的发展阶段。每一阶段，在身体上都有一些特定的动欲区：口唇期、肛门期、生殖器期、潜伏期、青春期。他认为，一个人的心理发展是由本我、自我和超我三部分构成的。本我是最原始的与生俱来的潜意识的结构部分，是最原始的、本能的且在人格中最难被接受的部分，同时它又是强有力的，储存心理能量的地方，本我由快乐原则支配。在儿童心理发展过程中，年龄越小，本我的作用越大，随着儿童年龄的增长，通过不断扩大和外界的交往，才逐步学会了不能凭冲动随心所欲，于是自我出现。

格塞尔把胚胎学的模式应用于儿童心理发展的研究。他认为，个体的生理和心理发展，都是按基因规定的顺序有规则、有次序地进行的。他认为，成熟是通过从一种发展水平向另一种发展水平突然转变而实现的。儿童的发展有一定的生物内在进度表，它与年龄相对应。因此，格塞尔特别重视"行为的年龄值与年龄的行为值"。他认为，儿童在每一个年龄阶段都有其特定的行为方式和特点，并据此制定了婴儿的"行为发育常模"。格塞尔的常模给教育家和心理学家提供了指导。

我们可以看到，虽然不同心理发展流派划分的标准不同，但在实际年龄阶段的区分上是相近的。而且在各种划分中都指向幼儿期是心理发展的飞速时期，幼儿期心理发展影响其一生。因此，幼儿期被视为人生中非常关键和特殊的一个时期。

(二)心理发展的飞速阶段

幼儿期是心理发展进入飞速发展的阶段，甚至超越身体发展的速度。"一天一个样"可以说是准确描述幼儿期心理发展的一句话。在这个阶段，幼儿的学习兴趣、认知水准、生活方式、行为习惯、心理素质、思想品德、自我意识、同伴交往等都在不断地发生变化，并且各方面变化是交叉进行的，构成了个体极为复杂的成长过程。

1. 发展中的幼儿心理敏感性更高

由于幼儿心智发育尚不成熟，对成人有较强的依赖性，从而导致幼儿能敏锐察觉成人的变化。最典型的案例是，在描述同一件事情时，幼儿会因为询问者不同的态度，而给出完全不同的答案。从这个角度讲，幼儿是世界上最好的观察者。

周五下午，虞老师组织幼儿（3岁，小班）采用自己夸、互相夸的办法来评价幼儿一周的表现。朵朵说："跳跳吃饭很好，可以得小红花。"虞老师问大家："跳跳可以得一朵吃饭好的小红花吗？"大家一起回答："可以。"虞老师追问了一句："跳跳真的可以得一朵小红花吗？"立即，很多幼儿说："不可以。"在虞老师看来，强调让幼儿参与评价的意义不大，因为幼儿没有自己的主见。

——我的随班观察日记

案例中的虞老师忽略了幼儿心理的敏感性，因此其教育方式就达不到支持幼儿发展的目的。现实中的幼儿经常会困扰于担心"自己家孩子吃亏"的父母亲和"客观事实就是如此"的教师之间，有时会很茫然。

苗苗奶奶一早怒气冲冲地来到班级，质问王老师："昨天回家，我们问过了，我们苗苗这脸上的伤痕根本不是自己不小心划的，而是被豆豆打了。你们当老师的怎么能这样撒谎呢？"王老师诧异极了，因为苗苗脸上的伤是王老师发现的，苗苗自己并没有什么察觉。王老师问他，他想了想说，好像是去草丛里玩时划的。怎么现在又变成是豆豆打的呢？王老师当着奶奶的面问苗苗，苗苗支支吾吾说不清楚。奶奶一直说："别怕，把小朋友打你的事情清清楚楚说出来。"旁边的保育员提醒道："奶奶，豆豆这一星期都请假，没有来幼儿园，怎么可能打你家苗苗啊？"奶奶有些愣住了，她有点儿埋怨苗苗："你怎么乱说啊！"苗苗有点委屈地说："你一直问，一直问。"

——我的随班观察日记

该案例表明幼儿心理的敏感性，他们容易受暗示，会顺着提问者的期望而调整自己的答案。教育者要了解幼儿心理发展过程中的敏感性，真正做到不抱偏见、不先入为主，退位观察幼儿的言行，准确了解幼儿的真实需求，真正为幼儿的发展提供适时、适当的条件。

2. 发展中的幼儿心理具有可塑性

幼儿心理的未成熟状态使幼儿具有极强的可塑性，这种可塑性由最初的情感认知逐渐发展为日趋成熟的思维体系、无尽的好奇心和极强的探索精神。

闹闹（3岁，小班，男孩）今天选择的是小厨房，他对小厨房中的瓜子产生了兴趣，但他明显不知道怎么把瓜子弄开。于是他想了想，拿起拳头砸瓜子。馨儿（5 岁，大班，女孩）也来剥瓜子，她娴熟地拿起一颗瓜子用牙齿轻轻一磕，立即出来了瓜子仁。闹闹盯着馨儿看了好几分钟，然后将手中的瓜子放入了嘴中。

——我的随班观察日记

闹闹的行为变化让我们发现了幼儿的可塑性，他们会积极主动地改变自己的言行，他们有主动进行自我塑造的能力。"可塑性乃是以从前经验的结果为基础，改变自己行为的力量，就是发展各种倾向的力量。"[1]但幼儿的可塑性并不意味着教育等外部力量可以任意地"雕琢"、改变幼儿。如果因此将幼儿看成"白板"，人心如白纸似的，没有一切标记，没有一切观念，那带来的将是僵化的塑造。这样的例子比比皆是，如在曾经风靡一时的幼儿读经活动中，教师和家长因担心幼儿输在起跑线上，而无节制地挖掘幼儿潜能。幼儿心理发展未成熟状态带来的可塑性对幼儿教师提出了明确的要求：应当以幼儿的未成熟状态为内部依据，为其提供适宜生长的土壤。正确处理幼儿未成熟状态与幼儿教育的关系，正确认识幼儿，助力幼儿自然生长，可塑性才能真正得以实现。真正的塑造，是尊重幼儿的心理发展未成熟状态，让幼儿自己开发自己的潜能，让幼儿自己将自己的潜能显现。[2]

3. 心理发展中的幼儿具有明显的阶段性

幼儿的心理发展是一个渐进的过程，其发展过程具有显著的阶段性。不同发展阶段之间既存在特征的不同，又存在各个阶段间的衔接性与渐进性。每个阶段之间都有密切的联系，同时每个阶段的前后次序不能颠倒或超越。

与小班幼儿玩探究游戏，王老师提供了不同形状（圆形、正方形、三角形）的吹泡泡器，问幼儿这些形状的泡泡器会吹出什么形状的泡泡。幼儿猜测圆形吹泡泡器会吹出圆形泡泡，正方形吹泡泡器会吹出正方形泡泡，三角形吹泡泡器会吹出三角形泡泡。王老师让幼儿动手实践，一一玩过各种吹泡泡器后，幼儿发现，原来圆形、正方形、三

---

① ［美］约翰·杜威：《民主主义与教育》，52 页，北京，人民教育出版社，1990。
② 刘晓东：《解放儿童》（第二版），185 页，南京，江苏教育出版社，2008。

角形三种形状吹泡泡器，吹出来的泡泡都是圆形的。游戏结束后，王老师拿起三个不同形状的吹泡泡器，再次询问："它们能吹出什么形状的泡泡？"幼儿回答："圆形。"王老师小结："原来所有形状的吹泡泡器吹出来的泡泡都是圆形的。"王老师又拿出一个长方形的吹泡泡器，询问："这是什么形状？它吹出的泡泡会是什么形状的？"许多幼儿回答："长方形的泡泡。"

——我的随班观察日记

幼儿心理发展理论让我们可以准确理解为什么会出现上面案例中的现象，是因为3岁幼儿处在具体形象思维阶段，他们的思维活动主要是凭借事物的具体形象或表象，还不善于从认识事物的本质属性上来分析、比较、概括、抽象、判断和推理。如果将这个问题放到中班，幼儿就能很清楚地排除形状干扰，准确地归纳出："圆形的，因为泡泡都是圆形的。"正是因为幼儿处在心理发展的飞速时期，小班、中班、大班幼儿的发展差异非常大。

第三节　欣赏幼儿：未成熟意味着什么

发现幼儿未成熟的现状，并不是否认、贬低幼儿，而是发现幼儿身上的巨大潜力。未成熟不是空白，不是缺乏，它内含人类进化数千年的优秀基因，是充满了无数可能的"种子期"。于人的一生发展而言，此阶段的"未"不是"遗憾、缺失、少了"，而是"可能、无限、生长"。只有正确认识幼儿，教育才能真正支持幼儿。怎样看待幼儿的未成熟状态是开启教育的第一步，也是关键的一步。

一、关于未成熟状态的不同观点

关于幼儿的未成熟状态，在当下的幼儿教育实践中会看到两种不同观点：一种观点认为幼儿的未成熟没有什么意义，他们的未成熟是为有意义的成年生活做预备的，这个阶段越快结束越好；一种观点认为未成熟意味着成人可以任意描绘、加速培养、无限开发，使幼儿成长为"成人眼里理想的人"。

（一）轻视、漠视未成熟

虽然20世纪就已经"发现儿童"，但直到今天，仍然有成人，包括部分教育者还是会认为"孩子小，什么都不懂""他们的脑袋还没有开窍""听他们，他们哪说得清楚啊"。成人用成人的标准来衡量幼儿期，那看到的肯定是幼儿长得不够高、速度不够快、说话不够清楚、动作不够灵活……由此认定幼儿未成熟就是"能力差"的表现，教育者要尽快帮助幼儿脱离这种状态，尽早进入像成人那样的较成熟状态。在这种观点下，"较成熟"是被肯定的，未成熟是被否定的。幼儿当下的所有一切都变得没有价值，他们的所思、所想、所言、所行变成了成人眼里的笑谈。"童言无忌"似乎是对幼儿的宽容，但背后折射出的更多的是"不要太在意幼儿的话"。因此，为了尽快使幼儿脱离未成熟状态，填充式的、机械的、灌输式的教育方式和方法应运而生。

　　这是新小班幼儿到幼儿园的第三天，有几个幼儿哭闹得特别厉害，保育员李老师两手各牵着一个幼儿去外面玩了。王老师指挥着情绪相对稳定的幼儿，练习怎样将自己的小椅子从桌子边移到地上贴好的固定点上。王老师发出指令："把小椅子搬到圆点上。"全班幼儿站起来搬椅子，好几个幼儿明显不知道干什么，王老师就反复不断提醒，和配班张老师一起动手帮忙搬小椅子。大概花了十分钟，好不容易有20名幼儿将小椅子放在了王老师要求的地方。王老师拿出小红花，给他们一一贴上，表扬了几句。然后，王老师又发出指令："把小椅子放到桌子边上。"于是，乱糟糟的场景又来了一次，如此，半小时过去了。保育员李老师带着刚刚哭闹的幼儿回来了，但班级里几个本来情绪稳定的幼儿却开始哭了。"哎呀，带新小班真的非常累，他们什么都不知道，样样都要教。"王老师满头大汗地抱怨着："不过这常规好了，以后带班就方便了。下午你带着继续练一下，他们很容易忘记，需要巩固。"王老师向新来的张老师交代着。

　　事后，我询问王老师："新生情绪还不稳定，为什么不采用一些有趣的活动，我看你们班级区域角创设得很好啊，为什么不让他们去那里？幼儿对新环境产生兴趣，会不会更容易喜欢班级呢？这个搬椅子训练对幼儿而言会不会太枯燥？"王老师说："啊呀，区域是幼儿园要求设定的。但是如果一开学就让幼儿进去肯定会弄得乱七八糟。新小班的幼儿会哭，是很正常的。关键是常规，必须一进来就练习好。"

——我的随班观察日记

教育目的变成了尽快填补幼儿与成人之间的空白，在这样的教育过程中，幼儿未成熟状态中的丰富性必然得不到重视，无法体现未成熟的特有价值。因为无视幼儿、无视幼儿当下生活的意义，那支持幼儿的生长的目的根本就不可能实现。甚至出现在以助力幼儿为目的的课程改革中，有教育者更加关注的居然是课程名称够不够响亮的现象。在教学展示现场，执教教师更加在意的是活动能不能得到听课者的好评。幼儿在教育中充当配合者、表演者，在热热闹闹的教育现场，没有幼儿未成熟状态所呈现出的那种积极的、生命张扬的力量。实际上，教育中落后的"国本位""家本位""成人本位"的儿童观依然存在，突出表现在：把儿童期看作成人生活的准备期，强迫儿童牺牲今天的幸福去为未来做准备；把儿童视为实现成人未了心愿的工具，否认儿童自身的价值；不承认儿童有自己的生活世界，强迫儿童去适应成人的规则与环境；在教育教学中把儿童看作任意填充的容器，是有待于标准化加工的零件，是分数的奴隶，儿童的生命情感、需要、个性统统成为牺牲品。[1]

(二)过度开发未成熟

没有哪个时代像今天这样渴望快节奏：对出行速度的期望，对上网速度的要求。快速、高速，是这个时代的热词。教育可以引领、推动社会发展，反过来社会发展会制约教育的发展方向。当前，这种对社会发展的期待，同样裹挟着幼儿教育。

星期一晚上快乐英语，星期二晚上舞蹈班，星期三晚上轮滑班，星期四晚上硬笔书法，星期五晚上可以休息一天，星期六还有主持人课。

——一名幼儿园中班女孩的一周

这一个月，幼儿都不进区域活动，因为马上要参加市里的幼儿体操比赛了，我们幼儿园必须要保二争一。这个活动家长们都很关注，老师们必须克服困难，加班加点，轮班排练。

——一名园长在工作会议上的讲话

《没有付出哪来的成功》《从幼儿开始，你所不了解的教育》《让孩子学一门乐器，他会终身感激你》……

——点击率高的网络推文

当前最为热门的口号"不能让孩子输在起跑线上""一切从娃娃抓起"

---

[1] 姚伟：《儿童观及其时代性转换》，引言3页，长春，东北师范大学出版社，2007。

是这种观点的典型表现。在这种氛围中，园内、园外，社会、家庭都期待幼儿迅速成长。家长见面聊天的话题是"你孩子在上什么兴趣班"，教师见面互相询问："你们幼儿园做什么特色?"持这种观点的人认为，幼儿蕴含着无限的潜能，必须要尽快、最大化地开发他。"幼儿的潜能超出你的想象，只要帮助他们定下努力的方向，其他的就交给练习、时间就可以。"这是一所特色幼儿园园长的观点。牵着蜗牛去散步、守望成长，已然成为奢望。因为成人认为幼儿的未成熟状态意味着幼儿充满了无限潜能，每一位幼儿都可能是一座金矿，必须早早开发，全力挖掘。与忽视、漠视幼儿的未成熟相比，这种看似珍惜幼儿不成熟的状态是积极的心态。然而，仔细分析，我们发现这种对幼儿潜能认识的目的，是让幼儿学习对未来生活有用的东西，而且是成人认为有用的东西。比如，让幼儿拥有某项一技之长，是因为未来可以去当地某所名校参加特长生招生。让幼儿拥有一项一技之长可以参加某个大赛拿奖。在继高中打出"本校有多少名学生升入重点大学"的口号，初中打出"本校有多少名学生升入重点高中"的口号，小学打出"本校有多少名学生升入重点初中"口号之后，已经有幼儿园打出"本园有多少名幼儿入读重点小学"的口号。对幼儿潜能的理解是成人对自己某种缺失的弥补，在挖掘的过程中忽视幼儿真实的内部需求，违反了幼儿的生长规律。

这种认为未成熟状态是无限潜能的实质，是不希望幼儿停留在未成熟阶段，是否认幼儿的当下。它只是以开发幼儿潜能为名，并不考虑幼儿的真实兴趣。幼儿的未成熟的确蕴含了无限的、未知的潜能，然而这种潜能不是成人想当然的潜能，也不是成人想当然的加速，它必须建立在对幼儿真正理解的基础上，并且循序渐进地开展。"许多人认为孩子有巨大潜能，像一个深不可测的井一样。怎样开发?那就是向儿童填输许多东西，——这等于是向井里拼命填东西。填到最后，井里再也没水了，孩子的心灵也就失去创造力了，这才知道作罢。"[1]

众多心理学研究表明，幼儿发展有其内在的顺序和规律，人们随意地介入不但不能加快对幼儿潜能的挖掘和发展，还可能会打乱幼儿生长的节奏，最终造成无法挽回的局面。违背幼儿的内在天性，无视幼儿的需要，一味夸大幼儿的能力，催促幼儿成长，如此做的结果不仅会剥夺幼儿童年期的欢乐，

---

[1]　刘晓东：《解放儿童》(第二版)，185页，南京，江苏教育出版，2008。

甚至会窒息幼儿的好奇心、主动精神和创造力，窒息幼儿的天性。

仔细分析，你会发现无论是"轻视漠视未成熟"还是"过度开发未成熟"，这两种观点都否定了幼儿未成熟状态的真正意义，没有真正站在客观的立场上去认识幼儿这个阶段的特质，而是以成人的标准来衡量，认为幼儿的能力是弱的，幼儿期没有价值；或者以成功为标准，用一切手段去挖掘、开发。"成人不因其比儿童身心成熟而具有更高的地位和价值；儿童不因其身心未成熟而没有存在的价值……两者之间并不存在价值上的高低贵贱……认为成人比儿童更好、更善、更有价值，或认为儿童应尽快长大成人，都是不明智的。"①

生长教育强调要发现、尊重、珍惜幼儿的不成熟状态，是因为教育者必须要真正懂得尊重幼儿的兴趣和幼儿的生长规律，只有如此，有意义、有价值的教育才会发生。

二、未成熟状态是一种力量

（一）未成熟状态意味着精彩与可能

在前面，我们比较了成人与幼儿的生理发展，从而发现幼儿的生理发展是不成熟的，但正是这种不成熟支持着幼儿的健康成长。我认为，幼儿期未成熟的状态是人类发展中的宝贵财富。杜威对这种未成熟状态做了精辟的阐释，他认为儿童的这种未成熟所产生的依赖是某种积极的东西，是一种力量，是能力的成长，是某种建设性的东西。

1. 未成熟的特有精彩

毛毛虫从幼虫到蝴蝶，每个阶段都有价值，毛毛虫阶段的生活甚至比蝴蝶更为复杂、更有活力。不能因为蝴蝶由毛毛虫变化而来，就否定了毛毛虫阶段的价值，毛毛虫阶段的价值和蝴蝶阶段的价值同样重要，不存在哪个阶段是为哪个阶段做准备的。幼儿最终会发展为成人，但不能因此把幼儿阶段当作为成人生活做准备的阶段。幼儿有幼儿的生活，成人有成人的生活，两个阶段都重要，都有价值。在人的一生中，幼儿阶段是一个完整的、重要的部分，有其自身独特的需求与价值。

我们知道，与成人相比，幼儿更容易摔跤，在幼儿园中因为走路、跑步而摔跤的幼儿比比皆是。然而，有一个奇怪的现象：大部分摔跤对幼儿

生长教育：成为最好的自己

---

① 蒋雅俊：《课程哲学：儿童、经验与课程》，46页，北京，人民教育出版社，2015。

的身体不会造成太大的影响，而与之相比的发育成熟的成人，虽然摔跤的次数比幼儿少，但成人如果摔跤，其造成较大问题的比例就要高出许多。这种鲜明对比，正是因为幼儿的未成熟。与成人相比，幼儿骨头中有机物较多，骨头的韧性强、弹性大、硬度小、不易骨折、骨膜较厚、血管丰富、再生能力强，且在5岁前骨髓全部为红骨髓，造血机能强。这种特点使幼儿即使骨折，也会恢复得很快，而且留下后遗症的概率较小。

配班老师生病，连续几天都是我带班。餐后，当幼儿坐下看书、交流时，我也坐到椅子上透了口气。只听到开水区"哐当"一声，我立即跑过去，发现地上一大摊水，张志有点愣愣地看着我。我忍不住高声批评："你怎么回事啊？怎么水都不会舀了？看弄得乱七八糟的。"张志看着我，快哭了，有点抽噎地对我说："李老师，我拿拖把去。"我有点烦躁："去去去，去坐着，我拖。"等我拖好地，我看到张志还站着，手中拿个杯子，是我的保温杯。我有点奇怪："张志，你拿我的保温杯干吗？"旁边的子涵说："李老师，张志刚才想给您倒水，没有拿住，打翻了。""你为什么要给我倒水？"张志擦了擦眼泪说："你说话声音哑哑的。妈妈说多喝水就会好。可是，可是，我没拿住杯子。"我这才反应过来，张志原来是在给我倒水，而我……我很是惭愧，蹲下来对张志说："对不起，老师刚才不对。"张志笑着说："没有关系啊，是我不小心。老师，我再倒一次水好不好，一定不会打翻了。"

——我的带班日记

成熟的我们如果遇到张志这种被误解的情况，会不会那么轻易就原谅误解我们的人？处在未成熟状态的幼儿世界里，他们总能轻易原谅每一位真诚道歉的人，无论是小伙伴还是成人。即使两个幼儿争吵到打架的地步，转眼他们也能立即把手言欢。反而，有时候是身后成熟的家长们念念不忘、耿耿于怀。承认未成熟状态的特有精彩，不但是对幼儿期这个特定时期的应有尊重，也是映射我们成人世界的一面镜子。和未成熟相伴随的信任、纯真、坦率，可以助力我们走得更远。

2. 未成熟的巨大力量

"何谓儿童？看待儿童其实就是看待可能性，一个正在成长过程中的人。"[①]幼儿身上蕴藏着无限潜能，相对于成人来说，幼儿是未成熟的人。

_____

① ［加］马克斯·范梅南：《教学机智——教育智慧的意蕴》，1页，北京，教育科学出版社，2001。

教育者要清楚幼儿未成熟状态恰恰是他潜藏无限可能的状态，蕴含着巨大的潜力。未成熟状态是指一种积极的力量或能力，一种向前生长的力量……它更是一种从经验中学习的能力，一种从经验中保持可以用来对付未来情境中的困难的力量。① 在未成熟状态的幼儿面前，我们成人并没有优势。成人的语言能力远高于幼儿，至少对专业术语的理解能力更强。但是幼儿以其对一切都感到新鲜的眼睛和耳朵，更能发现困惑和问题。最为重要的是，幼儿有着一定的自然举动和率真行动，这是成人难以企及的。② 幼儿有着超出成人数倍的敏感性、好奇心、探究心、创造力、模仿力和积极热烈的情感。作为成人的我们要真正放弃固有的成见，真心欣赏幼儿的未成熟状态。正如马修斯所说，儿童和成人是不同的人类存在方式。③

每学期开学初，幼儿园大厅都会给幼儿设立一个固定的主题："新学期，我和小树共生长"！大家兴高采烈地在"小树身高尺"前测量自己的身高，在体重秤上称自己的体重，并记录到一张准备好的卡片上。之后每个月，幼儿都会来测量一次身高、体重，并记录比较。这对幼儿而言，是一个非常有趣的活动，因为每名幼儿的身高、体重在每个月都会有变化，看得见的变化总能引起人们特别的兴趣和关注。幼儿因此对每天的锻炼、用餐和休息特别用心，并会互相讨论、比较，因为身高、体重的变化让他们看得到这两者之间的内在关联。这个活动也吸引了家长、教师的关注。也有教师参与这个活动，记录自己的身高、体重，然而结果很无趣，因为所有教师的身高在一个月，甚至一个学期中不会有什么改变。

——记录我们的大厅活动

是不是会发现，正是因为幼儿的未成熟，他的生长才能每天看得见，而反观成熟的大人，这种惊喜在减少。这种优势不仅表现在他们的身体变化上，还表现在他们对新事物的接受能力上。我们发现，面对同一种新事物，只要未成熟的幼儿具备操作能力，他接受的速度就会超过成熟的我们。比如，电子产品，幼儿基本上是边玩边学会的，直接越过许多

① ［美］约翰·杜威：《我的教育信条——杜威论教育》，68～70 页，上海，上海人民出版社，2013。

② ［美］加雷斯·B. 马修斯：《哲学与幼童》(修订版)，122 页，北京，生活·读书·新知三联书店，2015。

③ ［美］加雷斯·B. 马修斯：《童年哲学》，11 页，北京，生活·读书·新知三联书店，2015。

成人需要逐一看说明书才能学会的程序。在 2020 年新型冠状病毒肺炎疫情期间，人们所担心的幼儿戴口罩、接受公筷等问题，也是被幼儿轻而易举地养成了习惯。

（二）未成熟状态带来的反思与学习

未成熟状态赋予了幼儿发展的积极力量。"在儿童身上集中着人类精神的本源：儿童的执着，表现着人类求真的实验精神；儿童的烂漫，体现着人类求美的艺术精神；儿童的率真，反映着人类求善的道德精神。在儿童清澈的明眸中，闪烁着科学家的敏锐、艺术家的热情和哲学家的简洁。"[①]未成熟的状态中包含了人类生长所必需的珍贵品质，其前提是必须对幼儿的未成熟状态有一个正确的认识，教育才能真正以适宜的方式支持幼儿发展潜能。

1. 调整我们的步伐

"跟上，快跟上。"这是我们常常会对幼儿说的一句话。一起行走，我们总是觉得幼儿速度慢，所以需要我们等待。有没有想过，或许是我们缺失了慢速行走的能力？你还能回忆起你学骑自行车的场景吗？我们学会比较快速骑行时并不意味着我们就能慢速骑自行车，因为后者更加需要控制与平衡。仔细观看比我们走得慢的幼儿，他们行走的一路总能有各种发现。

我家孩子走路总能捡到各种宝贝：螺丝、螺帽、硬币、特别的石头，我很奇怪，他怎么总能发现我不能发现的东西？

——一位小班妈妈的分享

每次我家两个孩子坐在车里，他们总是一路告诉我外面发生什么事情了：花开了，有一家新开的店，马路上有条狗。甚至雨天飘落在车窗上的水，都被他们描绘成了一幅画。而我和我先生坐在车里，似乎从来没有发现今天马路上的场景和昨天有什么不同。

——二宝妈妈的感慨

未成熟状态中珍藏着一颗能够敏锐察觉的心，这是弥足珍贵的礼物，需要我们成人的尊重与欣赏。如果我们成人能够调整自己的步伐去追随幼儿的步伐，那么获得生长的将是彼此。

在编织区，班级幼儿对三股辫产生了浓厚的兴趣。但是有几位幼儿弄不清楚编三股辫的顺序，结果总是编不成。为了支持幼儿，我在三条

---

① 王振宇：《学前儿童发展心理学》，1 页，北京，人民教育出版社，2015。

绳子的下方贴上了爸爸、妈妈、宝宝的图案，并用儿歌来帮助："爸爸走一步，妈妈走一步，宝宝走一步，然后继续开始走。"我用这个图示和儿歌教几个不会的小朋友，他们一边念儿歌一边摆弄绳子，掌握起来还是有点难度，而且念了几遍后，"爸爸""妈妈""宝宝"搞乱了。已经学会编三股辫的淼淼在旁边看了看，对我说："李老师，写1、2、3，然后说1、2、3，1、2、3，就可以。"我将人像图片取下，换上了数字1、2、3。果然，不一会儿几个小朋友就都学会了。我问淼淼："你怎么想到这么好的办法的？"淼淼回答："好记啊。"

——我的带班日记

如今，淼淼毕业已经十多年了，但"好记啊"这三个字一直印在我的脑海中，是一名幼儿教会我在教育支持中如何去繁从简。

2. 看见幼儿的长处

很多教育人经常会说，要看见每个幼儿的长处。但这个看见的目的是基于我们的需要去评价幼儿，并不将自己置身其中。我所说的看见幼儿的长处，是指成人需要向幼儿学习，真正将幼儿的优势纳入自己的生长体系。文化人类学家玛格丽特·米德提出的"三喻文化"中的后喻文化是晚辈向长辈传授知识经验，长辈反过来向晚辈学习的文化，这个晚辈我认为包含幼儿。正如威廉·华兹华斯在诗歌《彩虹》中写道：The Child is father of the Man(儿童是成人之父)。在幼儿园里，幼儿放弃、退出某项活动或者是因为厌烦，或者是因为不好玩，但你很少看到一位幼儿放弃、退出某项活动是因为担心别人嘲笑他。而在成人世界里，担心被别人嘲笑是非常常见的原因。我们因太多"别人会怎么看"而束缚了自己的尝试：在听课或会议时喜欢选择坐后排，需要有人当众发言时习惯性低下头避免和点名者目光接触；在陌生人多的场所常常因为怕被拒绝而"专心致志"玩手机。反观幼儿，虽然幼儿语言能力一般，但他们有困难时很习惯寻求帮助。有话想说时，总是高高举手，还要加上："我，我，我！"碰到喜欢吃的食品时，会主动问："我还可以再吃一个吗？"只要遇见小伙伴，无论是否认识，几分钟就能玩在一起。

看见幼儿的长处，向幼儿的长处学习，是真正尊重未成熟状态的优势，真正懂得人在任何一个阶段都有其独特的价值的体现。不同阶段的幼儿是没有可比性的，挖掘他们不同阶段的优势才能丰盈我们的生命。

第四节　尊重幼儿：顺应幼儿的成长

只有正确认识幼儿的未成熟状态，正确看待幼儿未成熟阶段的特质，我们才能清楚教育不能加快、改变幼儿身心发展的速度。虽然大量的儿童心理学给我们提供了了解、观察幼儿的依据，但幼儿阶段是如此的不同，每一个幼儿又是如此不同。任何理论、任何数据都无法准确描述一位正在发展中的幼儿的所有发展情况。作为幼儿教育者，必须时时记得马修斯所提出的"儿童是谁""儿童知道些什么"及"儿童应当得到些什么"三个童年哲学的基本问题。必须真正尊重每位幼儿的发展速度，给予其恰当的支持。只有这样，未成熟状态的潜能才可能是种子，如果给予适当的发展条件，这些种子就会生长，并有所展现。[①] 好的教育是认清幼儿的发展规律，然后根据每位幼儿的兴趣，去帮助、支持每一位幼儿展现天赋，实现潜能，成为他能够成为的人，成为最好的自己！

一、尊重幼儿的生长速度

(一)看懂幼儿的生长节律

丽蓓卡·萨克斯在《大脑是如何做出道德判断？》中的一个实验，清楚呈现了幼儿社会性方面的发展过程。

实验对象：3岁、5岁、7岁幼儿。

实验场景：运用手偶分别向三名幼儿讲述故事，故事内容为"两个喜欢吃乳酪三明治的海盗，一个名叫艾文，艾文得到了一个乳酪三明治，他把三明治放在海盗箱的上面，然后离开去取酒。当艾文离开后，刮来了一阵风把三明治吹到了草地上。这时候，另外一名也喜欢吃乳酪三明治的海盗乔夏，也拿来了一个乳酪三明治，他把他的乳酪三明治放到了海盗箱上面（就是原来艾文放的地方），然后他也离开去拿酒了，这时候艾文回来了"。

插入实验中的第一个问题：艾文会拿哪个三明治？为什么？（草地上的，还是箱子上的）

根据幼儿的判断，实验者继续用手偶演绎故事的后半段：回来后的

[①] ［美］埃·弗洛姆：《为自己的人》，190页，北京，生活·读书·新知三联书店，1988。

艾文拿了箱子上的三明治。

插入实验中的第二个问题：艾文这样做对不对？

面对这两个问题，参加实验的 3 岁、5 岁、7 岁幼儿给出了完全不同的答案。

3 岁幼儿认为艾文会拿草地上的。当他在后续故事中看到艾文拿了箱子上的三明治，3 岁幼儿的解释是艾文拿走别人的三明治是因为他自己的三明治掉在地上脏了，他不想要脏的三明治。3 岁的幼儿认为艾文不应该拿走别人的三明治，艾文这样做是不对的。

5 岁的幼儿认为艾文会拿箱子上的三明治。5 岁的幼儿可以清晰地理解人可能会有错误的看法。但在判断艾文做得是否正确时，5 岁幼儿认为艾文拿走别人的三明治是不对的。

只有 7 岁的幼儿才会出现类似于成人的反应，他认为艾文会拿走箱子上的三明治，而且他认为这不是艾文的错，这是风惹的麻烦。

——丽蓓卡·萨克斯《大脑是如何做出道德判断？》

表 2-1 是对这个实验中不同年龄幼儿对同一事件看法、判断的简单梳理。我们可以清楚地发现，幼儿在各阶段呈现的发展是有明显差异的：幼儿没有达到掌握这个能力的相应年龄阶段，你即使和他详细阐述、解释、说明、训练，幼儿也无法理解和掌握。然而，一旦幼儿到了相应的年龄，许多原来对他来说非常困难的事情就会变得游刃有余。

表 2-1　幼儿道德判断分析

年龄	事实解释	道德判断
3 岁	从自身出发看待事件：我看到的，你一定也知道。	对他人道德言行的判断标准是唯一的、固定的。
5 岁	开始从对方视角看待事件：我看到的，你不一定也知道。	对他人言行的道德判断标准是唯一的、固定的。
7 岁	能够从对方视角看待事件：不是所有人都能看到发生的事情。	能够依据客观事实对他人言行进行道德判断。

作为教育者的我们要清醒地认识到，所有的教育要建立在认识、顺应、尊重幼儿特有的发展阶段的特点上。只有真正理解了这一点，教育者才会懂得集体活动时，为什么有些幼儿会坐不住。真正明白为什么有些看似是为了幼儿好的举措却并不符合他们的发展规律。我们要充分尊

重幼儿身心发展的规律，不强行将幼儿嵌入成人设想的模式中，尊重幼儿的实际水平。

（二）尊重幼儿的生长节奏

虽然幼儿在每个阶段有着类似的生长速度，但每个幼儿都有独特的、不同于他人的性情，来自不同的家庭，这些不同都可能会让同龄幼儿表现出完全不同的生长节奏。有些幼儿渴望尝试新事物、结识新朋友，而另一些同龄的幼儿可能会在参加活动或见陌生人时，需要更多的鼓励。

淘淘兴奋地在班级中跑来跑去，玩玩具、喝水、吃点心、看书、睡觉……幼儿园里的一切在他看来都很好。下午，爸爸妈妈来接他时，他对妈妈说："你来得太早了，我没有玩够。"

子涵哭了一天，任何安慰、帮助对他都毫无效果，反反复复唠叨一句话："带我去找奶奶，带我去找奶奶。"（子涵入园足足哭了两个月）

张馨抱着娃娃，眼里噙着泪水，也不哭出声，自己默默地在班级中走来走去。她能按照教师的要求完成进餐、午睡。

天昊走到哪里，哪里的玩具就会遭殃，他习惯随手拿、随手扔。对于教师的要求不理不睬，精力非常旺盛，其他小朋友午休时他一直高声唱歌。

——小班幼儿入园百态

同是 3 岁入园的幼儿，差异如此之大。这就要求教师尊重每个个体，致力于满足其独特的需求。通过仔细观察来了解他们各自的发展水平、需要、兴趣和性格，再对照《3—6 岁儿童学习与发展指南》，确定幼儿的发展阶段和正在学习发展的领域，然后选择建议策略，帮助幼儿发展。

二、尊重幼儿的学习方式

人一生都在生长，从小到老持续一生。但只有在幼儿期，这种生长的速度才表现得最为显著。

在 3 岁的时候，孩子可以用完整的句子说话，用语言作为思想的工具，他会积极地理解世界并遵从文化习俗的要求。在 4 岁的时候，孩子会问无数个问题，学会了用类比，并表现出强烈的概念化和泛化倾向。在 5 岁的时候，孩子的动作控制能力已非常成熟，他能上蹿下跳，说话不再奶声奶气，能够讲述较长的故事，会喜欢和别人一起玩，会为自己的"成就"感到骄傲。人生最初五年的心理变化是十分惊人的，无论是在范围上还是速度上，学前这五年的发展变化，是以后人生中的任何五年都无法超越的。

——【美】阿诺德·格塞尔

（一）幼儿是主动的学习者

每个儿童的身体里都好像有一个勤勤恳恳，技术娴熟的老师……大自然仿佛能够使儿童不受成人推理方式的影响，而是使他们以自身的内在学习方法顺利地进行学习。教师、家长或者其他成人可以支持幼儿生长，但我们必须要清楚幼儿发展的主体是幼儿。教育不是老师教了什么，而是人类自然而然发展的一个过程。它不是通过教授得来的，而是儿童从环境中获取经验得来的。[1] 幼儿的学习与发展并不是外界强加的结果，是他们主动吸收周围环境中的知识养分成长的，这种主动学习能力，蒙台梭利用了一个非常形象的词汇——"有吸收力的心灵"，来形容。

环境能迅速调动幼儿的注意力和热情，与成人相比，幼儿对环境变化的敏感性特别强，他们随时与周围事物发生互动。这种特殊的学习方式，决定了幼儿生长的主体就是他自己。教育者必须相信幼儿的这种主动学习的能力。成人需要费尽心思找学习材料，但对幼儿而言，生活中所有的物品都是他们学习的材料：路边的一块石头、手中的一根绳、捡来的一个瓶盖……

王老师为编织区选择材料，除了绳、线，王老师还试着放了纸，她比较了各种纸，最后觉得牛皮纸不错：有韧性，适合反复用。于是，她裁了很多牛皮纸细条。几天后，王老师发现，刘敏在用餐巾纸编织，询问刘敏原因，刘敏说："我要编一床小被子给娃娃盖，餐巾纸我擦过嘴，软软的，适合。"王老师仔细一看，刘敏将餐巾纸也剪成了细条，并用手捻成了细绳状，王老师试着拉了拉，也挺结实的。没过几天，餐巾纸的编织方式在班级中蔓延开来，他们还找到了彩色皱纸来增加色彩的丰富性。

——我的随班观察日记

我们发现，在材料运用上，成人受原有经验的束缚，受自己预设教

---

①[意]玛丽亚·蒙台梭利：《有吸收力的心灵》，405页，广州，广东经济出版社，2013。

育结果的暗示，在选择材料、运用材料时容易受到局限。但幼儿没有原有固定经验的束缚，他们习惯大胆运用和尝试材料。在这里，幼儿的未成熟状态成了一种优势。

在生长教育中，每个班级都开设了一个专门的区域：可能性区域。师幼将自己找到的材料、不知道可以怎样更好运用的材料放入其中，教师不实施任何倾向性指导，完全让幼儿自己尝试。

从乡下回来的豆豆爸爸给班里拿来了很多大大小小的石头。我觉得这石头除了可以放到美术区创作石头画外，再也想不出还可以怎么玩。于是，我将这些石头放入了可能性区域，看看幼儿会怎样对待。没过一个星期，石头的各种玩法出现了：爱下棋的淘淘制作了一副石头棋；米儿石头垒高的游戏吸引了很多幼儿来比赛；凯凯挑出几块长形石头，在上面画小猪、狼，编演石头故事《三只小猪》；棒棒挑出小的石头，以拳头、小箩筐、纸盒为单位，和同伴玩"猜猜这里有几块石头"的游戏……石头在幼儿的手下有了很多玩法。

——我们班级"可能性区域"之"石头记"

在这场"石头记"的演变中，我并没有做过多的干预，只是着重做了一件事，设置了"石头新玩法"主题墙，分为"介绍石头可以这样玩""我最爱的一种玩法投票"两个板块。每当幼儿有新发现，我就会提醒幼儿将自己的玩法画下来展示到板块上，我也会拍摄幼儿玩石头的过程，在游戏分享时让幼儿做介绍。虽然开始时，幼儿对石头的探究带有偶然性和无目的性，但我有意识地关注、引导着幼儿梳理自己的发现，向同伴介绍自己的玩法，于是幼儿在探究石头的过程中确定了越来越明确的方向。

懂得幼儿是真正的主动学习者，教育者就知道如何给予幼儿足够的学习空间和时间，让他们主动去体验，从而真正深刻理解并尊重幼儿自主、自由发展的内在需要。当我们真正成为幼儿成长的助力者时，不要急于告诉幼儿答案，不要妨碍幼儿的探究，只在幼儿需要帮助时提供帮助，幼儿主动学习的天赋就能得到展现。

（二）幼儿是认真的学习者

大（一）班的浩浩、馨儿、苗禾、俊阳拿着小本子和笔，本子上画的符号只有他们才看得懂，在厨房和餐厅里认真地和厨房师傅交流。

"叔叔，我们过年大餐要来一份煎带鱼，可以吗？"

"这个可以，比你们上次说的红烧鲳鱼要方便多了，我们食堂人员来得及。"

四名幼儿如释重负，在本子上画的弯曲线条后打了个勾，原来那弯曲的线表示带鱼。趁他们心情好，我忍不住指着那个细长方形问："这是什么？""薯条啊。"苗禾头也不抬地回答道，然后急急忙忙赶回班级汇报去了。

这是他们为"中国年"自助餐的热菜菜谱第五次来食堂了。第一次，他们带着从小班、中班、大班调查来的菜名，兴致勃勃地告诉厨房师傅需要哪些菜，结果厨房师傅说："煎牛排来不及的，你们200多个小朋友，食堂没有那么多锅。炸薯条、炸虾片、炸鸡翅，这么多炸的东西也来不及。汤圆、水饺、包子、馄饨、面条，面点太多了……"几名幼儿当场就懵了，原来烧200多个人的菜不是想要什么就有什么的。从此，几名幼儿就反复来往于班级和厨房之间，不断传递厨房的消息。

——我的随班观察日记

这是"中国年"项目活动"年之味"篇章中的一个活动细节，为了完成这个活动，幼儿分成了甜品组、环境创设组、邀请卡制作组、活动邀请组，大家需要与不同的人群对话、协商。活动邀请组在社区爷爷奶奶的帮助下，成功预约到钩花的阿姨、写"福"字的外公、演绎茶艺的阿姨……

细细观察幼儿的活动与行为，我们会发现他们总是带着一种让成人敬畏的精神来对待周围的人和事。无论对待何人、何物，他们始终保持着严肃认真的态度，总是主动真心地去与人交流，自由、自主地操作自己感兴趣的事物，会为了自己的兴趣而坚持，会为了集体的利益而坚守。他们天生是发现者与探究者，不仅会适应世界，还会创造世界；不仅能发现问题，还懂得解决问题；不仅会摆弄眼前的物品，还会解释、理解和建造。如果你一味注重教会他如何造房子，他学会了你教他造的那种，却极有可能丢掉了自己心中建构的无数座房子。

天命之谓性，率性之谓道，修道之谓教。

——《中庸》

第三章

生长教育的内涵

幼儿阶段所具有的独特特征要求幼儿教育必须遵循幼儿内在的时间大纲，根据幼儿生长的天性实施教育。幼儿教育成功与否，取决于教育的大纲是否与幼儿内在的成长大纲相契合。然而，在实际的幼儿教育中，我们还是发现了许多背离幼儿天性的做法。

动物们创办了一所学校，所有动物都需要学习课程：跳、爬、游泳、飞行。鸭子的游泳成绩比老师还要好，但飞行课勉强及格，跑步课则非常吃力。因为跑得慢，它每天放学后都要放弃心爱的游泳腾出时间练跑步，脚掌都磨破，才勉强得到及格成绩。而它的游泳科目，由于长期不练习，期末时只获得中等成绩。兔子是班里跑得最快的，但因为游泳它练得神经都快崩溃了。松鼠的成绩一向是班里最出色的，但它对飞行感到非常沮丧，教师只许它从地面上起飞，不允许它从树顶上起飞。鹰由于活泼爱动受到教师的严格管制，在爬行课上它战胜了所有的同学，第一个到达了树的顶端，但它用的是自己的方法而不是教师教的那种方法，因此没有得到教师的表扬。最后班级普普通通的泥鳅同学，由于游泳还马马虎虎，跑、跳、爬成绩一般，还能飞一点，因此获得班里最高的成绩。毕业典礼那天，它作为全体学员的唯一代表在大会上发了言。

——教育寓言故事《动物学校》

读完这则寓言，我们会觉得好笑，也能清楚发现这些做法的问题所在。然而，在实际的教育中，类似的错误做法却比比皆是。无论怎样努力，如果脱离了具体教育对象的特点和需要去谈教育方法、教育目标和课程设置，所有的努力无异于"镜中月，水中花"。我认为，幼儿教育的原点必须是幼儿，教育者在实施教育前必须认清幼儿，尊重幼儿未成熟状态的力量和生长的潜能。只有如此，教育才能回应幼儿。

第一节 何为生长教育

抛开词典对"生长"的解释，每个人看到"生长"二字时，会有怎样的感受？
教师说"生长"：

春天和树木，朝气蓬勃。

阳光、泥土、雨水、植物，一切都刚刚好。

生命的蓬勃与美好，郁郁葱葱的感觉。

一种顽强的生命力。

一种与生俱来的力量，这种力量往往超过人们的想象。

历史长河中，生命渺小而微不足道，却依然顽强。

活力，满满的力量。

有力量，源源不断的力量。

绿色，充满希望的感受。

向上，积极，生命力。

自然，天性，犹如嫩芽破土而出。

拔节成长。

向阳。

想到一天天在变化的儿子，

会感到充满希望和期待。

生命和精神甚至是灵魂的自然、自由成长，自由中自带力量。

幼儿说"生长"：

生长就是生长之星，就是快快乐乐长大。（6岁）

生长就是长身体、长知识。（6岁）

生长就是长大，大一岁。（6岁）

生长是一棵小苗长啊长啊长到天空上，长得粗粗的，像梯子一样可以伸到天空上去，可以从梯子上爬到云朵里。（6岁）

就是葵花籽和豌豆苗，浇水才能长大。（6岁）

就是人慢慢长大，像植物种子一样，经过浇水、阳光照射，长成小苗，最后长成参天大树。（6岁）

就想起春天的小芽和幼儿园的生长之星活动。（6岁）

生长就是长大了，想到长大了会干很多事，我就很开心。（6岁）

生长就是长大，慢慢长大，我就可以买大人的东西啦。（6岁）

就是人会长大，别的东西也会长大，比如说小蝌蚪，也一样会长大。（6岁）

植物会生长！人多吃饭也会生长，这么简单的问题。（5岁）

就是一点一点长高，变得跟以前不一样了！（5岁）

就是成长，慢慢生长，不要着急。（5岁）

小苗"喝"了雨水，照了阳光，长大了，就像爸爸妈妈让我们好好吃饭、好好睡觉，就能长高、长大一样。（5岁）

长大，成熟。（5岁）

生长就是长起来了，长得很高，最后变成了爸爸。（5岁）

生长就是长大，等我长大了，爸爸妈妈就变老了。好好吃饭就长得快，不好好吃饭就长得慢。（5岁）

生长就是长大，长大就不能玩了，不想长大。（5岁）

生长会越来越大，长到最大之后，就只能变老了。（5岁）

生长就是长大，我们变得聪明，会自己做事情，会看书。花、草、动物都会长大。（5岁）

就像家里的土豆，种在土里后发了芽，长了叶子，慢慢变高、变大。（4岁）

就是长身体、长本领，就像我啊。（4岁）

生长就是慢慢长大。（4岁）

就是长高呗！（4岁）

就是好好吃饭，睡觉觉，帮妈妈拖地。（4岁）

像发芽，每个人都会长大。（4岁）

像向日葵一样，把种子种在地下，长出叶子，然后长出花骨朵儿，最后就长成向日葵了。（4岁）

长大、长高、长帅。（4岁）

就是不停地、慢慢地长高。（4岁）

生长是我长大，小花开了。（4岁）

无论是在成人眼里还是在幼儿的眼里，"生长"二字都意味着美好，它代表着力量、希望、温暖、自在、天性、期盼、向上……

一、与生长有关的论述

生长二字源自生物学领域，有意思的是，众人看到这两字会自然地将它与教育相连，这或许和我们期待有一种能关照到每个人内心深处的教育有关。这也吻合众多研究者、实践者的发现：教育是助力成长，教育的目的是最大限度地让个体发挥自己的天赋，也确实找不到比生长二字更能直指教育核心的词汇了。

亚里士多德认为，人有自然赋予的发展能力的胚芽，借助教育就能使这种可能性变为现实。夸美纽斯把人的心理比作一颗种子或一粒谷米，知识、德行与虔信的种子是天生在我们身上的；但是实际的知识、德行与虔信却没有这样给我们。① 亚里士多德和夸美纽斯用胚芽、种子、谷米来比喻人自身的能力、心理，理想教育的开启首先是要看见每个人内心的力量、特点，正如植物生长之胚芽，教育只有关注到这一点，真正的教育才可能发生。

有问之，对曰："橐驼非能使木寿且孳也，能顺木之天，以致其性焉尔。凡植木之性，其本欲舒，其培欲平，其土欲故，其筑欲密。既然已，勿动勿虑，去不复顾。其莳也若子，其置也若弃，则其天者全而其性得矣。故吾不害其长而已，非有能硕茂之也；不抑耗其实而已，非有能蚤而蕃之也。他植者则不然，根拳而土易。其培之也，若不过焉则不及。苟有能反是者，则又爱之太殷，忧之太勤，旦视而暮抚，已去而复顾，甚者爪其肤以验其生枯，摇其本以观其疏密，而木之性日以离矣。虽曰爱之，其实害之；虽曰忧之，其实仇之，故不我若也。吾又何能为哉！"

——节选自唐·柳宗元《种树郭橐驼传》

柳宗元的《种树郭橐驼传》核心直指顺应幼儿天性的教育："顺木之天，以致其性"。此处"天"是指树木生长的自然规律，"性"是指树木的个性和生长习性，树木生长的自然规律要顺其生长习性。种树需要顺木之天性，教育要遵循幼儿生长的自然规律，进而实现幼儿完满个性的发展。遵循幼儿生命内在的自然天性，让幼儿像小树那样充分享受适宜的阳光、雨露，自然舒畅地成长。

人生的每一个阶段，都有它适当的完善的程度，都有它特有的成熟

生长教育：成为最好的自己

---

① ［捷］夸美纽斯：《大教学论》，24 页，北京，教育科学出版社，1999。

时期。卢梭认为，教育是人天赋本能的一种自然生长的过程，教育要服从自然的永恒法则，适应幼儿的天性发展，促进幼儿身心的自然发展。儿童是有他特有的看法、想法和精神的；如果想用我们的看法、想法和感情去替代他们的看法、想法和感情，那是愚蠢的事情。卢梭是第一位明确将生长引入教育的大家，他的阐述说明了人的生长有其自身规律。他特别强调教育对天性的关注，强调对幼儿自身发展规律的关注。正如植物生长一样，人自身生长的规律不能被外力强行改变。

裴斯泰洛齐认为，教育是按照自然界的自然进程和使人类改善的方向，通过练习而达到人的内部所具有的力量和才能的自我发展。什么是真正的教育呢？真正的教育是，儿童是花木，教师是园丁。在园丁的照看下，百花齐放，万木争春……并且，园丁要注意不让外来的暴力损害花木，他要让花木沿着固有的规律生长。[①] 裴斯泰洛齐强调教育要基于幼儿的天赋力量和才能，要考虑幼儿的年龄特征和教材的量力性。裴斯泰洛齐点明了教育应该遵循的基本原则，就是尊重幼儿特有的生长节奏。只有尊重幼儿，教育对人的发展才能起到推动作用。反之，则可能是伤害。

福禄培尔的自然适应性原则认为，教育应遵循幼儿生长的规律。教育是以内部的、最本质的东西为根据、为基础的。[②] 他认为幼儿的生长有其特点、规律和需要，教育只有遵循幼儿的生长规律，才能使幼儿健康地发展。福禄培尔的研究让一线教育者明晰教育的第一步是关注幼儿本能，幼儿活动的本能就是未来的创造本能。关注幼儿的本能，就是关注幼儿的兴趣。他所倡导的游戏、恩物，都体现了对幼儿天性的关怀。

第斯多惠认为，儿童生来就具有一定的天资。他强调教育必须遵循人的天性和自然发展规律，要求教学要适应儿童的年龄特征和个别差异。我们必须倾听大自然的呼唤，忠实地遵循大自然所指出的方向。人只有和大自然结合才会幸福……不相信人的天性便不可能有符合自然发展规律的教学法。因此，我们在教学技巧上也要来探求天性，然后再运用到

---

① ［英］伊丽莎白·劳伦斯：《现代教育的起源和发展》，210～211页，北京，北京语言学院出版社，1992。

② ［德］福禄培尔：《人的教育》，8页，北京，人民教育出版社，2001。

天性上去。① 第斯多惠给出了关注儿童天性的教育原则：自然适应性原则。教条式的讲述方法一定不符合儿童的天性。关注积极思维活动的启发式谈话法，让幼儿提出真实问题，教师支持幼儿自己发现知识。好的教育不是"奉送真理"，而是"教人发现真理"。

杜威继承了卢梭的"天赋自然生长"理论。他认为，生长的首要条件是未成熟状态……未成熟状态即为一种生长的可能性，不仅是指现在缺乏一种力量，但将来也许会拥有，而且还指它现在就有一种确实存在的力量，即发展的力量。② 他还认为，幼儿身体、智力、道德的生长都是内发的，即以天赋的本能为基础，而不是外铄的。教育就是不断生长，在它自身之外，没有别的目的。③ 杜威的"教育即生长"论，阐明了教育的持续性、整体性、灵活性、民主性和开放性。他强调生长的动态性及与环境的互动性，这些观点让教育工作者了解了环境对幼儿发展的重要作用，以及如何运用发展的眼光看待幼儿。

二、何为生长教育

在教育的任何努力中，首先要回答的是，教育的目的是什么？《说文解字》对"育"的解释是"养子使作善"，反映了教育活动所追求的最高目标以及社会对教育者具有应然意义的价值期待。"教育是帮助被教育的人，给他能发展自己的能力，完成他的人格，于人类文化上能尽一分子的责任；不是把被教育的人，造成一种特别的器具，给抱有他种目的的人去应用的。"④我认同教育的根本目的是"成人"，使人成为人，成为他自己认同的人。但我认为教育者仅仅认识到要教育的目标是"成人"，是远远不够的。它需要每个教育者在教育实践中时时三问：教育对象是怎样的？培养怎样的人？怎样才能培养这样的人？

以本本为例，去试着回答这三个问题，将会让我看到自己的所行、所思。

教育对象是怎样的？

6 岁的本本是一位有做时装模特天赋的幼儿吗？显然不是。在幼儿

① ［德］第斯多惠：《德国教师培养指南》，100～101 页，北京，人民教育出版社，2001。

②③［美］约翰·杜威：《我的教育信条——杜威论教育》，69、78 页，上海，上海人民出版社，2013。

④ 高平叔：《蔡元培全集》（第四卷），585 页，北京，中华书局，1984。

园的三年中，本本表现出的他所擅长的领域是，思维活跃、对数字敏感、记忆力特别强，但在节奏感方面和肢体协调方面都很弱。

6岁的幼儿能够做到即使自己不喜欢做时装模特，但也懂得毕业汇报演出的重要性，于是能够努力克服自己不喜欢的心理从而勤奋练习走时装模特步吗？显然不是的。如果本本能够这样做，他就不是6岁，而是16岁、26岁了。

培养成什么样的人？

我是要将本本培养成时装模特吗？不是，我应该是期望通过相比之下用最简单的表演方式让本本能够参加毕业演出，让他也和其他幼儿一样自信登台。但在实际实施的过程中，我们完全看不到本本的自信，反而是因为走时装模特步而导致本本不自信，教育结果和我预期的目标完全背道而驰。

怎样培养这样的人？

我选择了让本本以他并不喜欢也不擅长的方式，选择了自认为比较适合的"反复锻炼"来帮助本本接近目标，但我选定的教育内容和教育方法都不吻合本本的兴趣，结果必然失败。

在陪伴本本练习的过程中，我尽心尽责，甚至放弃了自己的休息时间来帮助本本。但"我想背个炸药包来"的天真质问，背后折射的是当我们的教育目的出现偏差时，当我们的教育缺乏合乎逻辑的、内洽的教育理念时，我们的认真、努力不一定是助力，反而可能是伤害。理想的幼儿教育并不只是教育者有好的愿望就可以了，也不是教育者认真负责就可以了。

比如，排练舞蹈时，一排十名幼儿需要做手臂伸直这个动作，我似乎很少会欣赏："哇，有九名幼儿都能做这么标准的动作，太厉害了！"我往往是看到那个手伸不平的幼儿："你怎么就是伸不平？认真一点。"然后要求他不断练习。这样的情况不仅发生在节目排练中，还发生在当时幼儿园每学期进行的早操比赛中。

让本本展现自己并没有错，错误的是我们完全从成人的视角来规定幼儿展示的项目，完全依照成人的标准确定幼儿展示的水平。幼儿内心的愿望是什么？知道幼儿的内心愿望时我能否因势利导？"本本是否喜欢在大众面前展示自己？如果喜欢，本本想展示什么？如果不喜欢，他不喜欢的原因是什么？"只有当教育真正支持幼儿展现自己，真正让支持变成推动幼儿前行的动力时，那才是我们值得努力的教育！那就是我所努力、倡导、践行的生长教育！

（一）生长教育的概念

什么是生长教育？

了解、唤醒、增强每一个幼儿生命的内在力量，支持每一位幼儿以最适宜的方式生长，最终成为最好的自己！

以支持幼儿自信展现自己为例，在生长教育视角下，它会如此呈现。

在宁波市闻裕顺幼儿园，每月推出一项幼儿主导的展示活动——"生长之星"。所有幼儿在这个舞台上可以自愿、自如、自在地展现自己想展现的一切，展示的内容全部来自幼儿的真实愿望。每位想展示的幼儿将自己乐意展示的内容填画到"生长之星"的卡片上，幼儿园根据幼儿想展示的内容推出相应的"生长舞台"。

"我是大玩家"展示一切和玩相关的内容：轮滑、骑自行车、玩溜溜球，变魔术……

"我是生活达人"展示一切和生活相关的内容：炒鸡蛋、折叠衣物、洗袜子、做椅子……

"我是文学家"展示一切和讲述相关的内容：讲故事、讲笑话、播报新闻、朗诵诗歌……

"我是艺术家"展示一切和艺术相关的内容：各种绘画、纸工、摄影……

幼儿自己确定想展示的内容，选择想展示的时间，并为自己确定的目标努力。在"生长舞台"上，我们可以看到每位幼儿展现时的自信，为展现所付出的努力与坚持，全园幼儿都很期待属于自己的"生长之星"时刻。

同样是鼓励幼儿展现自己，为什么"生长之星"和"教师策划的毕业汇报演出"达到的效果完全不同，为什么"生长之星"可以让幼儿如此期待和兴奋？因为生长教育做到了教育的原点回归幼儿：幼儿想展示什么。因为生长教育做到了认清每一位幼儿：幼儿想出的各种展示内容中都蕴含了幼儿真实的生长方向和力量。真正关注幼儿精神生命的自由舒展，真正懂得唤醒幼儿内心生长的力量，真正为幼儿的生长提供营养与动力。"所谓教育，不过是人对人的主体间灵肉交流活动（尤其是老一代对年轻一代），包括知识内容的传授、生命内涵的领悟、意志行为的规范、并通过文化传递功能，将文化遗产教给年轻一代，使他们自由地生成，并启迪其自由天性。"①生长教育懂得幼儿的天性，它以追求生命的存在、敞开、生长与完善为价值取向，其目的是使每个幼儿生命的内部灵性、潜在力量与可能性得到充分、自由的发挥与发展。

(二)生长教育教师宣言

我相信，每一颗种子都具备向上生长的可能，如果自然给予它的是适宜的阳光、雨露、土壤，那么它就可以苗壮成长。

我相信，每一位幼儿都具备向上生长的潜力，如果教育给予他的是适宜的倾听、解读、支持，那么他就可以成为最好的自己。

我相信，在活动中让幼儿真正体验到自己做主的力量，是他们生长的最大动力。

我相信，对幼儿而言，不仅让教室是他们的世界，更应该让世界成为他们的教室。

我相信，让幼儿根据自己的兴趣自由选择运动形式，才能真正实现幼儿在运动中的生长。

我相信，让幼儿以愉悦的方式沉浸在节日活动中，可以更好地感受亲情、文化的特质。

我相信，只有在幼儿兴趣和幼儿成长之间找到适宜点，精心选择、设计符合幼儿生长需要的活动，才能引导幼儿生长。

我相信，好的教育能让每一位幼儿的天赋得到尽情的释放，好的教育能让每一位幼儿都能得以闪耀！

我相信，生命的生长从来都是从生命内部发生的。

我相信，教育不仅支持幼儿的生长，教育还肩负着帮助幼儿、真正读懂幼儿、正确支持幼儿生长的重任。

我相信，如果真正懂得尊重、敬畏幼儿生长的力量，那么最终成长的是幼儿与我们！

我相信，有持续生长力的教育，必定是能让幼儿、教师、家长在其中都得到成长的教育。

我相信，穷尽一生，我也无法完全读懂幼儿，认真倾听、专业解读、真正学习，是我不断靠近他们的唯一方式。

---

① ［德］雅斯贝尔斯：《什么是教育》，3页，北京，生活·读书·新知三联书店，1991。

我相信，我要学会耐心等待幼儿，学会陪伴，才可能有教育的发生。

我相信，如果我们真正尊重、敬畏幼儿生长的力量，懂得我是幼儿的老师，幼儿是我的老师，那么最终成长的是幼儿与我们。

我相信，我只有成为有天真烂漫视角的理性经验之人，才能是一名真正的幼儿教师。

我相信，教育不是改变幼儿，不是用固定的标准衡量幼儿，而是找出最适合他的方法，支持每一位幼儿成为他想要成为的人！

我相信，生命成长需要两种力量，来自个体内部的力量、来自外部的适宜支持。

我相信，理想的教育一定要准确把握受教育者向上的力量，及时给予适宜的支持，让其自然性生长与社会性生长得到和谐统一的发展。

我相信，理想的教育就是了解、唤醒、增强每一个生命的内在力量，支持每一个生命以最适宜的方式生长，最终成为最好的自己。

我相信，最好的教育路径应该是发现幼儿的生长点，打造适宜的生长平台，增强幼儿的生长力。

(三)生长教育儿童宣言

我们是幼儿，我3岁，我4岁，我5岁，我6岁。

我有自己的想法、兴趣、爱好，它们可能和你的不一样，但都很重要。

遇见别人会说"你好"，别人帮助我了会说"谢谢"，做错事情会说"对不起"。

我的身体属于我，任何人都不可以伤害。

如果我不喜欢，我可以说"不"。

如果我难过了、伤心了，我可以哭。

我可以不高兴，我可以愤怒，只要不伤害别人。

我会失败，这一点都不难为情，我还可以请求别人的帮助。

我要爱护我身边所有的人和动植物，因为我们生活在同一个地球上。

对自己喜欢的事情，自己选择的事情，再辛苦我也要坚持。

每个人喜欢的东西、不喜欢的东西可能是不一样的。

我做事可能会慢一点儿，小孩子都是这样的，每个大人小时候也是这样的。

我和别人不一样，这没有关系，要为自己骄傲。

可能会有人不喜欢我，这很正常。

我不是完美的小孩，你看，也没有完美的大人啊。

我在长大，长大是一件美好的事情。

我就是我，地球上有很多很多人，但我只有一个，每个人都是独一无二的。

作为一名幼儿教师，无论是新教师还是经验型教师，无论是青年教师还是骨干教师，无论他是有意识的还是无意识的，当他与幼儿开启互动时，三个教育的核心问题一定会在他的教育言行中显现：我如何看待幼儿？我如何看待教师职业的使命？我如何看待教育对幼儿发展的作用？这三个问题是任何一个教育者都无法回避的三个教育要素：儿童观、教师观、教育观。对这三个问题的反复思考和实践就会形成自己的教育信念，它又会不断物化到教育者的一言一行中。生长教育对这三个问题的回答是，率天性、承天职、致天赋。

第二节　生长教育的儿童观：率天性

认清我们的教育对象。无论是什么样的教育理念，只要看不到教育对象，它就是无效的。生长教育清醒地认识到，幼儿教育的对象是 3～6 岁的幼儿。他们不同于 13～16 岁的青少年，不同于 23～26 岁的成人。如果说青少年、成人进入学习都带有各自的目的性，如为了完成父母亲的要求、为了获得老师的表扬、为了考取更好的学校、为了获得更好的工作等，为了这些学习目标他们会压抑或转移自己的兴趣来服从外在的教育要求。但你绝对不可能在幼儿园里遇到一位幼儿，他是为了外在的其他目的来幼儿园的。他在幼儿园的言行举止完全凭他此时此刻的兴趣、天性。这是幼儿教育区别于其他教育的根本之处，这是持任何一种观点的教育理念、任何一位幼儿教师的教育信念都不能改变的客观事实。

生长教育怎么看幼儿？率天性。每一位 3～6 岁的幼儿都是率天性的。天性是有机体天生就已具备或遗传下来的特性或特征。饿了就哭，渴了就叫；快乐了手舞足蹈，悲伤了号啕大哭；阿宝两只脚，凳子四只脚；要将雪人拉回家……幼儿对天性的展示是如此淋漓尽致。

为什么说幼儿是率天性的？因为幼儿期是人生的开端期，更多地受制于、服从于、自洽于其内在的天然秉性。此阶段的"真儿童"会直接表现自己的喜怒哀乐，喜欢玩耍、乐意探究、大胆想象、充满问题、无拘无束，这些是他们与生俱来的天性。生长教育懂得幼儿期是一个极具活力的时期，每一位幼儿都有着生机勃勃的、强烈的、内在的发展需求。尊重、欣赏每位幼儿独有的内在需求是人得以真正发展的首要条件。天性是人生长的内部依据，是人得以成长并在不断的自我否定和自我肯定中依然保持自我的根据。① 生长教育认为，最好的幼儿教育就是让幼儿最大限度地释放自己的天性，按照他喜欢的方式，充分地展现自己。只有每一位幼儿能够充分展现自己真正的天性，教育才能依据每个人的天性提供真正符合他需要的支持。幼儿的成长如果不建立在自身的需要、经验和兴趣的基础上，那支持幼儿发展就可能是揠苗助长。在最初几年，教育只能被理解为帮助发展儿童的先天心理能力。② 走进幼儿园，与真实的幼儿发生真实的互动，你会同我一样发现这句话的真谛。

"跳跳，你为什么总是选择我们的玩沙区，别的区也很好玩的，可以去试试啊。"

"我就喜欢玩沙。"

——玩沙区老师和一名幼儿的随口对话

"我看你每天都是选择这个黄色手环(椅子区标志)，椅子有什么好玩的，奶奶觉得你今天可以套这个红色手环(野战营标志)。"

"不要，我要去椅子区。"

"这孩子，真的一点儿都不听话。"

——中班一名奶奶和她孙女的对话

"我觉得这个攀爬区最好玩了。"

"对的，我也这么觉得，最好玩了。"

"我们明天早点来，拿到这个蓝色手环(攀爬区标志)。"

"如果你早来，你帮我拿一个蓝色手环，如果我早来我帮你拿一个，好吗?"

"行!"

——攀爬区两名大班幼儿的对话

① 刘晓东:《论教育与天性》，载《南京师大学报(社会科学版)》，2003(4)。

② [意]蒙台梭利:《蒙台梭利幼儿教育科学方法》，336页，北京，人民教育出版社，1993。

这就是真实的幼儿，他们是不掩饰的，对自己感兴趣的事情乐此不疲，你甚至会吃惊于他们的坚持和探索。对于自己不喜欢的事情他们会直接拒绝，即使你运用权威、说理也维持不了多久。

片段一："不配合"的幼儿

今天有园外教师来幼儿园开课，开课对象是中（一）班的幼儿。班主任张老师在班级里慎重地和幼儿交代："今天有很多客人老师在后面听课，他们就是来看看我们中（一）班小朋友表现棒不棒的。我们应该怎样做？"大家回答："要举手发言。""不做小动作。"张老师很满意："是的，我们每个人都要积极举手发言，让客人老师都知道，我们中（一）班是最棒的。"经过一番交代后，大家进入了大活动室。然而，今天客人老师带来的活动似乎不太受幼儿的欢迎，她问的问题大家有点弄不明白，高高举着的手慢慢落下来了。刚开始还坐得笔直的幼儿开始扭动身体，有人转头看后面的客人老师，有人和旁边幼儿说话，活动室里充满了嘈杂声。看着幼儿不配合的样子，张老师在后面干着急。

片段二："配合"的幼儿

第二周，又有园外教师来园，仍然是到中（一）班讲课。班主任张老师还是和全班幼儿慎重交代了一番，但她心里根本没底，不知道这些嘴上说"要好好表现"的幼儿，现场到底会如何。这次的活动是科学探究"有趣的镜子"，幼儿围着熟悉的镜子，在教师设置的情境中想尽办法利用两面镜子，将一个"喜羊羊"变成众多的"喜羊羊"："我变出两个喜羊羊了。""我变出三个了。""我好像变出五个了，哇，七个，好像还要多，把两面镜子夹小一点会很多。"活动中，大家不断尝试，不断表达自己的困惑和发现。活动结束，当听课教师和幼儿说再见时，好多幼儿还围在"镜子屋"前流连忘返。

——我的随班观察日记

从上面两则同一班级幼儿的情况记录分析，你很难说这群幼儿到底是配合教师还是不配合教师。他们配合的是自己内心真正的指引：教师组织的活动符合他们的兴趣，他们就会积极跟进，无须你强调太多的纪律；而他们一旦觉得教师组织的活动不好玩，他们就一定会自己寻找好玩的事。这就是生长教育对幼儿的认识：率天性，幼儿展现的是"真的我"。

一、接纳率天性

接纳幼儿的率天性。生长教育认为，应该理性看待不同阶段受教育者的不同特征，并不是成人阶段优于幼儿阶段(如将幼儿阶段视为为未来做准备的阶段，其实质就是轻视幼儿阶段的特点)，或者幼儿阶段美好于成人阶段(如因为厌恶成人世界的复杂而幻想童真的幼儿世界能够永存，其实质就是否认成人阶段的特点)。在人一生的每个阶段，都有其明显的特点。教育者需要做到的是，真心接纳你所面对的教育对象的特点和规律。

(一)天真之人

"把梯子一把一把连接起来一直到天上，就可以摘到星星。"这估计是每个人童年的梦想。幼儿时代，只要"我"想得出，就没有什么事情是不可能的。

一早到幼儿园，有人发现班级饲养的小乌龟一动不动地趴在缸底，大家围在缸边想让乌龟动起来，特别是小川，因为这只小乌龟是他带来的。王老师过来一看，说："小乌龟死了。"大家都很难过。小川一把抱住乌龟缸说："它可能不是死了，它可能没有死，它有些时候是不动的。"王老师笑着对他说："小川，你仔细看，乌龟的头、四肢都伸在外面，这就表示它死了。"小川说："那，那，万一呢。万一它是生病了呢？生病了就会没有力气，不想动的。"王老师笑着说："没有万一的，所有的乌龟死了都是这样的。"晚上，小川妈妈打电话给王老师，说从小川的口袋里拿出了死乌龟。

——幼儿园教师故事分享会

我们成人在生活中能够娴熟地懂得运用自己的和他人的经验，来判断什么可为，什么不可为。我们确定做某件事源于我们的理性和经验对这件事情的价值判断。比如，案例中的王老师，她已有的经验和知识让她清楚，乌龟是否死亡可以从它的形态判断出来。如果说成人是经验之人、理性之人，那么率天性的幼儿就是天真之人、浪漫之人，在他们看来世间的一切都有生命，一切皆有可能。3～6岁的幼儿是天真的，基本上没有人质疑幼儿的这个天性，问题是我们怎样看待天真。

经验理性的我们喜欢乌龟，乌龟死了，我们会悲伤，但我们会根据结果较快地接受这个事实，并采取和我们的经验理性相匹配的行动：埋葬乌龟。而天真烂漫的小川喜欢乌龟，乌龟死了，他会因为自己主观上不希望这只乌龟离他而去，就坚定地认为：乌龟不是死了，只是还没有醒来。他会想出自己的解释方式——"睡着了""生病了"。如果用成人的标准来衡量天真的幼儿，那幼儿的言行自然是可笑的。但我们是否想过，如果用天真幼儿的标准来衡量成人，那成人的言行是否也是可笑的呢？因为处在不同的阶段，言行、思考方式必然会不同。接纳幼儿的率天性就是能认识到幼儿是天真之人，教育者要学会从天真的视角去看待这世间的一切。"如果乌龟睡着了，我们可以做点什么呢？""如果乌龟生病了，我们可以做点什么呢？"只有这样，真正的教育才能开启。

（二）自然之人

人类与大自然之间有着千丝万缕的联系，但在人类群体中，幼儿与大自然的关系是最为密切的。多元智能理论的创立者加德纳认为，儿童具有自然观察者智能，即观察自然界中的各种形态，对物体进行辨认和分类，能够洞察自然的才能。[①] 并把自然智能列为第八种智能。鲁迅先生笔下的百草园能够引起许多人的共鸣，这共鸣一定和自己的童年经验相关。小时候，大自然在我们的眼中也是"活"的：看到家里那朵最期待的花开了，是我每天给它讲故事的结果；看到月亮跟着我走，是相信月亮它最喜欢我……众多的研究者认为，幼儿和自然之间似乎存在着天然相同的路径。幼儿天生爱自然、亲近自然。幼儿能够在自然中游戏，游戏就是幼儿的学习方式。

连续几天下雨，今天好不容易放晴。餐后，王老师带着班级幼儿去户外散步。此时，户外许多凹凸的地方还是有小水坑。王老师一边走一边交代："小心地上的水坑，我们绕开走。别弄脏、弄湿了鞋。"然而，总有幼儿会忍不住去踩水坑，包括平时很乖巧的甜甜，也趁王老师没看到，伸出脚去试水坑里的水。几个调皮的小男孩就更不用说了，他们故意走在后面，等王老师拐弯时，便迫不及待地到有水的坑里，用力、狠狠地踩，然后乐不可支。"你看，你看，用力踩它就像喷泉。""我这个飞出去、飞出去，然后就没有了。""这个水是绿的，飞起来好像不是绿的。"配班保育员张老师看到了，她制止了五个男孩，催促他们赶快跟上队伍，几名

① 吴志宏、郅庭瑾等：《多元智能：理论、方法与实践》，7页，上海，上海教育出版社，2003。

幼儿恋恋不舍离开。只是一路上，还有好几个幼儿在寻找哪里有水坑，一旦看到就立即跑过去踩几脚。等回到教室时，好几个幼儿因为鞋、裤脚湿了被王老师批评。

——我的随班观察日记

幼儿对大自然的一切都充满了好奇与热爱，他们对大自然的观察是细致入微的，对大自然的点滴变化有着高度的敏感性，甚至能发现很多被成人忽略的东西。看到虫子就想去抓，看到草地就想躺上去，看到落叶就想去捡，这就是幼儿的天性。在我们大人都是孩子的时候，我们也不在意鞋子会不会湿，雨天在我们的眼里不仅仅有踩水坑的快乐，还有许多许多的猜想：拼命仰头朝向天空看，从那么高的天上落下来的雨到底从哪里来？有没有尽头？为什么可以这样接二连三地落下？伸出舌头接雨水尝，想知道雨是什么味道的，这地上的积水怎么就踩不扁，踩不破？但是当那个年幼的我长大成为教师时，我就会下意识觉得保持鞋子干净很重要，觉得好好走路很重要，觉得脏脏的雨水有什么好玩的。这样的教师在幼儿的眼里应该是无趣的吧："这些东西(雨、水、树、草、虫……)多好玩啊，大人们怎么总是觉得什么都不好玩呢？"

二、欣赏率天性

生长教育倡导每一位教育者真诚地欣赏幼儿的率天性，因为幼儿的天性里不但蕴藏着生长的巨大动力，还蕴含了身心发展的最优路线。发展是在儿童天性的基础上进行的，天性是自然赋予儿童的，非人力所能控制的。只有在天性的展现中我们才能把握儿童多种发展的可能性，使潜在的能力得到最大程度的开发……①

2018年的冬天，宁波特别冷，进入深冬经常会出现结冰的现象。这天，起了厚厚的霜，幼儿园户外场地上的所有物体：大型玩具、草地、器械上都被罩上了一层白白的霜。操场凹陷地里的积水、门口水缸里的积水都结了冰，后操场种植园地的竹竿上居然还挂上了小冰柱。

---

① 教育部基础教育司：《〈幼儿园教育指导纲要(试行)〉解读》，70页，南京，江苏教育出版社，2002。

早晨，陆续来园的教师走进幼儿园，几乎都是跺着脚、搓着手说："好冷啊，好冷啊。""今天太冷了。"……然后快速跑进室内，并不会对户外的变化产生特别的兴趣，顶多有个别教师说："你看这天，怎么冷得这么快啊，都结冰了。"

与此完全不同的是，当幼儿走进幼儿园，无论小班、中班、大班的幼儿，基本上都是立即而欣喜地发现户外的变化。"结冰了，结冰了！""这白白的是什么？""是下雪了吗？"有的还会跑到有霜的地方踩两脚，或者迫不及待地用手去触摸。一旁的家长总是立即制止："快回来，快回来，你看看，鞋都湿了。""这孩子，这地上的冰能碰吗？多脏啊。"

——我的随班观察记录

与成人相比，幼儿虽然缺乏经验，但却拥有可贵的财富——自然天性。生活在天真世界里的幼儿能关注到身边任何细腻的变化，会常常惊叹成人已经习以为常的现象。蒙台梭利认为是"内在教师"在指引幼儿前进，生长教育认为这"内在教师"就是幼儿期可贵的天性，它指引着幼儿生长。生长教育欣赏人每个阶段的独特性，以及与此特性相随的学习方式。与成人的经验世界相比，天真世界绝不是幼稚浅显，而是另一个充满无限奥妙的世界。欣赏率天性，就是让处于天真世界里的幼儿最大限度地释放自身的天性，充分地表现他自己、成为他自己。

（一）率天性成就积极的学习者

对这个我们认为日渐熟悉的世界，我们成人需要努力才能保持好奇心。但对率天性的幼儿而言，好奇是他的本能、是他的天性。幼儿对这个世界的一切充满了好奇心，这个天性引领他们通过各种途径去认识这个世界，这就是幼儿期最好的学习方式。欣赏幼儿的率天性，就是欣赏幼儿特有的积极的学习方式。"为什么"是幼儿期出现最多的词汇，在他们的世界中处处充满了为什么。

"为什么今天的操场是白色的？"这样的疑问让幼儿不怕寒冷。如果让幼儿走入这白色的"霜世界"，更多的"为什么"会不断出现："为什么这不是雪？为什么有些地方的白色特别多？为什么有些地方的白色比较少？"

幼儿立即进行的探索会让成人吃惊：

"老师，雪花有六个花瓣，但是这些白白的东西上没有，它们有点像很细很细的沙子，手一碰就立即变成水。"

"我用手去摸过，我感觉白色厚的地方好像更冷一点儿。"

深度学习，于是延伸：

幼儿根据自己已有的雪的经验以及寻找雪花图片，比较霜和雪的不同。（观察、记录、比较的学习方式）

在白天的户外活动中他们也持续关注着霜的变化，他们发现霜多的地方阳光照射到的时间晚，甚至照不到阳光。这似乎验证了他们感觉白色厚的地方冷的猜测，幼儿为了进一步验证自己的感受，用同样大的瓶子装一样多的水，将瓶子放到霜多、霜少、没有霜的地方。经过一个晚上，幼儿发现瓶中水出现了不同程度的结冰现象。他们还带来了家里的温度计来验证，在这个过程中他们学习怎样看温度计（猜测、讨论、验证、运用工具的学习方式）。

——幼儿项目活动"神秘的霜"

在成人看来冬季非常常见的白色"霜世界"，在幼儿的率天性中变成了有趣的事情、值得探究的事情。率天性能让幼儿对身边的一切变化保持敏感，有助于幼儿成为一个积极的探索者、学习者。每一个正在做游戏的儿童，看上去都像是一个正在展开想象的诗人。你看，他们不是在重新安排自己周围的世界，使它以一种自己更喜欢的新的面貌呈现出来吗？谁也不能否认，他们对这个新世界的态度是真诚的，他们将游戏当作一种真实的存在，并愿意在这上面花费大量的精力和最真挚的情感。[1]率天性推动着幼儿不断尝试和发现，尝试和发现的结果又滋养着他们兴趣的持续与充实，这样循环往复会让幼儿成为一个有耐心的学习者。"每一个冲动和习惯，凡能产生一个目的而这个目的的力量又足以推动一个人去为实现它而奋斗的，都会变成兴趣。"[2]

我一直很担心我儿子的数学。因为我教他认数字他一点儿都不感兴趣，而我们小区里一个同龄的孩子都会 100 以内的加减法了。但这次班级研究霜的活动真让我吃惊，我家涛涛主动让我教他怎么看温度计，我发现他其实是认识数字的。我本以为让他了解 0 摄氏度以下的数字是很困难的，因为我也不是数学老师，但他听得非常非常认真，还会一个一个读给我听，验证自己是不是读得对。有一天晚上回来，他说，明天他是温度播报员。吃完饭，他坐在那里拿着温度计一个一个刻度读了将近

① 刘晓东：《解放儿童》（第二版），23 页，南京，江苏教育出版社，2008。

② ［美］约翰·杜威：《学校与社会——明日之学校》，210 页，北京，人民教育出版社，1994。

一个小时。第二天很早起床,他又读了好几遍,还反复问我和他爸爸是否正确。

——项目活动"特别的霜"中的家长分享

(二)率天性成就大胆的创造者

中国有个成语叫"初生牛犊不怕虎",正是没有成人日常经验、理性思考的束缚,在想象、创造方面幼儿的率天性展现出了巨大的优势。

语言活动"收集东,收集西",教师展示并带领幼儿学习诗歌工整的句式:妹妹喜欢收集裙子,奶奶喜欢收集木屐,清洁工人喜欢收集垃圾,乌鸦喜欢收集奇怪的东西……进入仿编环节,教师出示夜晚的图片,询问幼儿:"黑夜会收集什么呢?"按照成人的思维,一般幼儿应该会创作:"黑夜收集星星,黑夜收集汽车,黑夜收集蝙蝠……"这时,一位幼儿站起来回答:"黑夜会收集光明。"老师质疑他:"黑夜,到处都黑乎乎的,怎么收集光明?"幼儿说:"黑夜有很多亮的东西,路灯、星星、车灯、萤火虫。"旁边的小朋友立即补充:"黑夜一整晚都在收集光,光收集够了,天就亮了。"

——我的听课记录"收集东,收集西"

类似这样令成人诧异的大胆想象在幼儿期非常多,每位成人都经历过这样想象力高度发达的时期。人类之所以在幼儿期有天马行空的想象与创造能力,和他率天性的特点无法分开。教师无法想象黑夜能够收集光明,是因为教师的想象受"黑夜里有哪些事物"的限定,但幼儿没有这样的经验束缚。幼儿率天性的实质,是一种看待、理解世界的方式。一个纸箱在成人眼里是"可装东西的事物",但在幼儿眼里,它是房子、车厢、隧道……创造、想象是幼儿的天性,率天性让他的想象、创造不拘泥于是否符合逻辑。

大(一)班幼儿对种植豆芽产生了浓厚的兴趣,但教师不懂发豆芽的方法。教师询问了幼儿园的教职工,最后知道幼儿园的保安师傅经常在家里发豆芽,于是就带领全班幼儿去请教。保安师傅告诉了他们几个关键的办法:把豆放在温水里,并且还得把豆芽放到黑黑的地方,盖上布,在布上压上一点重的东西。有几名幼儿问保安叔叔,为什么要放在黑黑的地方?保安师傅说,这样才长得好。回来后,老师希望大家按照保安叔叔的办法种植,但幼儿有的用温水、有的用热水、有的用冷水,有的把豆放在有太阳的地方,有的放在阴暗的地方,有的豆上面压东西,有的不压。询问幼儿为什么这样做？他们说："我们想试试看是不是真的像保安叔叔说的那样。"

——班级项目活动"豆芽成长记"

从种豆芽的事件中可以发现幼儿率天性的优势，他们不会被固定的模式局限。在种豆芽这件事上，成人以"种出好的豆芽"为目标，幼儿则以"豆会怎样变"为目标。前者答案唯一、封闭，后者答案多元、开放。正是率天性让一个看似为了种出豆芽的活动，在幼儿的创造性演绎中成了一个工程庞大的豆芽世界大探究活动：幼儿制作各种不同的模型压豆芽，想象出自己的巨人国豆芽，发现不同的豆都可以发豆芽，豆不同，样子不一样……当幼儿告诉保安叔叔："豆子在温水、热水、冷水中都可以发芽，只是在温水中比较快；豆子发芽后见光会长得特别快，细细长长不太好吃。"保安叔叔感慨地说："原来我只会吃豆芽，真是白吃了那么多年的豆芽。"

第三节　生长教育的教师观：承天职

幼儿的特点决定了幼儿教师绝对不能只是一种职业，一种按部就班的职业。每一位幼儿教师必须时时反问自己："我是一名怎样的教师？我要成为一名怎样的教师？"在这样的追问中不断明晰自己的教育使命(职业责任)。克里希那穆提认为，教师是学校中最重要的人，理想的教师应该是富有创造精神的个体，兼具宗教家与改革者的情怀。《中华人民共和国教师法》明确规定，教师是履行教育教学职责的专业人员，承担教书育人，培养社会主义事业建设者和接班人、提高民族素质的使命。有幼儿教师抱怨，无论我们怎么做，无论我们怎么努力，有关幼儿教育的负面信息总是会迅速占据头条。在幼儿教育不断发展的今天，为何质疑教育的声音越来越多？这其实是由教育的本质决定的。认真思考，我们会发现，任何教育，其实都是用昨天的经验(我们现在所进行任何一项具体的教育内容、教育方法、教育模式，都是在今天、此刻以前积累的经验)，基于当下的条件(教育中用到的任何事物，都是当下这个环境所能提供的)，培养未来的人(我们要培养的对象不仅要关注当下，还要关注未来)。柏拉图在《理想国》中，以洞穴为喻向世人展示了教育的力量，揭示了教育是为了人性的优秀，为了美好的生活。

正因为教育者肩负着这样的使命与责任，社会大众必然会期望：你是一位能够引领幼儿当下与未来的教师吗？这是每个时代的教育者必须回答的问题，但却从来没有一个时代像今天的教师这样如此困难、多元地面对这个问题。因为社会发展的速度已经从线性发展走向指数式发展（未来学家雷·库兹韦尔提出"加速回报定律"，即技术进步是以指数方式发展的，而非线性方式）。这个定律就是非常形象的"吓尿指数"，即把一个生活在若干年前的人带到我们现在的生活环境，他如果被现在的交通、科技、生活状况"吓尿"，那么这个若干年就是我们这个世纪的"吓尿指数"，"吓尿指数"反映的是一个时代的发展速度，事实证明"吓尿指数"正在变得越来越短。社会在加速度发展，这是现实。作为幼儿教师，面对处在率天性阶段的幼儿，不仅担负着引领未来的使命，还要用教育实践清晰地回应幼儿当下的诉求。

任何教育改革都必须依据人的天性，人本身必须成为教育的中心。倾听每一位幼儿的心声，读懂每一位幼儿的天性，支持每一位幼儿真正成为他自己，这就是生长教育所倡导的教师天职。

一、有爱

有爱，在教育界是一个老生常谈的话题了，我坚信有爱永远是一位懂得自己天职的教育者的一种最基本的能力。爱，是一种深刻的情感。教育中的爱，无论以怎样的形式表现出来，其实质都是教育者在与受教育者的交往中产生的，是指向受教育者的，是关怀性的、建设性的情感。[①] 马斯洛需要层次理论认为，爱是个体的一种高层次需要，得到爱就会感到幸福和安全。在幼儿喜爱教师的众多理由中，有一种理由比较普遍，即"老师也喜欢我""老师非常爱我""老师对我很好"等。相比于教育理论、教育技术，有爱是一个抽象的概念。一个教育者怎样才是有爱？

（一）爱，对幼儿的一切言行有兴趣

好的幼儿教育的出发点必须是幼儿视角，而不是成人视角。但是我们无法完全读懂幼儿的想法，甚至都无法读懂幼儿的学习方式。在儿童心理中有着一种难以探究的秘密，随着心理的发展，它会逐渐展现出来。

---

① 刘庆昌：《论从教者的三重境界：教者、教育者、教育家》，载《太原师范学院学报（社会科学版）》，2010(3)。

这种隐藏的秘密像生殖细胞在发展中遵循的某种模式一样，只有在发展的过程中才能被发现。[①] 生长教育认为，教育者唯一的办法是建立一种和谐的师幼关系，以此帮助我们真正走进幼儿。对幼儿的一切言行有兴趣，是建立最美好的师幼关系的开端。可以设想一下，当有人对你的言行表现出真正的兴趣(关怀)之时，是否可以激起你愿意交流和分享的愿望？一个优秀的教育者必须对幼儿表现出的一切言行，无论是理解的、不理解的言行保持兴趣，因为只有这样，你才能保证你和幼儿的对话通道是畅通的。

有兴趣不仅是接纳、尊重幼儿的言行，它还表现为关注、期待幼儿的言行。当幼儿感觉自己的言行被人真正关注时，就会产生一种被承认、被接受、被理解、被重视、被爱的感觉，幼儿也就更愿意敞开心扉与你对话。

有兴趣是真兴趣，这里的"真"是指教师对幼儿的言行真的保持好奇心、欣赏心。有些教师虽然在幼儿面前摆出了一种有兴趣的姿态，但却不是真兴趣，他们似乎在观察幼儿的言行，但观察到的言行却是"教师要的言行"。

餐后活动，幼儿在阳台上玩，王老师在巡回观察。她走到妮妮和跳跳旁边，妮妮和跳跳在看书，王老师问："你们在干什么呀?"妮妮站起来说："王老师，我的裙子是新的。"王老师说："哦，那你在干什么呢?"满脸期待的妮妮愣了一下，说："我在看书。""嗯，好好爱护书哦。"然后王老师走开了。一会儿，吃好中饭来交接班的张老师走进教室，妮妮走到张老师身边说："张老师，我的裙子是新的。"张老师立即说："呀，妮妮今天穿的是新裙子，好看!"妮妮兴奋地点头，张老师问："为什么今天妮妮穿新裙子呢?"妮妮说："今天是我的生日。"张老师抱住妮妮："呀，妮妮生日快乐!"妮妮满脸笑容："这是妈妈送我的生日礼物。我喜欢红色，妈妈买的就是红色的裙子。"几名幼儿也围了过来，他们一起回忆自己收到过的生日礼物。大家还让张老师弹琴，一起唱"祝你生日快乐"，教室里响起了欢乐的歌声。

——我的随班观察日记

案例中，王老师主动询问幼儿言行，张老师积极回应幼儿言行，都表现了两位教师对幼儿的言行感兴趣。然而她们的做法不同，取得的效

---

① 单中惠、钟文芳、李爱萍等：《蒙台梭利幼儿教育著作精选》，130 页，上海，华东师范大学出版社，2009。

果也完全不同，这清楚地表明了"对幼儿言行有兴趣"与"对幼儿言行真正有兴趣"二者之间的区别。如果没有"对幼儿言行真正有兴趣"的态度，即使每时每刻和幼儿在一起，你也无法成为一名读懂幼儿的教师，无法真正走入幼儿世界。幼儿天生喜欢和他人互动，希望得到他人的认同（有些相对内向的幼儿其实也乐意和他人互动，只是他的表现会比较含蓄），但幼儿能敏锐地察觉出你是否真正对他的言行有兴趣。王老师的兴趣可以说是一种"虚假的兴趣"，她看似关注幼儿，但却游离于幼儿之外，没有走入幼儿的情境中，没有把自己真正置身于幼儿世界，而是将自己作为一个可以对幼儿的行为有裁决权的裁判，这是当前幼儿教师要尽力避免的行为。很多时候我们表现出一副对幼儿言行感兴趣的态度，但幼儿的言行却没有在我们心里激起任何的涟漪，我们甚至没有领会幼儿言行中的真正意义，就着急打断他们的言行，以自己的感觉给予支持、指导。真正的兴趣是你能真正聆听他的叙述，观察他的行为。

（二）爱，对幼儿的一切诉求有回应

教育要想取得成功，就需要让幼儿感觉到："在这里，有人在意我。"让幼儿相信教师一直在关注他。只有当幼儿感觉到被关爱时，他们才会乐意与你合作。我们太急于给幼儿正确的、预定目标的教育，在这个"给"的过程中，我们会忽略幼儿的诉求，或者忽略个别幼儿的诉求。一个教师如果真正关心学生，那么他会认真地倾听学生们的不同需要，并且给予不同的回应。仅仅做到真诚的倾听只是作为一位有爱的教师的第一步，倾听之后有回应，有不同的回应才能确定你的倾听有教育价值。

好的回应是有梯度的，从我的日常观察来看，它可以分为三个阶段。

第一阶段，有回应。有专家批评某些教师只是以单一的、无指向性的方式回应幼儿的言行，如"你真棒""你说（做）得真好""老师喜欢你"，或者只是简单重复幼儿的语言。但生长教育认为，这是教师回应的第一个阶段，我们鼓励教师以肯定的方式回应每一位幼儿的言行。当你的教育机智、教育方法还处在起步阶段时，回应幼儿的一切言行是一个基本的方法，这其中就蕴含了教育的爱。只要你有一颗真诚欣赏幼儿的心，在起步阶段的回应就能让幼儿乐意和你分享，乐意在你面前展示，因为这些回应方式可以为幼儿建立一个相对安全的心理环境。

第二阶段，有不同的回应。这一阶段是指能够针对同一幼儿的不同言行，或者不同幼儿的同一言行给予不同的回应。不同幼儿的发展和学

习速率差异都很大，同一幼儿在不同领域的发展速率也不平衡。幼儿的发展遵循自己的成长模式和时间，每位幼儿都有自己的优点、需求和兴趣，幼儿的年龄只不过是发展的能力和兴趣的一个粗略指数。张雪门先生提出的"以学力而不是以年龄分班"的观点从今天的幼儿教育来看，还是非常有意义的。如果能够针对不同的幼儿给予不同的回应，这样的教师是非常受幼儿欢迎的。处在该阶段的教师懂得用不同的内容来回应外向型幼儿和内向型幼儿，用相似的内容回应刚入园还有些恐慌的小班幼儿和即将毕业对幼儿园恋恋不舍的大班幼儿。这些不一样、一样的背后，都是教师对幼儿的爱。

第三阶段，回应能够推动幼儿发展。维果茨基的"最近发展区"理论能否在实践中体现的关键是，教师清楚每位幼儿的发展水平，并给予针对性的支持。这样的回应是明确指向适宜支持的，此阶段的回应让"回应不只是回应"，而是成为推动幼儿适宜发展的关键。这样的回应并不能一蹴而就，也无法仅仅通过技术手段获得。它需要教育者带着爱的情感，时时沉浸在与幼儿的互动中，不断解读、不断反思。生长教育认为到达这一阶段的教师是"大爱教师"，这样的教师懂得真正的爱是让每位幼儿触摸到生长的喜悦，爱的真正内涵是助力成长。

无论我们对幼儿的爱处在哪个阶段，我们要记住的是所有形式的爱都包含共同的基本因素：责任、尊重、了解、关心。

（三）爱，对幼儿的一切错误有包容

对处在飞速发展期的幼儿，你有一颗多大包容错误的心，你如何看待错误的作用，决定了你是否真正拥有教育的爱。

已经是升旗环节了，一名大班幼儿又迟到了。升旗结束后王老师对这名屡次迟到的幼儿进行了严厉的批评，幼儿抽泣并表明自己再也不会了。王老师还是非常生气："你都已经是大班了，而且老师已经原谅你好几次了，这次老师不会原谅你了，你必须好好反思。"

——我的随班观察日记

在王老师看来，让大班幼儿懂得遵守必要的规则是非常重要的。此时占据王老师头脑的是如何让幼儿明白他违反了纪律，却不是试图了解幼儿为什么总是迟到，以及该幼儿当众被批评的心理感受。如果我们不客观看待情境中的幼儿，而是以自己对这名幼儿的固化认识来判断幼儿的错误行为，就没有办法正确看待情境中的幼儿，正确看待幼儿的错误

其实是看待可能性，看待一个正在成长过程中的人。

包容错误就是包容生长变化中的幼儿，越来越多的教师发现了幼儿与成人的不同，会尝试站在幼儿的立场，按照幼儿的视角去思考问题。然而，在很多时候，还是成人掌握了绝大部分的话语权，尤其是当幼儿出现错误时。

小班幼儿在自主学习中心玩装饰瓶子的活动。一名男孩在玻璃瓶上涂上胶水，然后去取一枚纸雪花，结果瓶子滚走了。男孩想了一下，于是开始将胶水涂到纸雪花上。这时候教师过来了，她对男孩说："哎呀，老师不是教过你吗？胶水要涂在瓶子上才不容易把桌布弄脏。"男孩愣住了。

——我的随班观察日记

从小班幼儿短短不到一分钟的尝试中，我们可以发现幼儿的每个行为都预示着发展。生长教育认为幼儿期没有寻常时刻，因为幼儿随时处在学习中。案例中的教师只看到"幼儿没有按照我推荐的好办法做"，却没有看到幼儿的探索。包容幼儿的错误是因为幼儿的一切错误中都蕴含着生长，教师必须随时克制自己的先见，对幼儿的行为结果保持价值中立和开放的态度，接纳幼儿的错误行为，随时放弃自己与情境相冲突的幼儿观念。

鼓励试错，就是鼓励创造发展中的幼儿。有爱的教师不仅懂得包容幼儿的错误，还懂得鼓励幼儿试错。可以说，每个人在幼儿期都是一个大胆的探索者和创造者，都拥有勇于尝试的精神和勇气。这样的勇气是需要教师的爱来呵护的，否则它将随着人的年龄的增长而降低，甚至消失。因为探索永远没有确定答案，探索也绝对不是按部就班，探索一定伴随着错误，甚至多次的错误。如果一位教师没有鼓励试错的精神，那对幼儿而言试错将伴随否定、批评、惩罚。试错实质上是一种探究性学习方式，教师要以欣赏的眼光看待幼儿的试错行为（只要这种试错的行为不会危害幼儿与他人）。生长教育建议，教师要习惯让自己变成幼儿来思考，不仅从立场上，还包括行动的节奏。太着急是大部分教师干预幼儿试错的主要原因，要学会用幼儿的速度去看待幼儿的言行，追寻幼儿的已有经验，关注幼儿的每一个瞬间，推测幼儿潜在生长的可能性，教师必须具备这样的能力。要帮助幼儿，我们就必须花费时间去研究他、观察他，这就需要耐心、爱与关怀。然而，一旦我们没有了爱，没有了耐心，那么，便会把幼儿强迫纳入我们称之为理想的某种行动模式中。[①]让我们一起变成幼儿!

二、有智

智，近乎一种灵动的思维。教育中的智，无论以怎样的形式表现出来，在教育的追求面前，都能显示出其策略性的特征。[②] 教育者的智，是指教育者面对教育对象、教育情景时，知道为师者要做(说)什么，还知道为什么要这样做(说)。用通俗的话说，就是教育者有办法、有好办法。

(一)智，是精湛专业

好的幼儿教育或许没有一个明确的界定，但我们都有一个基本的共识，那就是好的教育应该是适宜的教育。追求适宜的幼儿教育应该是当下所有幼儿教育者的共同努力，我认为适宜教育其实质是专业。专业绝对不是仅靠在学生时代的学习就能完成的，每一个专业者在一段时间之后，都会出现一个天花板效应。有一部分教师虽然有十年的从教经历，但他不过是把第一年的事情重复了十年，这也是生长教育呼唤"生长型教师"的原因所在。有智的教师，要做到以下两点。

其一，懂教育规律。

一位有智的教师是懂得教育规律的教师。他在教育活动中的恰当的、正确的言行不是因为有外在的规定和约束，而是因为他对教育规律了然于心。

王老师为阅读角增加了一些图文结合的卡片。配班的张老师很紧张："王老师，有规定，不能有小学化倾向，你放入这些文字图片，检查者会不会批评我们?"王老师笑着说："你没有发现恺恺(四岁，幼儿园中班)已经对阅读角的材料提出抗议了吗?"张老师知道，班里的恺恺和同龄幼儿相比，对文字特别敏感也特别感兴趣，中班时就已经能够完整诵读一本绘本。这段时间班级有几名幼儿也开始对文字感兴趣，王老师支持恺恺在阅读角开设了一个文字课堂，让他帮助其他对文字感兴趣的幼儿。一

---

① [印度]克里希那穆提:《心灵自由之路》，25～26页，北京，九州出版社，2005。

② 刘庆昌:《论从教者的三重境界:教者、教育者、教育家》，载《太原师范学院学报(社会科学版)》，2010(3)。

段时间后，恺恺觉得阅读角的文字太少，但写字对恺恺来说难度又太大。王老师说："各个年龄段的幼儿有基本的生长规律，但是这个过程中有个体差异。恺恺对文字敏感，但交往能力较弱。你发现了吗？他在教感兴趣的幼儿识字这个过程中多了好几位朋友，而且也愿意和朋友去别的区域玩了。认识文字，对恺恺来说不但是兴趣，还是助力他走向群体的桥梁。不能一有文字出现就简单地等同于小学化倾向。"

——教师教育困惑分享会

懂教育规律的教师要真正了解教育学，了解3～6岁幼儿的普遍规律和特殊规律。和其他年龄段的教育相比，幼儿教育更加强调生活性、场景性。这就要求教师能及时、准确地将生活中当下正在发生的有意义的事件纳入教育中。要做到这一点，仅靠爱心是完全不够的。教师需要清楚地了解每个年龄段幼儿的学习特点、学习能力，并能准确判断当下发生的事件要借助何种教育方式与幼儿的发展发生有意义的可能。

其二，懂幼儿心理。

在教育体系中，没有任何一个阶段的教育如幼儿教育一样，教育对象的心理发展如此不同、如此飞速。这里的不同、飞速，指的是3～6岁每个年龄段幼儿的能力、心理都有较明显的差异，而且变化很快。仅以幼儿焦虑为例，小班幼儿普遍存在分离焦虑的现象，而中班幼儿更多的焦虑会指向交往，大班则转向他人对自己的看法。一位好的幼儿教师必须是懂幼儿的，这个懂就体现在他能准确把握此阶段、此幼儿的心理特点。

许多幼儿园在新小班第一个月，着重培养幼儿的常规，常常会花较多的时间让幼儿练习坐位、站位，听指令做规定的事情。而在践行生长教育的幼儿园，则是鼓励教师将班级设置成各种吻合幼儿兴趣爱好的角落，如汽车小镇、娃娃世界、玩偶区、枪械城……每位进班的幼儿都能找到自己喜欢的玩具，并投入其中，从而降低了幼儿的分离焦虑。生长教育还鼓励教师尽可能让幼儿到户外游戏，精力得到足够释放的幼儿就能更快地适应饮食、午睡环节。

有智的教师知道，好教育不是杜绝幼儿出现某种行为，而是看懂幼儿行为背后的真正原因，从而能给予恰当的支持。

（二）智，是理性精神

在哲学中，理性是人能够运用理智的能力，通常指人在审慎思考后，以推理的方式，推导出结论的思考方式。生长教育认为，在当下，幼儿教师要特别关注理性精神，这有两个原因。其一，幼儿教师的教育对象是感性的幼儿，在与教育对象互动中采用的方式、语言都以感性为主，教育内容相对浅显，长此以往易使思维方式陷入感性模式。其二，幼儿教师的交往面相对狭窄，同一圈子中对事件、事物的看法比较一致，较少接触质疑、批判、否定的观点，不利于培养自己的理性精神。

1. 自觉的拓展

生长教育认为，一名幼儿教育者必须既要专业、有深度，又要具备视野的广度。《幼儿园教师专业标准（试行）》在"专业知识"中明确提出通识性知识，即具有相应的了解自然科学和人文社会科学知识，了解中国教育基本情况，具有相应的艺术欣赏与表现知识，具有适应教育内容、教学手段和方法现代化的信息技术知识。这其中仅人文社会科学知识所涉及的领域就非常广泛，人文科学包括哲学、经济学、政治学、历史学、法学、文艺学、伦理学、语言学、艺术学等。社会科学包括政治学、经济学、军事学、法学、教育学、文艺学、史学、语言学、民族学、宗教学、社会学等。读史使人明智，读诗使人灵秀，数学使人周密，科学使人深刻，伦理使人庄重，逻辑修辞使人善辩。凡有所学，皆成性格。幼儿教师要自觉地通过阅读书籍广泛地了解不同领域，接触不同观点，以此让自己保持客观、理性。虽然我们的工作空间不过是一所幼儿园，但是书籍能给我们无限广阔的空间。自觉拓宽的根本目的是让自己具备更加宽广的视野，从而弥补我们的思维局限。以本书第一章中记录的"大带小"活动为例，拓宽视野会带来怎样的教育思考与教育变化？

例如，熟悉经济与人类生活的关系。在物资相对匮乏的 20 世纪 80 年代，教育者提供给新小班幼儿一个纸大象，就能较为成功地转移幼儿的注意力，而同样的方法在今天的城市幼儿园就行不通，因为幼儿生活与经济发展程度密切相关。失效的原因是拥有较为丰厚物质基础的幼儿无法因为一个纸工作品而转移分离焦虑。

又如，熟悉文化与教育方法的关系。当下社会变得更为开放和多元，这种开放、多元也折射到家庭对幼儿的点滴教育中。因此，与过去幼儿习惯被动接受相比，当下即使是年龄小的幼儿也具备了主动选择的能力。

教师如果具备这样的视野，就会清楚"大带小"这种教育模式本身没有问题，但由于经济、文化的变迁，它的内容、方式必须要调整。

关注大班幼儿采集信息的能力。支持大班幼儿通过各种路径(询问小班老师、自己猜测等)调查新小班弟弟妹妹喜欢的玩具，然后有针对性地准备。这样，可以确保准备的玩具能够吸引小班弟弟妹妹。

尊重小班幼儿自主选择的愿望。大班幼儿拿着事先准备的玩具站在场地中等待新小班幼儿，新小班幼儿主动选择自己喜欢的玩具(实质上是玩具背后的哥哥姐姐)。这样可以缓解新小班幼儿面对陌生人的焦虑，因为在整个过程中，新小班幼儿是先和"喜欢的事物"(玩具)发起互动的。

教师只有自觉地拓展自己的认知，真正对各个领域的知识产生兴趣，并主动去学习、了解，从而发现教育与文化、与经济的密切联系，才能有智慧地去习得教育方法、创造教育方法。只有具备这样的视野，真正的教育才能发生，教育也才能具备永久的生长力。

2. 自觉的反思

教师的理性精神引领教师反思自己的教育实践生活，给教师提供了一种积极审视教育生活及世界的智慧和自信，使教师能过一种经常省察的教育人生。[①] 理性精神与反思习惯相辅相成，具备理性精神的教师总能自觉反思自己的教育言行，反思习惯能够促使教师更加趋向理性。反思具有批判性思维，懂得自身有无法克服的局限性，懂得教师也会犯错误，懂得并没有"放到四海皆有效"的教育方法。

现场观摩学习是很多幼儿园教师喜欢的一种充电方式，在观摩现场拍照是很多教师学习的主要方法。而每一次大型观摩过后，某一种教学方式、教学内容，甚至某一种教学材料都会在许多幼儿园中开始盛行。为什么教师会模仿？因为"专家说好"。但这种模仿往往不久后就销声匿迹了。究其原因，答案高度一致："不知道为什么用不了。""用了和想象

---

① 付辉:《教师理性精神雏论》，载《湖北广播电视大学学报》，2011(10)。

的好像不一样。"这样的学习甚至陷入一种循环式怪圈(图 3-1)。说它是怪圈,是因为在整个过程中,除了热闹,教师和幼儿基本上没有收获与成长。

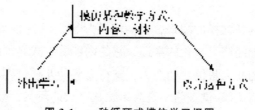

图 3-1　一种循环式模仿学习怪圈

　　教育的确需要借鉴,不是所有的教育方式、材料都要一线教师原创,这既不科学也浪费成本,但如果教育者没有自觉反思,只一味地迷信权威就很可怕。如果学习主要就是拍照、倾听,然后复制,没有提问、探讨,没有任何的争鸣和质疑,那么我们可以认为,这样的学习虽然看到了某种教育方式,却完全看不到这种教育方式背后的教育哲学。这种怪圈是当下幼儿教育者必须去自觉破解的。破解的唯一办法是让自己时时具备反思的意识。这种反思指向自己,审视自己的教育教学方法。在实践中不断构建自己的教育体系,然后将所有经验、理论、实践经过思考后,纳入自己的教育体系中。这种反思也指向权威,在倾听专业者建议和方法的同时,也能审视专业者建议、经验的合理性、局限性,学会将某种教育理论、教育方法、技术放到整个教育体系中去思考。对教育中的任何言行,我们都要警惕,避免自己的主观判断,也要警惕对专家的盲从。既倾听别人,特别是幼儿的不同声音,又懂得倾听自己内心深处的声音,习惯站在不同的角度,对教育问题进行独到而审慎的思考,这就是生长教育倡导的自觉反思。

　　教育是爱者和智者的事业,无爱的智者无心搞教育,无智的爱者无力搞教育。[①] 有爱、有智,二者必须统一。只有在教育中既爱幼儿又懂得如何爱幼儿的教师,才是真正的教师。

① 刘庆昌:《初论爱和智在教育中的统一》,载《教育理论与实践》,1997(3)。

第四节　生长教育的育人观：致天赋

在某部电影中有句台词："每个小孩子都很特别，于是你奇怪所有平凡的成年人到底是从哪儿来的。"这是每个教育者都需要反问自己的。在幼儿教育中我们是呵护幼儿的特别，还是忽视、甚至打击幼儿的特别？教育在一个人成长过程中的作用是守护、放大个体与生俱来的优点，还是用僵化、固定的目的束缚他，使生动、不同的幼儿逐渐成为雷同的人？每一粒种子，都具备生长的所有特质，如扎根性、向阳性等。每一位幼儿，都具有向上生长的所有力量，如善良美好的心灵、乐于挑战的勇气、好奇探究的欲望……然而，一颗种子最终是长成一朵花还是一棵树，不是由土壤、阳光、空气决定的，而是由种子自身决定的。生长教育认为，教育的终极目标是助力每位幼儿展现自己的天赋，让每位幼儿成为最好的自己。

《辞海》对天赋的解释："一，自然所赋予，生来具有的；二，天资。"[①]每个人的发展都蕴藏着巨大动力，这种与生俱来的动力还表现出良好的持续性。生长教育将教育目的确定为致天赋，这是对教育的一种根本认识，是对人发展的一种根本认识，是对教育肩负社会进步使命的认识。教育的目的不是改变、塑造，教育的首要目的是成全、是助力。我们不是改变幼儿，不是将幼儿培养成既定的某种标准的幼儿，或者是成人眼里的"好孩子"。致天赋助力幼儿展现自己独特的个性和长处，展现自己的巨大潜能，帮助幼儿在主动选择、主动尝试中发现最好的自己。因为只有当幼儿内在的价值观和他外在的行为一致时，他才会真正喜欢他自己。一个人只有真正认识自己、爱自己，才能展示出强大的生长力。这是幼儿教育真正的意义所在，也是生长教育追求的教育目标。

一、致天赋，符合人发展的本质

我们的教育是不是也应该像养水仙花一样，把儿童本有的潜在能力像培育嫩芽似的挖掘出来，让他自由地发展。儿童的好奇心是天生的，

---

① 夏征农：《辞海》，2088 页，上海，上海辞书出版社，2002。

儿童的情感是丰富的，但又是很脆弱的。我们对待儿童要像对待水仙花的嫩芽一样，小心谨慎，不能碰伤他。我们要放手让他自由发展，自由成长，不需要大人的过多干预，不需要过多的雕琢。[①] 一个人如果在童年期发现自己的力量，一个人如果在童年期可以发挥自己的优势，那么这样的人在当下、在未来都是"看得见自己"的人。人只有看得见自己才能认同自己的存在，人只有发现自己的独特力量，才能感觉到自己存在的意义。学生是有血有肉的人，教育的目的是激发和引导他们的自我发展之路。越释放天性，一个人才会越趋于完整。

(一)致天赋，让幼儿发现自己的力量

致天赋是助力幼儿看见自己的力量，从而喜欢自己、相信自己。这与那种筛选出如听、说、读、写、艺术等天赋潜能，然后集中精力挖掘、培养，是完全不同的。孔子的因材施教说明了人是有不同天赋的，教育只有尊重人的不同天赋才能有真正助力成长的价值。克里希那穆提在他的著作《你就是世界》中将教育定义为，教育最根本的作用就是帮助学生了解自己，找到自己擅长、最热爱做的事。加德纳的多元智能理论扩展了智能的内涵。生长教育认同、尊重、欣赏每一个幼儿的独特性，并认为教育最重要的目标就是展现每一位幼儿的独特性，而让每一位幼儿发现自己的力量。因为一个人只有认识到自己的力量，才真正敢于拥抱、探索、创造这个世界。

雨天室内运动时刻，我看到几名幼儿在投掷沙包。前方投掷点的地面上，因距离的不同，贴着"1分""2分""3分"的纸张，但选择投掷活动的幼儿不多，只有四名。我仔细观察了一下，"3分"的投掷点内已经有很多沙包了，看来对这班幼儿而言，投掷的挑战性可以再增加一些。于是，我询问他们："你们想得更高的分数吗？"几名幼儿立即说："想。""我肯定可以得到更高的分。"他们有些期待地看着我："园长妈妈，你有高分吗？"我笑着说："哎呀，我没有，我也不知道高分怎么做。"几名幼儿一听有点儿沮丧。我蹲在地上的分数纸边，一边拨弄分数纸一边看着他们说："不过，园长妈妈觉得，你们几个人一定可以想出办法。"其中一名幼儿犹豫着说："我可以用记号笔写数字。"我说："你真厉害，会写数字，会写比3更大的数字。"另一名幼儿说："我会写1、2、3、4、5、6、7、8、9、

---

① 顾明远：《"水仙花"教育学》，载《中国教师》，2016(3)。

美工区有纸，可以写。""还有胶水可以贴到这里，更远。"四名幼儿在我肯定、鼓励的眼光中，跑到教室，一会儿就制作出了"4分""5分""6分""7分"的分数卡，并贴到地上。完成后，他们很是满足，我由衷地对他们说："你们真能干，设计出了更难、更好玩的投掷游戏。"班级的好几名幼儿被吸引过来，开始纷纷尝试能不能得更高的分。四名设计者自豪地说："这是我们做的。"

——我的随班观察笔记

如果单纯从"书写数字"这个维度来判断，四名幼儿中能够正确书写数字的只有一位。然而，其他三名数字写得一般的幼儿并没有因为自己数字书写的问题而退缩，他们会寻找制作的纸张、会裁剪、会粘贴，在同伴面前都表现出了足够的自信。这种自信来自教育者真正认同致天赋的教育目标，真心地信任幼儿，肯定他们的潜在力量，帮助幼儿发现自己拥有改变一种游戏方法的力量。致天赋的教育目符合幼儿成长的需要，当幼儿的个性、能力真正得到尊重、认同时，他会获得由内自外的幸福感。当幼儿处在充满信任、肯定的环境中，他就会形成对外界的安全感，从而对环境进行主动探索和发现。

晨间活动结束后，我和四名幼儿也进行了简单的沟通，再次表扬了他们敢于改变游戏方式的勇气。同时，我询问他们是否愿意将自己今天的创造和同伴分享，四名幼儿都表示乐意。班级老师调整了晨间谈话，让这四名幼儿分享自己改变游戏方式的经验。四名幼儿举着自己写的得分卡向同伴介绍，短短的分享吸引了全班幼儿的注意力，获得了热烈的掌声。班级老师也很吃惊，她对我说："文文和皮卡平时在集体中是属于不太会主动发声的，今天他们的表现让我吃惊，感觉他们说的时候身上有光。"

——我的随班观察笔记

幼儿的个性千差万别，每个人在最初的阶段都拥有自己与生俱来的天赋。人可以通过教育来发展他们的天赋，但是没有一个人能认识到自己天分中沉湎的可能性，因此需要教育来唤醒人所未能意识到的一切。[1]当我们把教育的目标确定为致天赋时，那幼儿潜在的力量就有可能得到展现，从而让每位幼儿闪光。

---

① ［德］雅斯贝尔斯：《什么是教育》，65页，北京，生活·读书·新知三联书店，1991。

（二）致天赋，让幼儿展现自己的力量

致天赋，是信任幼儿的力量。"相信儿童的力量"，这句话虽然耳熟能详，但在实际的教育中并不容易做到。"他们可以吗？""会不会不懂？""会不会弄得乱七八糟？"这一切担忧的背后其实是对幼儿能力的不信任。只有将教育目标确定为致天赋，才能真正让教育者愿意从自己固化的教育模式和确定的教育目标中走出来，去关注幼儿的真实能力和潜在能力。例如，在教师安排的"纸大象大带小"活动中，我们看到大班幼儿面对哭闹、拒绝的小班幼儿，有的拿着送不出去的纸大象，手足无措地站在一边；有的在小班教室里寻找玩具，玩得不亦乐乎；有的面对哭闹的小班的弟弟、妹妹找不到办法，开始退缩，忘了自己的目的。致天赋，就是让各种不同能力的幼儿都能自如地展示自己的优势，在真实中展现自己的生长。承认每个幼儿都是以自己的节奏动态生长的，这不仅是尊重幼儿成长节律的表现，还给予了教师教育生长的机会。

我：新来的小班弟弟妹妹因为不熟悉幼儿园，常会哭闹。（教师给幼儿看小班幼儿的真实视频）

我：小班王老师、张老师发来求助，希望我们班的小朋友去帮帮他们。大家有什么好办法吗？

幼：有人哭，应该是想妈妈了，给他看妈妈的照片。

幼：给他玩好玩的玩具应该有用。

幼：女孩喜欢芭比娃娃。

幼：要先问问他们，喜欢什么玩具，喜欢的才有用。

幼：带他们去外面玩玩具，他们就会喜欢幼儿园。

幼：我家有个会旋转的机器人，每次我弟弟哭，给他这个玩具他就不哭了，我可以带来……

——我的"大带小"谈话活动

将教育目标确定为致天赋，可以让教育者清晰地看到不同幼儿的能力。在简单的"大带小"研讨中，我们可以发现看似相似的幼儿，却有完全不同的特点：有的幼儿关注情感，有的幼儿懂得关照对方喜好，有的幼儿知道对比。

二、致天赋，符合教育的本质

《国家中长期教育改革和发展规划纲要(2010—2020 年)》指出，坚持以人为本、全面实现素质教育是教育改革发展的战略主题。这指明了教育的根本宗旨是育人而非"制器"。教育的目的是舒展人的天赋，而不是将所有人塑造成一样的模式。人就好像一棵大树，在新出生的孩子身上隐藏着在其整个一生中所要施展的本领。[1] 所以，在幼儿期倡导教育的目的是致天赋，符合教育的本质特点。

(一)致天赋，符合教育发展的需要

致天赋，是让教育看到每一位幼儿身上闪耀的独特光芒。幼儿的生理发展和心理发展决定了他们按照自己的喜好来参加活动，而不是因为远大的理想或者外在的要求。如果不充分了解每一位幼儿的自身特点，真正的教育根本就不会开启。好的幼儿教育是能看见每一个幼儿，好的教育是支持每一个幼儿用他喜爱的方式去认识、探索、创造这个世界。我们必须承认，这个世界属于他们。

天赋具有异质性和多样性的特点，不同的人有不同的天赋，同一个人在不同方面拥有不同的天赋。致天赋要求教育不能整齐划一，不能用一种模式去塑造所有的个体，也不能用同样的方法去发展个体的不同方面。幼儿教育如果违背了这一点，那幼儿就只能在人的干预和控制下机械发展，并且这种发展可能是病态的发展，毫无生机与活力。例如，固化的"大带小"活动，它的失败就是因为没有看到每位幼儿的特点。致天赋可以让固化的、僵化的教育模式真正解放出来，将教育目标确定为致天赋就有了现实的意义。

在幼儿的建议下，传统的"大带小"活动有了根本的转变。大班幼儿不再是着急地进入小班，而是通过各种方法了解这个小班的幼儿喜欢什么玩具，然后一一对应准备。他们甚至请班级中有弟弟妹妹的小朋友说说哄弟弟妹妹的妙招，归纳出"温柔哄拍法""玩具诱惑法""纸巾安慰法""表演吸引法"，等等。班级中擅长画画的四个小朋友将这些方法画下来，贴在班级的主题墙上，以随时提醒大家。全班幼儿根据这

---

① [英]伊丽莎白·劳伦斯：《现代教育的起源和发展》，165~166 页，北京，北京语言学院出版社，1992。

些方法精心准备玩具、歌曲、故事。等他们来到小班后，他们不再着急去找弟弟妹妹，而是拿出自己的玩具，吸引小班弟弟妹妹来找他们，这就叫"玩具诱惑法"。大家一致认为这招相当有用，小班幼儿真的被吸引了过来。每个幼儿都有了自己的弟弟妹妹，他们各自展示自己的本领：乐乐给弟弟妹妹讲故事、馨馨唱歌、浩浩居然会给妹妹擦鼻涕……当哥哥姐姐离开时，小班幼儿恋恋不舍地问："哥哥姐姐，你们明天还来吗？"幼儿展现出的力量让这所幼儿园保留多年的"大带小"活动有了颠覆性的改变，"大带小"不再是一次性活动，演变成了每周一约的走心活动，变成了一个"我是哥哥姐姐"的项目活动。同时，我也真切地感受到我真的是幼儿学习中的一个支持者和引导者。

——班级项目活动"不一样的'大带小'"

我们看到，致天赋的教育目标在引导教育者开启教育活动时，会主动关注、吸纳幼儿的优势，会为幼儿提供展现自己优势的平台。教育活动正是在与每个幼儿优势的互动中，不断丰富，且呈现出真正的生机的。致天赋的教育目标让教育变得鲜活。儿童是成人之师，如果教育能够全面关注幼儿的天赋，那成长的不但是幼儿，也是成人、是教育。

（二）致天赋，符合社会发展的需要

儿童被赋予各种未知的能力，这些能力能够引导我们走向一个光辉灿烂的未来。如果我们确实渴望一个新世界，那么教育就必须把发展这些潜在的可能性作为它的目标。致天赋的教育目标符合社会发展的需要，如果这个社会中每个人都可以展现自己的优势，都可以呈现自己最好的一面，那么这个社会将是一个理想的社会。

"大带小"活动成了全班幼儿期盼的时刻，他们会和我主动商量，能不能把和小班弟弟妹妹见面的时间固定到每周周二，理由是"这样方便我们大家安排、准备"。当他们对我说出"安排"二字时，我感觉自己在和认真工作的成人交流。照照妈妈很欣喜地和我说："平时，照照在家总是丢三落四的，外出不是丢了衣服就是丢了杯子。这几个星期，他对小班妹妹说的各种东西却记得非常清楚。每到周一晚上就早早将妹妹要的东西放到小书包里，第二天早上还会再检查一遍，都不需要我提醒，感觉他突然长大了。"

——班级项目活动"不一样的'大带小'"

致天赋是相信内部"教师"，这个处于"隐身"状态的"教师"不仅拥有巨大的潜能，而且为幼儿"精神胚胎"的发展指明了方向。每个幼儿都是一个独特的世界。世界上最宝贵的财富是个性，如果没有个性，万物将归于无。个性是无论用什么东西都不能交换的独有天地，教育的目的就是看见每个幼儿的个性，并唤醒这股力量。

在这次"大带小"活动中，我感觉自己像一位旁观者，因为幼儿会自己安排。每次活动一结束，他们就开始分享自己今天的照顾心得，有讲述、有补充、有归纳、有记录。当有幼儿分享失败时，大家还会一起帮忙想办法。平时在班级中不那么闪耀的幼儿也展现出了另一面。上课发言轻得几乎让人听不清的诺诺，给小弟弟讲故事时绘声绘色。那个经常因为着急说不清而攻击别人的眺眺，耐心劝导小弟弟："你要好好说，别人才听得懂。"班级中默默无闻的翔翔，因为能够用溜溜球玩出各种花样，受到小班弟弟妹妹们的崇拜，他们在幼儿园里一看到翔翔，就大声叫："翔哥哥……翔哥哥！"班级中做事情总是特别慢的小川，小班老师们对他的一致评价："小川最像一个小哥哥，教弟弟穿珠子、教弟弟搭积木，一遍又一遍，一点都不着急。"

——班级项目活动"不一样的'大带小'"

幼儿教育承担着社会发展的使命，正如杜威所说："我相信，教师不仅仅是在培养个体，同时还在培养正确的社会生活。每个教师都应该认识到自己职业的尊严；教师是社会的公仆，被专门从人群中选出来担负维持正当的社会秩序并确保社会健康发展的使命。我相信，从这个方面来说，教师永远是真正福音的先知，是真正天国的引路人。"[1]生长教育认为，将教育目的确定为呵护、释放、助力幼儿的天赋，那幼儿就能真正成为互相不可替代的人，形成巨大的合力。

生长教育拒绝用"想当然""为你好"替代幼儿生长，而是依据幼儿的天性为其提供适宜的生长环境，给予其最恰当的支持，最终助力每一位幼儿成为最好的自己。

---

① ［美］约翰·杜威：《我的教育信条——杜威论教育》，11页，上海，上海人民出版社，2013。

儿童的全部生活都是生长的一段，他在这一段的时期里，他自有其自己的生理，他自有其自己的心理。他用自己当时的生理与心理，与其当时的环境相接触，因而发生交互的反应，俾得逐渐生长，以完成这一时期的生命，维持已有的生长，继续将来的生长。这才是儿童的本体。

——张雪门

①张雪门：《张雪门幼儿教育文集》，119页，北京，北京少年儿童出版社，1994。

第四章

生长教育的路径

生长教育是以关注生命的生长与美好为价值取向的教育，其目的就是尊重每一位儿童的个性，让其内在潜力和可能性得到充分、自由的发挥与发展。其基本路径为发现生长点、搭建生长平台、增强生长力。

第一节　发现生长点

一、何为生长点

幼儿往往是因为被某个现象、某句话、某个人所吸引，而产生主动学习、探究和了解的欲望，这个能吸引幼儿的某个现象、某句话、某个人等，就是生长教育所说的生长点。历来的儿童教育家都非常关注这一点，蒙台梭利称之为"冲动力""敏感期"，当一个新的生命诞生时，他自身包含了什么样的主导本能，这将是他的获得、特性和适应环境的源泉。儿童不同的内在敏感性使他能从复杂的环境中选择对自己生长适宜的和必不可少的东西，内在敏感性使儿童对某些东西敏感，而对其他的东西无动于衷，杜威称之为兴趣。兴趣是日益发展的力量的信号和象征。我相信，兴趣显示着成长中的能力。因此，我相信，持续而细心地观察那些作为儿童发展状态的信号的兴趣，对于教育者至关重要。[①] 张雪门先生将它称为动机，"动机是从儿童心里发出来的。他感到有这种需要，他想满足这种需要。当这种

[①] ［美］约翰·杜威：《我的教育信条——杜威论教育》，8页，上海，上海人民出版社，2013。

需要没有满足的时候，他心里感到非常的不安。假使教师能够体验到这一点，赶紧给他捉住动机，就是完成了第一步指导的责任。"[1]

教育者能否准确发现、捕捉生长点，是教育中的关键环节。其一，幼儿处在无意注意为主的时期，关注点容易被外在因素影响。因此幼儿教育必须要特别注重"此时、此地"，及时捕捉有价值的生长点。其二，教育者如果能以幼儿的兴趣点、需要点，展开教育支持，能激发幼儿最大的学习动力。与任何一个教育阶段相比，没有比幼儿期更加关注教育对象生长点的时期，我可以毫不为过地用"捕捉"来表达幼儿教育必须准确发现幼儿生长点的重要性。因为率天性，幼儿的言行不但转瞬即逝，而且与环境息息相关，一旦错过就可能成为教育的遗憾。

幼儿有一个特点，玩得兴奋时常常会忘记生理上的需求，如喝水。因此许多幼儿园都盛行一种方式，在环境中为幼儿设计喝水记录：喝一杯水，就往有自己学号的纸杯中放入一根棒冰棍。但仔细观察这种方式就会发现，开始时幼儿有兴趣，喝水次数会明显增加，然而几天后这个记录表就会形同虚设，大部分幼儿还是一玩起来就忘了喝水。

有一天，我在盥洗室听到两个男孩的对话："你小便的颜色怎么和我的不一样？""你的很黄，我的没有你的黄。"我也参与了他们的讨论："小便颜色还会不一样？太奇怪了，我有点不相信了。""真的，真的，我的很黄，可惜水冲走了。""要不你们画下来给大家看看。"成人不太喜欢聊的"小便、大便、屁"，幼儿却往往很关注。他们俩画小便颜色的行为瞬间吸引了班级的其他幼儿。班级里还举办了"记录我的小便颜色"的活动，一时间班里贴满了各种不同深度的黄色标签，幼儿对为什么小便颜色不一样发生了很大的探究兴趣。他们发现"喝水量和小便的颜色有关""小便如果比较黄，说明水喝得太少了""水帮助我们排泄废物""水占人体总量的70%"……随着大家研究的深入，自觉喝水成了他们主动的行为。

——主题活动"我们的小便"

可以看到，因为能准确捕捉幼儿感兴趣的生长点"小便颜色为什么不一样"，水和人体关系的教育得以顺利、深入开展。当教育从"你要我做"转变成"我想知道"时，"喝水"就从外在的规则转变为内在的需要。准确

---

[1]　张雪门：《张雪门幼儿教育文集》(上卷)，96～97页，北京，北京少年儿童出版社，1994。

捕捉幼儿的生长点，才能确保生长教育的开展。生长点涵盖符合幼儿兴趣、符合幼儿成长需要的所有内容(如表 4-1 所示)。

表 4-1　生长点指向及内容

生长点指向	涵盖内容
知识生长点	指向语言、科学、社会、艺术、健康等领域的兴趣
能力生长点	指向交往、沟通、表达、合作等兴趣
人格生长点	指向个性、情绪、创造力等

从表 4-1 可以看出，生长点非常广泛，在幼儿的生活、学习中随处可见。但要准确发现、捕捉幼儿真正的生长点，其实并不容易。一方面，是我们对幼儿的了解程度不深，很难理解儿童是谁、儿童应是什么样子等问题，原因可能是童年对我们成人来说有太多的意义。也许，如荣格心理学派所言，我们往儿童身上投射了天真、未来、我们难以理解的遗弃与成长问题，或者我们身上所缺失的东西，等等。而正是这些投射扭曲了我们对童年的理解。[1] 另一方面，是教育者有意无意的优越感。在某种程度上，我们还是想当然地认为自己确定的教育内容是为幼儿好，因此以自己的想象、经验替代了幼儿真实的需要和兴趣。不管幼儿可能不可能，只管以"顶好的"做标准全搬过来教给幼儿。[2] 如何才能准确捕捉、发现幼儿的生长点呢？

二、如何捕捉生长点

教育首先建立在真正了解幼儿的基础上，这个了解不仅仅是停留于文本的幼儿心理学，还在每一个鲜活的个体身上。所以教师必须时刻关注教育场中的每一位幼儿。幼儿的表征是多样化的，要想真正捕捉到幼儿的生长点，教师必须成为一位有意识的、能关注幼儿各种表征的人。

困惑一：生长点在哪里？

生长点在幼儿的兴趣里。这一点显而易见。如果教师能对幼儿感兴

---

[1]　罗瑶：《从"儿童的哲学"到"童年哲学"：马修斯的思想进路及其启示》，载《幼儿教育导读(教育科学版)》，2019(11)。

[2]　张雪门：《张雪门幼儿教育文集》(上卷)，68 页，北京，北京少年儿童出版社，1994。

趣的事物加以关注和生发：幼儿喜欢聊的话题、幼儿喜欢询问的事、能吸引幼儿的现象等，就一定能发现这其中都蕴含着生长点。比如，主题活动"我们的小便"，就是教师对幼儿兴趣的敏锐捕捉。这也让我们发现，幼儿的兴趣点永远超出我们的固定教材。

大（一）班的幼儿这几天总在讨论班级菜地里种点什么好。王老师有些奇怪，因为之前她尝试了很多次让幼儿种植，但只有几个喜欢劳动的幼儿参与。经过观察，王老师发现原来是隔壁大（二）班幼儿种植萝卜后，萝卜长得很好，这几天他们在大厅开展了卖萝卜制品的活动，吸引了不少爸爸妈妈，还赚到了钱。这让大（一）班幼儿很是羡慕，在闲暇时刻他们经常会聚在一起讨论种什么，什么东西好卖……有些幼儿还会主动跑到隔壁班去询问物品售卖的结果。

鲜活的生活能够激发幼儿的众多兴趣，幼儿很容易因兴趣点而引起小组或者全班幼儿共同关注一件事情，我们发现共同兴趣点会为幼儿间的交往提供一座桥梁，他们会为自己感兴趣的事情主动做出努力无须任何外在压力。因此，教育者如果能够关注到幼儿的兴趣点，就可以真正实现"最好的教育是适宜的支持"。

生长点在幼儿的错误里。这一点初听不容易理解，为什么幼儿的错误是值得关注的甚至可以生发为课程？只要思考幼儿出现问题的原因就能明白。幼儿产生错误的原因主要源自两个方面，一是不太熟悉又想做这件事，二是与其他人（同伴、教师）对某件事有不同的看法。其中"想做又不太熟悉"就是最近发展区的最好体现，而"与他人的不同看法"正是引起争鸣并能深入探究的时机。因此，生长教育认为，幼儿在成长过程中出现的一些共性问题和有代表性的问题，非常值得教师关注，因为这些问题就是课程最可能的生长点。"正是问题才激励我们去学习，去推动我们的知识，去实验，去观察。"[①]教育者必须在教育中学会"拥抱"问题，并懂得延伸问题。

琛琛和浩浩在大门口争吵，争吵的原因是浩浩晚到，看到停放幼儿自行车的车位停满了车，他将琛琛已经停放在车位上的自行车拉出，将自己的滑板车停了进去。这一幕刚好被琛琛看到，琛琛自然不肯，于是

① 纪树立：《科学知识进化论　波普尔科学哲学选集》，184 页，北京，生活·读书·新知三联书店，1987。

两个人就争吵起来。

幼儿发生类似的错误非常多，尤其是到了中班，幼儿间的冲突开始变得深入。和小班争吵后就遗忘，甚至不知道刚才为什么争吵不同，步入中班的幼儿会开始在意到底是谁的错，刚才谁先说的，谁先动手的。老师也会发现，用"好朋友要谦让""看看谁更像个好孩子""你先玩这个"等方式并不能解决幼儿间的冲突，往往是按下葫芦浮起瓢。

孙老师耐心听了琛琛和浩浩的"控诉"后，说了一句话："哎呀，看来幼儿园的停车位设计得有点问题。"这句话点燃了班级为幼儿园设计停车场的活动。

只要教育者懂得珍惜问题，幼儿的争吵中就蕴含着生长的时机和可能。

困惑二：教材难道不是生长点？

教材是生长点，但无法涵盖全部。目前有许多完善的教材可以供幼儿教师选择，这些通过时间检验的普遍适用教材是生长点，基本符合同一年龄段大部分幼儿的共同兴趣和需要。比如，《恐龙世界》《我要上学了》，类似这样的教材能引起幼儿的共鸣，但它的普遍适用性，使它无法回应每一个地方、每一所幼儿园当下发生的事件。

以教材《幼儿园生命·实践·智慧课程　教师用书》(中班下册)为例，在"勤劳的人们"这个大主题下提供了三个小主题，分别为"医生，你好""建筑工人辛苦了""巧手裁缝"。实施这些教材时，地处乡村的幼儿会因为平时不太容易遇到真实的施工现场，而降低对"建筑工人辛苦了"的兴趣；地处城市中心的幼儿则不太了解裁缝是什么角色。

同样的原因，即使处在同一省份，仅仅因为地域资源的差异，幼儿的生长点就会不同。山区的幼儿和海边的幼儿，城市的幼儿与乡村的幼儿，因身边环境的不同必然有着不同的兴趣点。教材无法涵盖所有的生长点，这是由幼儿发展特点决定的。

2016年，幼儿园进行了为期半年的维修。在确定维修时，幼儿园就开始与幼儿沟通，话题从"你希望新的幼儿园有什么？""你觉得幼儿园维修需要哪些人的帮助？""你觉得维修会经历哪些过程？""你想记录幼儿园的变化吗？"开始，并随着幼儿感兴趣的话题不断深入。在暑假里，幼儿自发地轮流来幼儿园记录幼儿园的变化情况，并和小伙伴分享敲墙、砌砖、木工、油漆、水电等幼儿园里一点一滴的变化。最终连小班的幼儿也从中清晰地发现了建筑工人的不同工种，以及建筑中的各种材料。

可以看到，真实的幼儿园教育是非常鲜活而灵动的，但这样的鲜活与多元是既定的教材无法体现的。

教材是生长点，但无法一一关照。幼儿的学习是整体的，因此目前现成的教材都是以网络的方式构建一个主题的所有活动。每个活动的生长点都是由设计者根据大部分幼儿的可能，假定出幼儿的兴趣点和关注点来确定的。这就导致出现文本中的生长点和现实中的生长点不一定一致的状况。

以教材《幼儿园生命·实践·智慧课程　教师用书》（中班下册）中"勤劳的人们"大主题之下的小主题"医生，你好"为例。教材分别提供了《去医院看病》（以图片引发幼儿对看病产生兴趣），《医生家长进课堂》（以幼儿可能对口腔医生职业感兴趣生发），《大狗医生》（以故事方式让幼儿了解几种基本的症状），《画医生》《制作护士卡》（以幼儿对医生、护士的尊重、喜爱心理为生发点），运动《小小救护员》、美术《画救护车》（以幼儿对救护员、救护车的喜爱为生发点），《学当小医生》（以幼儿掌握几种常见伤痛处理方法的需要为生发点），《小医院》（以幼儿想扮演医生、护士为生发点），来帮助幼儿学习有关医生的知识。

可以看到，即使所有的教材背后都有设计者预估的幼儿兴趣点，但这个兴趣点和课程实际行进过程中幼儿真实的兴趣点之间是有差距的。以上面这个教材为例，当幼儿与医生见面后，幼儿真实的兴趣点就存在着无数的可能：对牙医的工具发生兴趣，对医院不同的工种发生兴趣，想分享自己去医院的已有经验，等等。这一切都是固定的教材没有办法预测的，也没有办法提供回应。网状的课程回应了幼儿整体学习的特征，但这个网状是建立在幼儿真实兴趣、已有经验、最优资源等互动中，并不断生长的，不能完全依赖于事先的预估。如果课程完全建立在预估的基础上，那么网状课程就很难成为真正的生活化课程。幼儿园课程结构有别于中小学课程结构。结构合理的课程不是定向化的，也不是特色化的，更不是小学化的，而是生活化的、游戏化的，要符合幼儿的需要，适合幼儿的天性。① 教材可以作为生长点的选择，但不能成为唯一的依赖。教育者要在幼儿鲜活的生活中去关注、发现幼儿真正的兴趣和困惑，

---

① 虞永平：《怎么看 怎么评 怎么干：学前教育质量问题需要三思而笃行》，载《辽宁教育》，2014(2)。

从而找到教育的生长点。"兴趣总是一些隐藏着的能力的信号，重要的事情是发现这种能力。"①教育者怎样去发现真正吻合幼儿兴趣、符合幼儿成长需要的生长点呢？

（一）倾听童音

全身心关注幼儿，作为教育者要清楚，当我们走进幼儿园时，教育就开启了。此时，我们就要学会用自己的专业、用自己的身心去全方位观察幼儿。听，是由人类听觉器官赋予的人与生俱来的本能，倾听必须是人"有意而为之"的行为。在生长教育视野下，倾听不仅指教育者对幼儿言语的倾听、关注，更指在教育场中教育者全身心聆听幼儿的各种表达。倾听并不只是用耳朵听，而是要以"我就是这个幼儿"的视角努力看待幼儿的内心世界。我们必须深入幼儿的世界中倾听幼儿，努力理解幼儿所传递的每个信号。善于倾听表明生长教育强调教育者以教育的眼光聆听、捕捉与记录幼儿的言行，了解幼儿成长的密码。观察是幼儿教师的基本功，观察也是适宜性教育的基础，是教师指导的前提，更是幼儿园课程设计。② 幼儿一切的言语都是教育最好的来源，因为其中蕴藏了教育的可能。

1. 倾听言语

倾听有声言语，即幼儿的主动询问、自言自语、互相交流。

大（二）班的雯雯一走入班级，就立即跑到李老师面前说："李老师，你看我的牙齿。"正在忙碌的李老师看了看雯雯张得大大的嘴巴，随口回答："哦，你掉牙了呀。"雯雯说："不是，这是换牙。"此时，李老师去迎接陆续进入班级的其他幼儿。雯雯一个人继续说："医生说我的牙齿过几个星期就会长出来，嗯，很快会长出来的。"吃中饭时，雯雯对旁边的幼儿想想说："我换牙了，可能今天吃饭要慢一些。"想想也张开嘴巴，指着自己的牙齿说："我也换了，你看，都快长出来了。"牛牛说："我没有换。换牙疼吗？流血吗？"雯雯说："有点疼，医生拔下来的，不过忍一下就好，我没有哭。"想想说："我是吃饭的时候吃啊吃啊，突然就掉下来了。"牛牛一脸紧张："啊，吃饭吃下来的？那会不会

① ［美］约翰·杜威：《学校与社会——明日之学校》，13页，北京，人民教育出版社，2004。

② 虞永平：《怎么看 怎么评 怎么干：学前教育质量问题需要三思而笃行》，载《辽宁教育》，2014(2)。

吞到肚子里去?"想想说:"我没有吞下去,咬到硬硬的就吐出来了。"一桌的幼儿都笑了。

和成人回忆性交流、目的性交流不同,幼儿的交流总是围绕他当下最在意、最好奇、正在展开的事件。倾听幼儿的过程,是我们向幼儿学习如何做一个倾听者的过程,是我们对幼儿重新认识和理解的过程。懂得倾听雯雯的讲述,懂得倾听雯雯和小伙伴的讨论,就能明白大班时期的幼儿对换牙的好奇、担心和期待,因为这个时期正是他们开始陆续换牙的时期。在几位幼儿的交谈中教育者就能发现其中的生长点,而且指向多个维度:换牙、换牙的感受、换牙的不同方式以及对换牙的担忧。

倾听无声的言语,即幼儿的各种作品,如绘画、手工等。

小凡的美术作品常常让他妈妈觉得惭愧,用他妈妈的话说:"班级门口贴的图画我一看就知道哪张是小凡画的,画得最乱七八糟的那张。"的确,即使到了中班,小凡画画时仍然速度极快,基本不考虑构图,不考虑画得是否像,涂色随心所欲,还经常涂不均匀。但在我的眼里,小凡的画是值得去用心"倾听"的。每一幅作品只要你去"倾听",小凡都可以给你讲出一个有趣的故事。关于《树》(图4-1)(小凡中班时的作品):"夏天天气很热(为了表现热,小凡在图画上画了十个不同颜色的太阳),妈妈带我和哥哥去爬树(图上三个基本一个样子的人在小凡心中表现了不同的人物),我爬到了树顶,我们吃着冰淇淋,很快乐(三人旁边的长方形代表着冰淇淋)。"到了大班,小凡的作品就美术技巧而言,并没有太大的提升。比如,他的作品《我长大了》(图4-2),依然是极其随意的线条,涂色还是不均匀,但倾听中你能感受到小凡的细腻表达:"我长大了要当钢琴演奏家,我在大剧院中间,头顶上灯光照射着我,观众席上观众为我热烈鼓掌,我演奏的音乐非常好听,传到高高的空中,大剧院里的老鼠都被吸引来了。"

图4-1 《树》

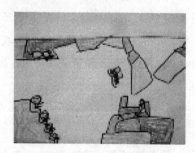

图4-2 《我长大了》

幼儿的作品是他最真实心声的表达，作品传递着他的喜、怒、哀、乐，懂得倾听幼儿作品的教师才能真正与幼儿对话。如果认真观察，你会发现大部分幼儿有一边创造一边自言自语讲述的习惯。教育者要学会通过与幼儿分享作品的方式去了解幼儿，倾听他们的真实愿望。

2. 倾听行为

倾听行为是指教育者能够客观、理性看待幼儿的各种行为，而不是用审判的视角。如果不会倾听幼儿行为，教师容易将不符合成人期望的行为定义为不好的习惯，采取固化的如批判、示范的方式应对。这样做虽然可能会让幼儿的这种行为消失，但也让教育者错过了幼儿弥足珍贵的教育生长点。

幼儿行为：小班幼儿容易将小便解到小便池外面。

固化处理方式：怎么可以把小便解到小便池外面呢（批评）？你看，把小便解到小便池外面，保育老师就要花很多时间弄干净，多辛苦啊（说教）。表扬明明，每次解小便的时候都不会把小便解到小便池外面（树立典范）。现在我们不玩玩具，练习上厕所，谁先学会谁就可以玩（惩罚）。

幼儿行为：幼儿啃指甲。

固化处理方式：多脏啊！怎么可以啃指甲呢？太不讲卫生了（批评）。指甲刀是干什么用的？不能啃（说教）。你看老师的指甲都是用指甲刀剪的，所以很好看啊。你看闹闹就不啃指甲，所以他可以当值日生（树立典范）。你什么时候不啃指甲了，才能去玩你最喜欢的玩具（惩罚）。

幼儿行为：在地面上爬。

固化处理方式：这么大了还在地上爬，快站起来（批评）。你这样满地爬不可以，你要停止游戏，到旁边坐下想想自己错在哪里（说教）。你看闹闹就不这样做，所以他可以当值日生（树立典范）。你不要玩了，来练习好好走路（惩罚）。

不会倾听行为的教育者会将所有幼儿的行为假设为统一模式，并以固化的处理方式去对待。这种只见行为不见倾听之下所采用的教育方法，一定是低效甚至无效的。教师在场时，幼儿就约束自己，教师稍微不关注，他们就立即重复这个教师批评的行为，教育变成了一场"猫与老鼠"的荒诞游戏。会倾听行为的教师能够从研究的视角看待幼儿的一切行为，无论是正常行为还是异常行为。

幼儿行为：张老师今年带小班，她发现男孩小便池外经常出现黄渍子。

倾听行为：为什么幼儿容易出现这种情况？张老师连续几天都有意识地观察了幼儿如厕情况。原来是有些男孩解小便时还讨论着刚才的游戏，眼睛看着对话的小伙伴，很容易将小便解出小便池。

幼儿行为：全老师发现妮妮的指甲几乎从来不用剪，而且指甲凹凸不平。

倾听行为：全老师觉得妮妮可能有比较严重的啃指甲习惯，但在小班的时候妮妮并没有这样的情况。全老师准备了一个简单的记录表，和班级几位老师进行了沟通，一起记录妮妮啃指甲的时间、妮妮当时的状态等。一周后，记录中就呈现了妮妮咬指甲的原因：中午两小时的午睡时间，妮妮基本不睡，但她又特别乖，躺着不发出声音，漫长的时间里妮妮就会不由自主地啃指甲。

幼儿行为：这几天到赖老师这里来告萌萌状的小朋友特别多："赖老师，你看萌萌居然又在地上爬着走，多脏啊。""赖老师，萌萌咬我，她说自己是小狗。""赖老师，我们'娃娃家'都没法进行了，萌萌说自己是小狗，一定要'爸爸妈妈'陪她去外面散步。"

倾听行为：赖老师觉得有些奇怪，萌萌是爱漂亮的女孩，怎么到了大班，她就把自己变成一只小狗在地上爬？赖老师连续几天观察萌萌的行为，发现萌萌的确非常喜欢把自己想象为一只小狗，在地上爬行，向伙伴撒娇，缠着伙伴，要伙伴喂她喝水，要伙伴抱她……赖老师觉得出现这样退缩性行为的背后一定有原因。联想到几个月前萌萌很高兴地告诉大家，妈妈生了一个小弟弟。当时她还很喜欢和大家分享她家小弟弟的情况，但这几周过来，就很少听到她谈小弟弟了。赖老师和萌萌的爸爸妈妈进行了沟通，爸爸妈妈说懂事的萌萌这段时间在家里表现也很奇怪：要求睡前吃奶瓶，突然不会自己上厕所了。在反复的分析、沟通中，赖老师发现萌萌的这个状态和她家里有了小弟弟有关。

从简单的互动中可以看到，会倾听行为的教师能够看到具体的幼儿，看到幼儿生活于不同的环境，看到幼儿来自不同的家庭。对于幼儿出现的行为，教师不是简单地判断正误，也不直接干预幼儿的行为，而是耐心地观察、了解，尝试从多方面收集信息。因为幼儿言行背后的真实原因就是生长点。

3. 引发童音

清楚了捕捉幼儿生长点的重要性，教育者会担心：由于幼儿兴趣点易转移，会不会因为教育者的失误而错过很多机会。如果现象不能被看见，就如同它们根本不存在。[1] 幼儿是最擅长交流的，只要教师能够真正学会平等地与幼儿交流，就能从与幼儿的交流中，捕捉到幼儿的真实兴趣，并和幼儿沟通他想做的事情、他的困惑、他的发现，不断支持幼儿明晰自己的想法。

摘记背景：大（一）班，刚刚开始开展"端午节"的主题活动，以下是班级教师对一次晨间谈话的即时性记录。

师：端午节里你发现了什么特别的东西？

幼1：粽子，很多很多不同味道的粽子，有甜的、有咸的。

幼2：我喜欢吃咸蛋黄的。

幼3：我喜欢豆沙馅的。

幼4：有一种不甜不咸的粽子，但颜色是黄的。

幼5：我家也有，一种水，是灰。真奇怪，灰的水能吃？

师：你们说了那么多粽子的味道，老师也很想尝尝。

幼6：哈哈，我也想尝尝灰味道的粽子。

幼7：粽子的样子也不一样，我们家有一种很大、很长的粽子。

师：有多大、多长啊？

幼7：（比画了一下，突然发现建构区的积木，跑去抱了一块过来）有这么大。

全体幼儿：哇，好大啊！好吃吗？

幼7：要蘸糖吃的，我明天带一个来。

幼8：我们家门上昨天挂了……/想起来了，奶奶说叫艾叶、菖蒲，可以赶走"坏东西"。

师：为什么可以赶走"坏东西"？

幼8：艾叶像宝剑吧。

幼9：我知道为什么可以赶走"坏东西"，"坏东西"就是蚊子、苍蝇，那个菖蒲闻起来有点臭臭的，可能是蚊子不喜欢的味道。

---

[1] ［意］蒙台梭利：《蒙台梭利幼儿教育科学方法》，718页，北京，人民教育出版社，1993。

幼10：奶奶说喝雄黄酒可以赶蚊子。

幼11：喝下去会变蛇的，《白蛇传》里讲的。我明天带给你们看，很好看，有白蛇、青蛇，还有打拳的。

幼12：有海蛇，不知道有没有毒。

幼13：蟒蛇，吃人的。

幼14：我家有蛇的书，我带给你们看。

——我的带班日记

根据这个记录，我调整、充实了主题框架，增加了生活活动："走访超市、菜场""寻找各种各样的端午用品"；增加了节日活动："粽子见面大会"；增加了集体活动：区域中出现了"蛇类大聚会"活动。同时，京剧《白蛇传》受到幼儿的喜欢；菖蒲、艾叶、雄黄都进入了幼儿探索的范围中……

（二）解读童心

看到幼儿的言行只是发现生长点的第一步，能否准确把握幼儿的生长点，需要我们用心的研判。在看到幼儿言行是什么之后，我们必须追问为什么。"是什么"是教师客观地看待幼儿的言行，"为什么"则是指教师看懂幼儿的言行。看到幼儿言行和看懂幼儿言行并不同，看懂幼儿言行需要教师搁置自己的已有认知，从幼儿的角度，结合真实情境、结合幼儿的已有经验，审视幼儿的认知。从而透过幼儿表面的言行，去挖掘幼儿言行背后的含义和教育的可能，在这个过程中教师要保持价值中立。生长教育将这个过程称为解读，解读能帮助教师真正了解幼儿，真正运用教育的方式支持幼儿。

1. 客观解读

客观解读是指将幼儿的言行与常模对比，如果观察到幼儿的言行和常模有差异时，教师不是评判幼儿的言行是否正确，而是真止客观剖析幼儿的言行。生长教育要求教育者对待幼儿的言行时要做一位好奇者，而不是审判者。

陈医生在午睡检查时发现一个现象，这几天中（二）班幼儿午睡时将鞋摆放得特别凌乱。这让陈医生感觉有些奇怪，因为在小班的时候他们就已经能够将自己的鞋摆放得很整齐了。陈医生将这个情况告诉了班级的张老师。张老师也觉得有些纳闷，她在中午时分特别留意了这件事情，发现有幼儿会将别人已经放好的鞋拿出，将自己的鞋子放入，就在这取放间，原本摆得整齐的鞋就变得乱七八糟了。张老师询问这几名幼儿："童童，你今天为什么这样放鞋啊？""熙熙，把兆尔的鞋拿开是为了什么呢？""浩浩，你为什么一定要把鞋放到第一排？"幼儿的回答出乎张老师预料，童童回答："张老师，我和然然是好朋友，我们喜欢在一起，我们的鞋也要在一起。"熙熙说："张老师，红色和红色摆一起好看啊，分类。"浩浩说："我的鞋和壮壮的是一个牌子的，我们两个的鞋是一样的。"

通过张老师好奇、耐心的询问，我们才能从幼儿乱放鞋子这样的表象中，解读幼儿发展的真实轨迹。"我和然然是好朋友"的理由清楚地呈现了中班幼儿对朋友概念的认识。首先是对朋友空间明晰，具有排他性，圈内人是朋友，圈外的是外人；其次朋友意味着特权，与某人成为朋友意味着拥有其他人无法拥有的特权。因此"拿开××的鞋，放入我的鞋"是他的自然选择。我们还会在中班观察到类似的情况，如幼儿在摆放椅子时会伸出脚为他的朋友占位，这种现象在小班是很少出现的。中班幼儿因跟好朋友共同游戏而结识，也因共同游戏而希望有对方的陪伴。他们喜欢好朋友与自己游戏、做伴。在活动排他性上，中班幼儿更爱固定对象。[1]"红色和红色摆在一起"的回答，正是中班幼儿将学习内容和自己的实际生活进行自动关联的反映，他们会将自己习得的数学知识融入自己的生活中。"整齐摆放鞋"的行为在小班幼儿眼中是按照老师说的做，在中班幼儿眼中就变成了一种数学挑战，但由于中班幼儿兼顾能力还相对缺乏，导致他们出现顾此失彼的现象。比如，幼儿在盥洗室将每一条毛巾拽直，但他不会同时兼顾这样是否卫生。"我的鞋子和壮壮的是一个牌子"的现象也是到中班才会出现，小班幼儿在区分物品时还不太会从多维角度考虑，而中班幼儿已开始关注服饰的细微差别了，如他们会比较清楚地要求家长为自己购买和班里某个小朋友一样的衣物。从细节出发一点一点解读幼儿的行为，这个看似"乱放鞋"的事件，呈现了中班幼儿朋友观念、分类概念、关注物品细节等特点。如果缺乏这样的解读，那教师就容易将教育重点仅仅放于是否遵守规则方面，导致后续支持的低效和无效。

① 邓素云：《中大班幼儿对"好朋友"的理解研究》，硕士学位论文，江西师范大学，2019。

2. 完整解读

完整解读是指全面了解幼儿言行产生时的情境，了解幼儿言行的全过程，必要时进行深入的对话，并对其言行进行深入剖析。完整解读要求教师不轻易对幼儿的言行下定论，不急于干预(会导致安全后果的例外)，而是调集可能影响幼儿言行的人、环境等因素，同时将幼儿此时此刻的言行放到他纵向生长线上进行比较。以完整解读的方式解读大班幼儿"把自己想象成一只小狗"的行为，我们才能了解幼儿此行为背后的真实原因。

即使有了小弟弟，爸爸妈妈也很注重萌萌的感受。但是这段时间，家里来了一拨又一拨的亲戚朋友来看望小弟弟，来的亲戚朋友总是围着小弟弟，夸奖小弟弟，有亲朋好友还会和萌萌开玩笑："萌萌比不过弟弟了哦。"要知道在以往，萌萌可是亲戚朋友夸奖的唯一对象，这导致萌萌产生强烈的失落感，出现行为倒退的现象。

通过完整解读的方式，我们才能读懂萌萌把自己想象成一只小狗行为的背后是她的担忧和恐惧，她觉得小弟弟能够受到高度关注是因为小弟弟什么都不会。于是，她认为将自己变成什么也不会的小狗就可以获得同样多的关注。这种言行的背后是期望得到家长、老师、同伴的关注。

完整解读的第一个关键词是承认每位幼儿有自己生长的节律，虽然幼儿身心发展带有普遍性，但幼儿身心发展的个体性往往是他出现特别言行的重要因素。教育者学会纵向观察、解读幼儿，将幼儿的言行放到"这一位幼儿"的特有成长节奏中。虽然研究告诉我们，幼儿的睡眠时间需要12～14小时，因此午睡非常重要。然而，老师通过观察和与家长的沟通，发现妮妮大概睡10个小时就足够了，有时她在幼儿园午睡后，晚上大概11点才会入睡。正是因为她无法在中午入睡，两个多小时躺在床上就导致她开始无意识啃指甲。于是，教师调整了她午睡的方式，她可以在午睡时自己选择安静的活动。不久，妮妮啃指甲的现象就没有了。只有完整解读，才能让教育不僵化、不固化。

完整解读的第二个关键词是承认教育和幼儿的生长环境息息相关，幼儿在幼儿园中的言行和他的家庭、生活的环境不能分离，也无法分离。教育者要学会将幼儿的言行放到完整的环境中解读，放到一切可能影响幼儿言行的环境中解读。生长教育倡导的用心解读，是读懂生境中的幼儿，在特定的生境中读懂幼儿，包括时代生境、自然生境、幼儿生境、家庭生境等。张老师通过调查发现，班级中许多男孩在家都是使用痰盂小便，这个痰盂不但是坐的，还制作得非常有童趣，如是小汽车的模样。幼儿园则是站立式小便槽，这对小班的男孩来说，是很大的改变，对准小便槽小便对他们来说有些困难。再加上小班幼儿将一切生活活动都视为游戏，就很容易在小便槽外出现黄渍。于是，张老师在小便槽内贴上了"花朵""火焰""靶子"，小班男孩发现去小便槽小便，就是"浇花""灭火""射击"，小便槽外的黄渍在不知不觉中就消失了。

第二节　搭建生长平台

一、何为生长平台

从人的天性中可以看出，人类总是不断地寻求一个更加充实的自我，追求更加完美的自我实现。从自然科学意义上说，这与一粒橡树种子迫切地希望长成橡树是相同的。[①] 好的教育就是助力，助力每个人不断地生长，向着好的方向生长。如何助力？那就是依据幼儿的兴趣和需要，为每一位幼儿提供适宜的路径、方法，生长教育将这些适宜的路径、方法称为生长平台。

为什么称为生长平台？

衡量学校教育的价值的标准，是看它在何种程度上"唤醒了"持续生长的愿望，看它在何种程度上提供了实现这种愿望的手段。[②] 生长平台就是帮助幼儿实现愿望的手段。我们认为当下幼儿教育仍然存在过于抽象看待教育方法、教育路径，却忘记了教育方法、教育路径只是助力幼儿到达彼岸的桥梁的现象。桥梁本身无对错，在什么情况下提供怎样的桥梁才是关键。我们可以反思以下这些常见的现象。

现象一：每天有固定的集体教学时间段，集体教学的内容是教师根据预定教材在一周甚至更早之前确定的，有完善的教案、教具，并列在周计划表中，张贴在门口。

其中的教育路径或方法：集体教学法。

---

① ［美］弗兰克·G. 戈布尔：《第三思潮——马斯洛心理学》，53 页，上海，上海译文出版社，2001。

② ［美］约翰·杜威：《我的教育信条——杜威论教育》，78 页，上海，上海人民出版社，2013。

现象二：如果有幼儿在集体教学活动时间出现游离的现象，无论哪个年龄段，都会被教师制止。

其中的教育路径或方法：教师对幼儿行为的即时回应。

现象三：大部分幼儿园都非常关注早操排练，其基本模式为选择几位舞蹈好的教师设计，全园教师学习，在新早操开启之前各班级教师要先对幼儿进行反复操练，新早操一旦开启就要持续半个学期。

其中的教育路径或方法：示范教学法、反复练习法。

以上三个常见现象清楚地表明，孤立看待教学路径或方法并不能确定其是否有效。正如你不能说集体教学法、即时回应法、示范教学法、反复练习法，这些方法是否正确或者错误。只有明晰"为何采用这种教育方法""采用这些教育方法之后对幼儿带来的帮助是什么""这些帮助能不断唤起幼儿主动探究的欲望吗"才能清楚教育是否真正助力幼儿的成长。倡导生长平台，能够帮助教育者明晰采用不同教育路径、方法的根本，是让幼儿不断展示出他的潜能、他的困惑、他的思考、他的发现，而不是让幼儿严格按照教师的计划行进。幼儿园的活动之所以被称为生活，是因为它不应是被设计的，而应是符合幼儿天性的，它不是成人凭自己的主观意志确定的，而是根据幼儿的兴趣和需要努力为幼儿提供条件和机会。所谓"儿童在先"就是这个意思，也就是幼儿教师的作为应该以儿童的兴趣和需要为依据。幼儿园中的师幼关系在本质上就是以幼儿为中心的关系，是以幼儿生命成长为追求的核心立场下的互动关系。[1] 因此，将教育者的努力称为"搭建生长平台"，就是呼吁教育者在选择各种教育内容，运用各种教育方法、教育路径时，都能真正从幼儿的视角出发，都能将目标确定为助力幼儿生长，只有如此，教育才真正有了价值和生命。幼儿园教育的质量，主要取决于教师在教育中的所作所为，取决于教师是否明白自己应该做什么，能够做什么。[2]

二、如何搭建生长平台

怎样才能搭建出适宜幼儿的生长平台？那就是心中有法，灵活用法，让静态的教育方法、路径变成动态的生长平台。心中有法要求教育者遵循

---

① 虞永平：《让理论看得见　生活与幼儿教育》，82页，合肥，安徽少年儿童出版社，2011。
② 朱家雄：《一个全球性和极具挑战性的问题——幼儿园教师应该做什么、能够做什么（一）》，载《幼儿教育》，2016(C1)。

幼儿发展的基本规律，不断学习、通晓各种教育方法和路径，懂得对不同年龄段的幼儿采用不同的教育方法。灵活有法要求教育者关注幼儿当下的学习可能，在运用各种方法和路径时能够根据幼儿当下的实际情况进行调整和变化，甚至能够不断创生。这就形成了搭建生长平台的两条基本路径。

其一，不断扩充自己的教育路径和方法。所谓教师，不只是时时教，同等重要的还有时时学，助力幼儿生长的教师首先自身要有生长的力量。教师有三种方式可以扩充自己的教育路径和方法。第一，向书本学，这是最为系统的方式，即使离开了学校，这种方法也能保持我们不断更新自己的教育方法体系。当下信息发达、便捷，只要有真正学习的愿望，完全能够满足我们足不出户就可以获得最前沿的教育路径与方法。第二，向同伴学，将每一次的教研视为审视自己教育路径的最佳桥梁，学会带着自己的教育方法走入教研现场，与伙伴的教育经验碰撞，然后带着自己新的教育经验离开教育现场。第三，向自己学，每天询问自己"我用的方法能满足幼儿的需要吗？""我用的方法拓展了幼儿的兴趣吗？""我用的方法有需要调整的地方吗？""如果再次碰到，还可以运用什么教育方法？"

其二，遵循做学教合一的原则。许多教师懂得教无定法，贵在得法，但实践中却很难做到。比如，班级中有长期存在的不受幼儿欢迎的区域；节日活动变成了教师指挥幼儿配合参加的无趣现场；以幼儿名义的外出考察活动现场幼儿无精打采；应该是幼儿最爱的户外运动却需要教师督促着幼儿参与锻炼……这些被教育界公认的区域活动、节日活动、考察活动、户外运动等好的教育方式、路径，在现实的教育场景中为什么会如此尴尬？究竟是方法有问题还是幼儿不配合？根本原因是我们在实施教育路径时，本末倒置。在运用各种教育路径、方法时，我们是以"教师决定怎么教，幼儿跟着学，幼儿开始练习做"运用的，再好的方法都可能成为糟糕的方式，因为平台缺失了核心："幼儿是怎么做的？"所以，适宜的生长平台须遵循做学教合一的原则。我们做什么就是学什么，学什么就是做什么。我们教的法子是根据学的法子，学的法子是根据教的法子。我们也是在做上学，我们也是在做上教。① 做学教合一的原则，又可以另换一句话来说，教的是根据学的，学的是根据做的。② 这样的教育符

---

① 张雪门：《张雪门幼儿教育文集》(上卷)，376 页，北京，少年儿童出版社，1994。
② 张雪门：《张雪门幼儿教育文集》(下卷)，1327 页，北京，少年儿童出版社，1994。

合幼儿真实的需要，是在真正为幼儿提供生长平台，教育路径、方法也才能真正转变为助推幼儿成长的生长平台。

（一）拓展童趣

生长平台的作用之一是不断拓展幼儿兴趣。幼儿兴趣具有即时性、场景性的特点，表现出随时会产生兴趣、兴趣点很多的特质。但也因幼儿注意力易转移，易因远离场景而消逝，出现变化莫测的特点。两者看似矛盾，但恰恰就是这矛盾点指出了幼儿教育必须学会构建生长平台的必要性和重要性。对幼儿教育者，我尤其强调要懂得"拥抱问题"，要把教育中遇到的所有问题视为寻找、调整现有教育路径的起点。教育者只要懂得如何拓展童趣，生长平台的搭建就有无数的可能，教育也因此变得鲜活、有趣。

搭建生长平台的流程见图4-3。

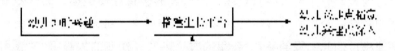

图4-3　生长平台构建流程图

从图4-3中我们可以清晰地发现，幼儿兴趣与生长平台之间是不断互动推进的，二者共生共长，幼儿兴趣点的拓展和深入，推动了教师发现新教育路径能力的发展，教师发现新教育路径反过来又推动了幼儿的深度学习。

春节是幼儿喜欢的节日。如果和幼儿讨论"年是什么"，我们听到的是这样的只言片语。

小凡：年是一起吃饺子、吃包子……吃好吃的东西。

跳跳：年是穿上好看的衣服，说一句话"祝你新年快乐"。

凯凯：年是送礼物。

温馨：我大一岁了，会有更多本领。

梦梦：可以和爸爸妈妈一起去旅游，很开心。

上上：年是一个怪兽，我们大家用鞭炮打跑它，然后就过年。

芷菡：年，有红包、压岁钱。我们还会全家人一起去电影院看电影，吃爆米花，很好吃。

上上：我也喜欢一边看电影一边吃爆米花。

致远：年叫春节，我们中国人过的。我小姨父是美国人，他说美国没有。

幼儿零散的语言中蕴含了怎样的可能？如果教师只是运用固定的生长平台，那么结果估计就是组织一次每年都会进行的迎新年活动：美术活动"剪窗花"，语言活动"年的故事"，数学活动"看日历"，音乐活动"步步高"，社会活动"新年礼物"。这些生长平台似乎都和年相关，但和幼儿心中真正的年却没有什么关联。幼儿教育绝不是按照既定文本和方法行进那么简单，教育者不仅要及时发现隐藏在学生身上的那些现有的潜能，还要帮助学生充分实现那些现在具有的却可能稍纵即逝的潜能；教育者既要对学生未来的潜能充满希望，又要对他们现实的但可能稍纵即逝的潜能表示欣赏。[①] 如果教育者懂得厘清幼儿言语中传达的兴趣和教育之间的关系，那么就可能搭建出不同的生长平台。以"过年我们全家人去看电影、吃爆米花"的兴趣点为例。

思考生长点

幼儿兴趣：幼儿提到的"过年看电影、吃爆米花"这个点受到很多幼儿的认同，因为这是幼儿在真实生活中能感受到的。

成长需要：这个生长点中蕴含了教育的价值，通过构建生长平台，可以让幼儿从中品味到中国年最核心的元素——亲情与快乐。

构建生长平台（表 4-3）

表 4-3 年的生长平台

生长平台	构建者	生长点的深入与拓展
能不能和全班小朋友一起过年，看电影、吃爆米花？	教师	1. 调查幼儿园电影院的地点 2. 寻找幼儿园可制作爆米花的地点
寻找关于中国年的电影	幼儿、教师、家长	1. 设计征集电影的海报 2. 接受小、中班幼儿过年看电影的求助 3. 投票选择 3 部电影
电影场次安排申请购买爆米花	幼儿、保健医生	1. 电影票、座位设计 2. 计算购买爆米花的数量 3. 分组安排爆米花供应流程

小小的生长点因生长平台的搭建，演变成了一个项目活动，幼儿的

---

① ［美］伊斯雷尔·谢弗勒：《人类的潜能——一项教育哲学的研究》，13 页，上海，华东师范大学出版社，2005。

兴趣点与能力发展紧密结合。

幼儿通过张贴海报向全园征集电影的办法，征集到了 18 部中国元素的电影，《大闹天宫》《小蝌蚪找妈妈》《天书奇谭》《哪吒闹海》《九色鹿》……教师、幼儿、家长都参与了征集活动。

热闹的征集活动也吸引了小、中班的幼儿，他们也来一起看电影。

幼儿发现如果全园都在过年看电影，那就需要交错安排电影的观看时间，需要设计电影院座位表，需要设计电影票，需要更多的爆米花。

幼儿向保健医生申请购买爆米花，保健医生要求他们写清楚购买的数量。

于是，幼儿开始统计全园小朋友吃爆米花的数量，购买分装杯子的数量，同时他们还安排了爆米花分装组、搬运组、分发组……

仔细分析上述活动，在有趣、好玩的背后，幼儿充分发展了社会交往能力：幼儿在活动中与同伴沟通，与小、中班幼儿沟通，与家长沟通，与保健医生沟通；艺术能力：设计海报、电影票；生活能力：购买分装杯子、分装爆米花；数学能力：统计爆米花数量、安排电影院座位表。这也是生长教育所倡导的，教育所有的路径都是桥梁，是助力幼儿从此岸到达彼岸的桥梁。

（二）支持童行

生长平台的作用之二是有效支持童行。支持童行是教师教育作用得以真正发挥的落脚点，也是教育目的实现的具体化过程。从人发展的本质上而言，教育就是一种支持，但是教育者的教育支持一定是有利于幼儿发展的吗？从一定意义上说，成人的干预没有使幼儿充分感受到真正的幸福。同时，我们也可以认定，成人的努力——朝着幼儿生命潜能成长方向的努力，能使幼儿更好地拥有幸福。[1] 幼儿期本身就蕴含着巨大的价值，但这个价值能否获得充分的体现，依赖于教育者能提供怎样的支持。支持童行不是简单的有教育方法就可以，也不是完成既定的教学计划，而是懂得要创造有挑战性的环境，盘活所有的教育资源，随幼儿的发展调整教育支持，让每一位幼儿在自如展现自己天赋的过程中感受学习的乐趣。

在进行"我是三军总司令"的主题时，恰逢第七届世界军人运动会

---

[1]　虞永平：《学前课程与幸福童年》，20 页，北京，教育科学出版社，2012。

（以下简称军运会）在中国举行。大班组在原有的主题框架中增加了视频活动：欣赏军运会开幕式。幼儿边看开幕式边讨论，兴趣非常浓厚。观看结束后，其他两个班级继续回到既定主题"我是三军总司令"，按照原定的教学计划开展教育。但大（二）班王老师敏锐地察觉到幼儿对军运会念念不忘，他们常常会自发讨论："解放军叔叔怎么比赛？打枪、打炮吗？""空军、陆军、海军，谁跑步得金牌？陆军是不是特别能跑？海军是不是游泳特别厉害？"王老师了解到军运会的举行会持续十天，时间上可以满足幼儿充分的探索需要。于是，班级中的晨间谈话就变成了"我和军运会"，大家每天分享自己知道的军运会新闻和对军运会的困惑。

教师搭建的生长平台一：起到串联作用的晨间谈话。

幼儿对得金牌的兴趣非常高，每天报告"今天军运会奖牌数"成了班级的必修课。随着运动会项目的推进，奖牌数的增多，获奖国家数的增多，幼儿发现："奖牌越来越多，得奖国家也越来越多，记不住怎么办啊？"王老师适时推出了集体教学活动"怎样统计好"，各小组的"军运会各国奖牌统计表"出现在主题墙上，每组幼儿每天将新增的奖牌即时添上，互相比较哪组的统计方法好。

师幼共建的生长平台二：集体活动、小组活动之"统计在生活中的运用"。

当中国队的金牌总数超出 100 时，王老师和幼儿讨论："怎样能数出 100 个？""有不同的数法吗？""你觉得怎样数比较快还准确？"大家一起研究，用雪花插片一个一个数、用牙签一对一对数、用积木块五个五个数、用围棋棋子十个十个数……甚至有幼儿带来了计算器。

师幼共建的生长平台三：如何运用教具、学具。

奖牌榜上第二名俄罗斯、第三名巴西，这些国家的名字引起了幼儿的关注，王老师在科学区增加了世界地图、地球仪的数量，幼儿围着寻找俄罗斯、巴西，以及每个新出现在奖牌榜上的国家。

师幼共建的生长平台四：区域活动如何投放材料。

幼儿发现得金牌会升国旗，不同国家的国旗不一样，国歌不一样。寻找国旗的活动开始了，甚至有幼儿在自己的椅背上粘贴自己认识的国旗。班级还组织了小竞赛："认识各国国旗"，前来参加该活动的爸爸妈妈被幼儿对世界各国的了解惊呆了。

——我的随班观察记录

在军运会这个项目活动中，我们可以看到教师有意或无意言行的背后，是能根据幼儿的兴趣点、关注点，随时调整教育方法，以支持幼儿的深度学习。教师懂得搭建生长平台，幼儿的学习就是愉悦的、主动的。好的教育支持是让幼儿在做自己喜欢做的事情中获得真正的发展。我一直认为真正的教育是自我教育，教育者的使命是把受教育者引到自我教育的道路上去。其实用心观察，我们会发现，如果教育者懂得搭建生长平台，那所有为幼儿努力的过程就是教师专业发展的过程。

幼儿兴趣点推动了生长平台的多样化，多样化的生长平台反过来又推动了幼儿兴趣点的不断深入。生长教育在遵循幼儿生长规律的基础上，尽力寻找、创设、生成适合每一位幼儿的生长平台，在此平台中幼儿的各种潜能和天赋得以真正实现，各种兴趣和能力也能够不断拓展。生长教育认为，只有为幼儿提供了适宜的平台，才能真正促进每位幼儿的生长。

三、适宜生长平台的典型特质

生长平台包括静态的和动态的。静态的，指幼儿园中幼儿能接触到的一切物理环境，如活动室、食堂、保健室设置等。动态的，指这些环境因幼儿的需要与发展不断调整，如大厅环境每月会随幼儿、随社会关注事件而变化。生长平台是显性的，即生长教育中创设的幼儿自主学习中心、自由式户外运动、立体式节日活动、情境式生存活动、智慧式大组活动。生长平台也是隐性的，即教育者全程对每位幼儿心理的关注与兴趣的支持。生长平台的模式不是固定的，是依据幼儿实际、教师能力、幼儿园资源不断调整的。生长平台具有以下几个明显的特质。

（一）特质一：满足个性需求

生长平台回应的是每个幼儿的兴趣，因此所有能关照幼儿个性需求的活动形式都是适宜的。

以"儿童自主学习中心"为例，这是一种能够满足幼儿自主学习、探究的专用工作区，其形式结构和区域活动、角落活动相似：空间上有一个相对独立的空间，活动目的是满足幼儿的自主探究，教师支持以材料投放为主。为什么生长教育将它称为儿童自主学习中心？究其现实的原因，当下区域活动被异化为一个普遍现象：区域内容、材料投放、活动方式根据教师意愿设立。倡导儿童自主学习中心，一是强调自主，活动形式是幼儿自由选择活动内容、自由选择玩伴、自由选择材料，不限定幼儿在学习中心游戏、探索时间的长短，着重观察幼儿在学习中心的行为，以此反省学习中心材料的投放适宜度。二是强调儿童的学习。生长教育将幼儿的一切行为视为学习，教育者跳出对学习的原有认知，真正关注幼儿兴趣，不断调整、设置中心内容与材料，如我们倡导每个班级在设置"儿童自主学习中心"时，设置一个"可能性中心"，将不确定的材料、内容放到该中心，然后观察幼儿如何探究、运用该材料，这样"儿童自主学习中心"就不会被外在形式限制，而是不断地灵活调整，向幼儿的真正兴趣点无限靠近。

1. 全园学习中心

全园学习中心是指开辟出幼儿园所有公共空间，创设指向科学、阅读、工匠、建构、益智、社会模拟、艺术、体能、生活的区域，让幼儿自由选择进入学习中心学习，满足不同幼儿的个性需求。在这个中心，不以年龄划分为标准，不同年龄段的幼儿因兴趣凝聚在一起。生长教育将幼儿园视为幼儿生活、学习的完整社会，通过全园学习中心的设置可以很好地打破所有的固定的年龄壁垒，让幼儿获得依据学力的生长空间。分组的标准，是按照学力，既不是按照幼儿的年龄，也不是按照幼儿入园的时间。[①] 生长教育非常认同张雪门先生倡导的学力。因为在实际的生活、学习中，我们发现幼儿的能力、兴趣虽然存在年龄差异，但也存在和年龄不完全匹配的现象，全园学习中心可以很好地破解这个教育困境，并且它还存在以下三个明显优势。

学习者异龄：中心活动不是依据年龄而是因兴趣而分，在同一学习中心会有不同年龄段的幼儿，很好地实现了让幼儿在学习、工作中自然习得与异龄同伴的交往。

学习内容广泛化：全园学习中心在空间、人力上集全园之力，从各方面关照幼儿的兴趣与发展，设立的内容更为广泛、全面，可以更好地兼顾幼儿整体发展的需要。

支持者最优化：各个学习中心支持者结合教师所长，吸纳全园教职工、家长、社区中的专业人员。在学习中心，专业者始终负责自己选定的、擅长的中心，为幼儿提供全面的、不同等级的操作材料与支持，满

---

① 张雪门：《张雪门幼儿教育文集》(上卷)，20 页，北京，北京少年儿童出版社，1994。

足幼儿个体发展的需要。

2. 班级学习中心

班级学习中心设立在各个班级中，它的特点是关注本班幼儿的学习能力与兴趣，支持班本课程与项目。

班级学习中心的优势表现在以下两个方面。

第一，更符合当下幼儿的学习需求：根据本班幼儿的特点设置学习中心，投放并随时调整材料；根据本班的主题和项目内容调整中心活动内容，让集体活动、自主活动达到高度的融合与统一，促使幼儿的学习兴趣不断深入。

第二，满足幼儿随时探索的需求：学习中心设置在班级中，幼儿可以随时随地进入，在时间上可以确保幼儿的即时探究。

(二)特质二：紧密联系生活

生长平台关注幼儿当下的生活，尽力在幼儿的真实生活中寻找适宜的教育路径。因此和幼儿真实生活相关联的，并能支持幼儿更好地与社会融合的方式都是可尝试的平台。

以"情境式生存活动"为例，这种平台是让幼儿到感兴趣的生活中的真实场景(生活场所、公共场所)去体验、调查。个人不能离开社会单独生长，社会生活的意义非常重要。社会上有许多生活必需的东西，不是一个人生来就有的，要想适应，便不能不认识。[①] 生长教育强调幼儿通过与环境的相互作用获得发展，因为对幼儿来说，生活本身就是教育。让幼儿接触现实的生活环境，让教育回归幼儿真实的生活世界。教师、教育支持者对幼儿园、社区及周边场所进行了解，与幼儿共同选择适宜的场所进行实地走访、调查，让幼儿在社会生活中生长，这是生长教育中一个非常重要的生长平台。人生命的存在与发展总是在与别人的沟通、理解和交往中实现的。真正的生命主体只有在生命主体间的交往关系中，即在主体与主体相互承认和尊重对方的主体身份时才可能存在。[②] 亲身经历调查，会使幼儿对社会、对他人的了解更为立体、更为全面。

生长教育·成为最好的自己

---

① 张雪门：《张雪门幼儿教育文集》(上卷)，127页，北京，少年儿童出版社，1994。

② 刘济良：《生命教育论》，254～255页，北京，中国社会科学出版社，2004。

1. 生存活动的模式

根据生存活动的内容选定方式，在生长教育中有以下两种生存课程方式。

第一，固定地点的生存活动：固定地点的生存活动根据幼儿园周边的社会资源(见表 4-4)挖掘。这些场所符合幼儿交往、互动的需要，同时地处幼儿园周边 1 千米的区域内。

表 4-4　生存活动地点一览表

班级	地点	距离	内容指向
小班	保安室	园内	与保安对话，了解保安的工作，观看保安室的摆设和保安的专用器械
	食堂	园内	与食堂人员交流，观看食堂人员的工作现场
	保健室	园内	参观保健室，与保健医生互动
	水果店	园外 103 米	了解水果店内的各种水果，以小组为单位购买水果
	理发店	园外 200 米	观看理发店的工作，与理发人员对话
	便利店	园外 157 米	参观便利店，每人一元钱尝试购买活动
中班	园内各办公室	园内	分组寻找园内各个办公室，并设计对话问卷，了解、记录对方工作的内容、时间或者喜好等
	消防局	园外 670 米	观看消防局的表演，聆听消防人员的专门介绍
	派出所	园外 545 米	设计问卷表，就自己感兴趣的问题到派出所与警察叔叔沟通
	洗车行	园外 570 米	以自己的方式记录洗车行内的分工，以及不同工种的工具
	大型超市	园外 714 米	参观大型超市，与超市工作人员对话，了解超市物品的摆放、广告措施等
	鲜花店	园外 187 米	了解各种花卉，了解花卉对生活的作用
	社区医院	园外 230 米	参观社区医院，寻找一个科室进行一项检查
	我的社区	园外 140 米	与社区人员对话，了解、记录社区里的各种设施设备
	公共自行车租赁点	园外 223 米	了解公共自行车的租赁方式，与租赁者对话访谈

班级	地点	距离	内容指向
大班	大型超市	园外 714 米	"十元钱"采购计划的设计、实施
	药店	园外 560 米	参观药店，了解中药、西药等
	银行	园外 433 米	参观银行，了解货币的存储过程，办理一张存折，现场存钱
	邮电局	园外 580 米	一封信的旅行，了解邮电局
	菜市场	园外 340 米	走访菜市场，为班级美食节策划、实施购买活动
	图书馆	园外 760 米	参观图书馆，办理借书卡
	公交公司	园外 887 米	实地考察＋公交车来园体验
	地铁站	园外 990 米	了解地铁站功能，体验坐地铁全过程
	小学	园外 790 米	参观小学，走进小学课堂，与学生、老师对话

第二，生成性生存活动：因课程开展生发的临时性的生存活动，如在"家乡建筑"的主题中，幼儿对古镇产生了强烈的兴趣，通过教师、家长找到了能够成行的资源，一次生成性的"慈城之旅"生存活动就此展开。

2. 生存活动的流程

(1)生存活动的前置准备

生存地点的考察：每次生存活动前，教师都要事先组织人员对生存地点进行实地考察，确保活动的有效和安全。

预定活动的目标：思考生存活动能满足幼儿的哪些兴趣及后续可能的拓展，设定相应的目标。

考量需要的支持：包括考察所有的材料支持，如适合的调查表、携带的辅助用品；人员支持，如一起出行的志愿者、考察点的介绍人员。

(2)生存活动的实际开展

实施预定计划：引导幼儿围绕自己事先预订的计划与目标开展活动。

微调原定计划：生存活动的收获与场中的互动者有很大的关系，因此教育者要根据即时的互动者、互动场所、幼儿现场的兴趣和关注点进行微调，使计划不断向最优、最适宜的方向发展。

活动分享环节：包括活动现场个体、群体的即时收获分享；包括生存活动中有教育价值的生长点，并将其纳入主题的各种活动中拓展。

(三)特质三：主动选择评价

检验一种生长平台的模式是否适合幼儿，有一个简单的办法：在这种模式中幼儿是否拥有主动选择的权利，幼儿的评价是否能够成为该平台不断优化的信息。

以"自选式户外运动"为例。自选式户外运动是指教育者定点负责运动内容，打破幼儿年龄段，自主选择运动的活动方式。

1. 内容丰富确保真选择

没有幼儿不爱运动，但目前幼儿教师团队在支持幼儿运动方面存在不足。生长教育凝聚所有的力量丰富幼儿的运动，确保运动能够满足不同能力、不同喜好幼儿的兴趣。

团队面对，引入资源。以团队之力梳理出幼儿喜爱的运动，根据不同阶段幼儿生长的需要，灵活设置不同形式、不同内容的户外运动：爬、钻、跑、跳、投掷、攀登、平衡等，投放成品、自制品、自然物等运动材料，充分满足幼儿不同动作的发展需求。团队定期交流，分享自己的所思、所得，以此调整活动项目和支持方式。同时，引入外援组成运动指导专家团，成员包括中小学体育教师，依靠他们的力量提升教师专业支持的能力；包括医生，依靠他们的力量科学对待不同年龄段幼儿的运动强度与运动保护；包括军人，依靠他们的力量树立幼儿运动中的自信与勇敢；包括爸爸团队，依靠他们的力量丰富幼儿的运动项目与方法；包括义工，依靠他们的力量保障幼儿更好地投入运动。

深挖内容，形成层级。教师选择某一运动内容、运动材料进行深入研究，如选定"平衡能力"为主要目标的运动区域，负责人围绕这一既定目标全方位地收集材料、策划游戏、把握评估等，最终形成丰富、多层的平衡运动区。幼儿是在与材料的互动中不断发展自己运动能力的，提供适宜的材料是确保幼儿运动得到发展的基本保障。教师定点负责的方式可以让教师围绕大概的运动内容，不断地去丰富材料；可以让教师直接观察到幼儿与某一大类材料互动的最聚焦的结果。打破年龄段的方式，能使教师提供的各种材料在场中得到即时的反馈，真正实现依据幼儿学力来提供适宜的运动材料。定点方式能让幼儿获得教师更为准确的支持与帮助，运动目标相对集中的内容与不同运动能力的幼儿随时会发生碰撞，这给了教师反思、调整的最佳机会。正如一位教师感悟的："一年多来，我可以持续研究幼儿的平衡发展，我可以随时看到小班、中班、大班幼儿与丰富的材料发生互动，每一个时刻都在不断冲击着我原有的认识。不仅是幼儿时时在获得，我也在时时生长。"

2. 选择评价确保平台适宜

让每个幼儿自由选择，包括在运动中也可以根据自己的需要更换运动区。同时，幼儿的所有选择可以成为评价教师内容设置、材料投放是否适宜的依据。

自由选择能确保幼儿的喜好得到释放。以幼儿自主选择的方式开展户外自选活动，所有运动区域在同一时间开放，全园幼儿自主选择自己今天所喜爱的运动区域，这让幼儿对每天的运动都充满了期待。"我要早点去，因为我要选择跳跳区。"自主所带来的真正喜爱在幼儿的行动中得到了淋漓尽致的呈现。由于运动真正从幼儿的适宜性入手，幼儿对运动的喜好得到了真正的满足。

自主评价促使支持不断靠近最佳。在户外自主运动区域，每一个运动区域对应一种颜色的手环，幼儿根据相应的手环颜色来选择自己喜欢的运动区，这是一种幼儿对运动区域设定的有效评价。如果哪一个运动区的手环最早被取完，就意味着这个区域设定的运动项目、内容、材料是基本符合幼儿需求的。如果一个运动区的手环总是不被幼儿选择，那就说明这个运动区可能需要调整。为了让幼儿的评价能够真实、客观，我们提供的手环总数大于幼儿实际人数，让不受幼儿欢迎的运动区域能够真实呈现出来，方便教师观察。教师根据幼儿选择手环的先后、多少来调整、增加、改变自己活动区的材料。循环往复，使运动材料与幼儿的兴趣点无限接近，真正促进每位幼儿的运动生长力。

(四)特质四：整体浸润发展

理想的生长平台是能够让幼儿完全、整体沉浸在其中的。幼儿的学习本身就是整体的，如果能找到这样的平台，那么它就是适宜幼儿的。

以"层级式节日活动"为例，它是指围绕符合幼儿兴趣、幼儿发展需要的节日，教育者又根据幼儿兴趣和需要，保留其特有的氛围与文化，使幼儿能够完全沉浸其中，潜移默化地感受亲情和文化的特质。

1. 层级式节日活动的两个特性

与主题的完全融合。在主题活动中，节日活动起到生发、推动、归纳的作用。它并不固定在哪个时间点开展，而是根据主题中幼儿的融入需要来开展。有些节日在主题中开展，如"今夜不回家""疯狂戏水日"这类节日活动会在主题进行到高潮部分时自然而然地出现，它能很好地满足幼儿提升、回顾的需要。有些节日活动是贯穿主题始终的，如"疯狂发型秀"，在主题开展的一周多的时间里，教师、幼儿每天更换一个发型，以完全浸润的方式推动主题的深入。有些节日活动则在主题出现难点时进行，如"弟弟妹妹要来了"，在主题进行过程中，遇到了最大的困难点：对养育过程的感受。于是就在主题进行间适时加入了为期三天的节日活动"小爸爸、小妈妈"，这三天中，幼儿自己选择爸爸或妈妈的角色进行真实的体会，以此满足幼儿体验养育过程的需要。可以看到，节日活动无论出现在主题进行的哪个阶段，都能更好地让幼儿沉浸其中。

与支持者的完全融合。节日活动所包含的社会性、文化性，适合非教育专业者进入教育领域。因此，这种平台可以实现专业教育者、家长教育群体、社会支持者对幼儿成长的共同支持，让幼儿置身于幼儿园、家庭、社区节日的整体氛围中。教师团队、家长群体、社区人员，无论是全园性节日、年级组节日、班级节日，都给不同人群预留了融入的时间。正是在这样不断的参与中，不仅实现了幼儿真正浸于节日中，还能让家长、社区成员通过策划、参与，真实感受到幼儿的需要、兴趣，以及如何支持幼儿的成长，促进了家长和社区成员在教育中的生长。

幼儿园以爸爸妈妈们为主策划的节日活动"我爸我妈是主角"中，爸爸妈妈们全部从自己的角度设想，为幼儿准备节目。爸爸妈妈们虽然进行了充分的准备，但由于都是从成人视角出发审视的，因此虽花费了很多的心思，但并未受到幼儿的认可。幼儿园围绕这个活动组织家长进行了多次的交流和分享，和家长共同观察、询问、反思。半年后，家长再次为幼儿筹划了节日活动"带你走进爸爸妈妈的童年"，获得了幼儿的高度认可，此节日活动也因此成为幼儿园的保留活动。

——家长筹划节日的转变历程

2. 层级式节日活动的三种组织形式

节日活动的组织形式包括全园性节日活动、年级组节日活动、班级节日活动三种形式，真正做到了依据幼儿成长需要、依幼儿兴趣而开展。

第一，全园性节日活动。全园性节日活动指全园幼儿围绕同一节日开展活动。这一类型的节日活动通常具有能吸引不同年龄段幼儿的特点。

例如，"职业体验日"，由于各年龄段幼儿对各种职业有浓厚的兴趣，且不一定为年龄段所限制，大部分幼儿对医生、警察、厨师、超市人员、解放军、理发师等职业都有浓厚的兴趣，有些幼儿则对比较小众的职业，如美甲师、按摩师、银行人员等充满兴趣。幼儿按照自己的意愿选择、装扮、体验不同的职业。一种全园浸润的体验式节日活动带给幼儿的绝对不只是"好玩"。类似的节日活动还包括"春之声""周游世界""年之味"，等等。

第二，年级组节日活动。年级组节日活动是指同一年级组的幼儿根据兴趣和需要开展的节日活动，它与主题、项目紧密结合。这类活动通常具有以下特点：年级组的资源可以得到最大化共享，节日真正符合本年龄段幼儿的兴趣和生长需要。比如，小班年级组在"我爱糖果"的主题下开展的节日活动"糖果节"，它很好地结合了小班幼儿喜爱糖果的心理特点。同时，在节日活动中各个班级根据糖果的特点分别以"糖果工厂游""现代糖果过去糖果对对碰""糖果游乐场"来进行，实现了年级组资源的最大共享，也实现了幼儿的浸润式学习。类似的节日包括：中班在"我爱我家"主题下开展的节日活动"睡衣趴"；大班在"弟弟妹妹要来啦"主题下开展的节日活动"小爸爸，小妈妈"，在"我是勇敢宝贝"主题下开展的节日活动"今夜不回家"等。

第三，班级节日活动。班级节日活动是指某一班级的幼儿就自己班级的兴趣点、资源开展的班级节日活动。这类节日活动具有以下特点：真正体现班级的特点和风格，与主题紧密结合。比如，向日葵班，因为幼儿对发型产生了兴趣，且班级中有理发行业的家长。于是，班级教师抓住这个点，开展了为期一周的班级主题"发型的秘密"，并进行了节日活动"疯狂发型秀"，凝聚全班家长的力量满足了班级幼儿了解发型的愿望。

第三节　增强生长力

关注幼儿的生命成长，让幼儿充分展现生命的力量，让幼儿充分感受生命的意义和愉悦，让幼儿成为他自己。最好的教育不是改造人，而是让人发现自己内心的力量。人终其一生都在发现自己，发现自己的真正力量。助力每一位幼儿成为最好的自己，是生长教育的终极目标。其中"每一位幼儿"点明了生长教育的儿童观，即每个人是有差异的，幼儿期更是天性占据主要地位的时期。"最好"点明了生长教育的育人观，即教育的目的是让每个人闪亮。"助力"点明了生长教育的教师观，即教师在幼儿教育中的作用是发现、点燃、支持。"最好的自己"并不是完美无缺，也不是符合某个既定的标准，而是"有持续生长力的现代人"，是人的外力、内力能得到同步生长的人。有人认为，如果教育只是关注幼儿的兴趣，那如果幼儿的兴趣是错误的该怎么办？这样的观点是对找准幼儿兴趣点目的的认识偏差，找准幼儿的兴趣点是教育的起点而不是教育目的。教育必须要以幼儿喜欢的内容、方式去开启，有效的教育是吻合幼儿想了解的愿望而顺势展开的。展开有效的教育就是，借助幼儿感兴趣的事物，搭建适宜幼儿生长的平台，不断推动幼儿兴趣的拓展和延伸，这才是教育的目的，即增强生长力。

一、何为生长力

生长力，简言之就是成长的内在动力，它包括生活力、健康力、学习力、交往力、创造力。这种力量与生俱来，但不一定能被发现，不一定都能得以充分的生长。我们习惯说的"你永远叫不醒一个装睡的人""一个掉到井里的人，他自己不愿意上来，外面的人再怎么用力，他都出不来"就是对缺失生长力的人的最典型的描述。是否具备生长力和年龄无关，生长力的增强不一定与年龄成正比。好的教育就是能够唤醒每个人的生长力，而且能够不断推进、增强。

(一)生长力与生俱来却不一定能够延续

人在生命之初就知道用怎样的方式与他人交往，如婴儿无师自通就懂得用哭泣、微笑、挥手等办法引起他人的关注，这就是生长力中的交往力。交往力的生长速度不一定与人的年龄成正比。如果父母亲在婴儿想办法引起他人关注时给予的是冷漠、训斥，这种与生俱来的交往不但会退缩甚至会停止。在幼儿园，我们会看到一种现象，在小班，老师在课堂提问时，会有很多幼儿想参与互动，甚至等不到老师请他，他自己就站起来说。然而，进入中班、大班，这种幼儿积极参与集体教学互动的现象不一定会保持或增长，甚至会出现下降的现象。因此，要让生长力得到增强就必须依靠适宜的教育内容、方法和环境。

在建构区搭积木的豆豆(3岁)和苗苗为一块红色积木发生争吵，他们都说是自己先发现这块红色积木的，谁也不让谁。争执后，豆豆扔掉积木，转过身气呼呼地喘气。一会儿他站起来，走到班级的心情角处，把自己贴在红色底板（表示快乐）上的照片取下，用力戳到黑色底板（表示生气）上。做完这一切，他似乎平静了，回到了区域中。苗苗看了看他，将得到的红色积木递给豆豆。豆豆说："不用，我用黄色做灯也很好看。"两个人又嘻嘻哈哈地玩了起来。

——我的随班观察日记

最初推出这个情绪管理角时，我的初衷是希望这个角落可以帮助、识别幼儿今天来园的情绪状态，然后我可以进行有针对性的帮助。然而，豆豆对心情角的运用完全超出了我设想的范围，他将心情角视为调整自己情绪的地方，用"用力戳"这个动作帮助自己成功宣泄了不愉快的情绪。在整个过程中，我们清楚地发现，教育者提供的心情角平台与幼儿内在生长力完美融合。教育因能够增强幼儿的生长力，从而促进了幼儿的真正发展。

（二）生长力与技巧相关但不是唯一标准

生长力是一种能力，它包含技巧，但技巧却不是衡量生长力的唯一标准。以学习力为例，衡量一名幼儿是否具备学习力，不是考查他是否会做数学题、是否会背诵古诗，而是看他对学习是否有热情，是否能面对自己喜欢的活动中的困难，是否能够坚持自己选择的活动。

户外自选运动时，翰翰（5岁）选择了在滚筒上行走。虽然他想努力爬上滚筒，但显然没有经验。试了许多次，翰翰发现只要自己另外一只脚想踩上，滚筒就会往前滚，他就会失去平衡而无法成功。他停下来，坐在滚筒边先观察其他小朋友玩，然后再开始尝试。这次，他试着改变自己脚踩的部位：桶的中间、桶的旁边，都没有成功。他将滚筒移到墙边顶着，这样滚筒不会前行，他就能爬上去了，但滚筒一后退，他又立即摔下，还是没有办法成功。他停下来再次观望、寻找，跑到远处搬来野战营的沙包。将沙包放到滚筒的前、后，这样沙包就卡住了滚筒，终于翰翰成功站上了滚筒，但因为前后都被卡住，滚筒不会前行。之后连续一周，翰翰都在这个区域试滚筒，用了各种办法，将沙包距离拉开、站好后让小伙伴帮助拿走沙包，等等。终于，翰翰可以成功地站在滚筒上满操场行走了。

——我的随班观察日记

"滚筒上行走"是难度比较大的平衡活动，也是教师刚刚投放的一个新活动。因为该活动有难度，区域指导教师采用了教师扶幼儿上滚筒，然后在滚筒边扶着幼儿行走，等幼儿逐渐适应平衡后再逐步放开的方式。由于翰翰到区域中时，教师在帮助另外两个小朋友玩滚筒，因此没有办法兼顾翰翰，只能随时张望他的安全，然而翰翰所表现出的学习力让教师吃惊。从翰翰学习的过程中，我们清楚地发现随着幼儿生长力的增强，其技巧一定会得到相应的提升，但技巧却不是生长力的唯一标准，而是生长力增强的必然附属产品。就是说，因为翰翰有非常强烈的内在生长力，这种生长力能够不断促使翰翰去尝试、挑战，寻找办法。

教育要看到生长力，看到幼儿具备的内在力量，这股力量可能与我们的想象和认识不同。它的行进速度、成长方式和我们假定的最优模式也不一定吻合。"假如大自然已下令，人类的婴儿期在所有动物中应该持续最长的时间，正如托尔斯泰所说的，那是因为大自然知道有多少河流必须跨越，有多少小径必须重新走过，大自然让成人与幼儿有更正错误的时间、克服偏见的时间，幼儿可以掌握他们自己呼吸的韵律，重塑自己、同伴、家长、教师和这世界的形象。"[1]教育者需要真切感受到幼儿蓬勃的生命力，然后不断展现、丰富幼儿这股天然的生命力。教育的过程就是发现人身上的禀赋，并使之能够按照本身的方式得到培养。[2]

二、看见生长力

生长教育中的外力指的是幼儿可见的、外显的变化：身体发育、知识积累、技能习得。内力指的是幼儿内隐的变化即对自我的认同与接纳、对他人的尊重与包容、对事物的兴趣与探究。生长教育就是幼儿外在的和内在的生长能力展开、丰富的过程，更是让幼儿在这一过程中获得持续生长力的教育，好的教育就是助力人发现自己的潜能。生长教育坚持教育不是改造幼儿，而是顺应幼儿的天性，引发、唤醒幼儿的潜能。教育只能根据人的天分和可能性来促使人的发展，不能改变人生而具有的本质。但是，没有一个人能认识到自己天分中沉睡的可能性，因此需要教育来唤醒人所未能意识到的一切。[3] 我们坚信每位幼儿都具备向上生

---

① [美]卡洛琳·爱德华兹、莱拉·甘第尼、乔治·福尔曼：《儿童的一百种语言》，77 页，南京，南京师范大学出版社，2006。

② 朱旭东、王保星：《外国教育思想通史 第六卷 18 世纪的教育思想》，457 页，长沙，湖南教育出版社，2002。

③ [德]雅斯贝尔斯：《什么是教育》，65 页，北京，生活·读书·新知三联书店，1991。

长的力量，并且这种力量无处不在。只要你用心观察，你就能发现幼儿的这种力量。儿童就其天性来讲，是富有探求精神的探索者，是世界的发现者。[①]

看待幼儿就是看待可能性，幼儿是一个正在发展中的人，幼儿的可能性是他生长的最大力量。与成人相比，幼儿的每时每刻都充满了变化，而且他的发展、他的能力并不总在我们的设计中。

看不见幼儿的生长力是对幼儿生长力的最大破坏。很多幼儿在学会抓勺子时，就希望自己动手进食。一旦成人因认为他们进食不够干净而制止及替代后，幼儿的这种力量就会被削弱。占据话语权的成人经常会犯这样的错误，其实质就是看不见幼儿的生长力。这种现象并不只出现在家庭中，即使在幼儿园中也会见到。比如，教师习惯制止小班幼儿参与搬桌子，如果询问教师为什么制止幼儿搬桌子的行为，许多教师回答："害怕他们不但没有帮上忙，反而把自己弄伤了。""让他们帮忙？还是我自己动手快。""你如果让两个来，一定会有一大群幼儿涌上来，小班幼儿很会看样的。"因为幼儿的年龄特点和能力，产生教师想象中的后果的确有可能。但如果教育者因此按下停止键，那幼儿的生长力将无法得到增强。

（一）潜在性

清楚幼儿生长力具有潜在的特点，借用维琴尼亚·萨提亚的冰山理论：幼儿生长力是一座海上的冰山，我们看到的只是海面上极少的一部分，看不到藏在海面下的幼儿的巨大的潜在生长力（见图4-4）。

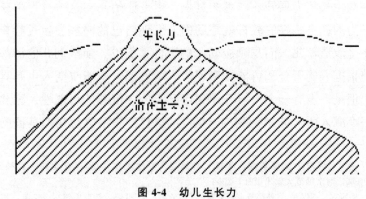

图4-4 幼儿生长力

① [苏联]苏霍姆林斯基：《育人三部曲》，32页，北京，人民教育出版社，1998。

明确了教育的目标是增强生长力，可以让教师真正清楚教育努力的方向：看见幼儿的力量，努力支持幼儿将这些潜在力量慢慢展现出来。教师要避免自己对幼儿生长力的想象，即教师主观认为幼儿应该具备某种生长力，然后用自己的方式去强行推动(见图4-5)。

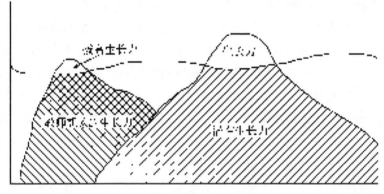

图 4-5　教师想象的幼儿生长力

我想大部分教师的童年记忆里都或多或少有这样的烙印：老师一定要我们学做某件完全不擅长的事，虽然也有一点成效，但这种成效非常微弱，且外力一旦不在这种成效就立即消失。虽然我从小就学过软笔、硬笔书法，但如今我仍然写得一笔烂字。可是，我从来没有为此后悔过，因为它属于我努力也没有办法突破的领域。记忆里，每年暑假作业要完成24张毛笔字是我最大的痛苦，无论我怎么写，字都没有什么起色。即使到如今，我虽懂得该怎样写一个字才好看，但实际写出来仍然难看。在前面文章中所提到的走时装模特的本本、直到毕业仍旧处于蝌蚪人绘画水平的小凡，他们都提醒我们，精准发现幼儿的潜在生长力其实并不容易，如果能够做到，那教育对幼儿一生的帮助将意义非凡。

(二)动态性

幼儿时刻都处在生长中，即使作为幼儿教育专业者的我们，也必须时刻提醒自己：幼儿的生长力是动态的，教育者要懂得幼儿此时、此刻的生长力，也能预估幼儿下一时、下一刻的生长力。

小(一)班进餐前要搬桌子，王老师问："今天轮到谁做大力王啊？"围坐在一起看书的幼儿中走出了8名幼儿，他们两两面对面站在一张桌子两侧，摇摇晃晃，嘴里还喊着"嗨哟，嗨哟"抬起往前走，王老师和配班老师、保育老师则在旁边紧紧跟随着。最终，桌子成功到达了指定的地点。8名幼儿在大家的掌声中每人得到了一枚"大力王"的小贴纸，他们都高兴地贴在自己胸前。

——我的随班观察日记

为什么同为小班幼儿，有的班级的幼儿就能做到呢？因为该班教师懂得幼儿的生长力是动态发展的，不是将小班幼儿不会搬桌子看成是固定的能力，而是由此看到他们能不断生长的生长力。在新小班幼儿刚到幼儿园时，由于处在陌生环境，此时他们的重点都在关注周围的人和环境，当老师搬桌子时，幼儿其实很少会去主动参与。但作为教育者，此时就开始了对幼儿搬桌子生长力的关注：每次要搬桌子时，班级几位教师合作，并且进行夸张的演绎，说明搬桌子的方法，如清晰地说："你抬这边，我抬这边。"每次抬起往前走时，还会有节奏地喊："嗨哟，嗨哟。"将桌子抬到地点后，两人还会互相击掌，对自己完成了任务表示出极大的快乐。当有幼儿慢慢熟悉环境后，想参与搬桌子，教师不但热烈欢迎、鼓励，还用夸张的演绎和这名幼儿一起完成。并且随着班级越来越多幼儿的加入，教师根据桌子的数量和想参与搬桌子的幼儿人数，每天轮流进行。为增加幼儿的成就感，还推出了"大力王"小贴贴。这样不到一个月的时间，班级幼儿基本上都会乐意并且能真正搬动桌子了，同时从中还获得了和同伴合作的方法，增强了参与班级服务的自信。

可以看到，幼儿的生长力能否得到增强，关键是幼儿能否处在一个动态看待他们生长力的环境中。这个动态看待表现为以下几方面。首先，客观看待幼儿此时此刻的生长力，既不静止看待也不夸大看待。比如，能够正确认识搬重物对小班幼儿的挑战，清楚小班幼儿自身的力量；清楚小班幼儿缺少搬重物的方法。其次，看见幼儿生长力的方向和可能，既看到小班幼儿喜欢参与劳动的强烈愿望，又看到小班幼儿是否可以参与搬桌子，并不会只受困于他当下的生长力。从而清楚以小班幼儿的力量，两人抬一张桌子在教室内移动是可能的，只要教师提供一些符合小班幼儿需要的抬桌子的正确办法。这其实就是我们熟知的维果茨基最近发展区理论的实践：用这个方法（最近发展区），我们不仅能看到幼儿今天已经完成的发展过程，看到他已经完成的周期，以及他所经历过的成熟过程，还能估计他正在形成、正在成熟和正在发展的过程。①

看见幼儿的生长力，是看见一个个具体的、不同特性的幼儿，只有真正看见他们的力量，教育才可能释放、增强幼儿的生长力。

三、推进生长力

为了寻找适宜的教育方式，幼儿教师的努力有目共睹，但如果忘记教育是增强幼儿生长力的目的的话，教育可能就会演变成一种展示。在当下的幼儿教育中存在一种现象，某种教育方式、教育材料突然间成为一种潮流，又很快被另外一种新方式、新材料取代。但在学习、更换的过程中却少了对教育目的的思考。明晰教育目的是增强幼儿的生长力会让教育者明白，搭建生长平台是丰富教育的方式而不是教育的目的。如果失去了对教育目的坚守，无论怎样完美的教育路径都会失去生命，离开了幼儿，完美也就无从谈起。

（一）静等生长力

幼儿有自己的生长速度，如果教育能够真正遵循幼儿生长的速度，那幼儿的生长力就可以得到真正的释放。这一点看似很容易做到，其实很困难，因为我们并不能完全了解幼儿生长的速度。

两名中班幼儿不知道因为什么在区域里争吵。一名幼儿拿起手中的书本想打另外一名幼儿，老师连忙赶过去拉开他们，并说："只有小班弟弟妹妹才会争吵，我们是中班的哥哥姐姐，有事好好说。王老师看看，谁是好孩子。"两个孩子都不服气。于是，老师拉其中一名幼儿到另外一个区域，她笑着和保育员老师说："你看看，一没看住就差点打架。"被老师拉来的这位幼儿始终张望着另一个区域，而区域中剩下的那名幼儿也看着自己手中的书在发愣。

——我的随班观察日记

我们无法得知，如果教师不按下停止键，两名中班幼儿的生长力会有怎样的张力。但我们清楚，进入中班，幼儿之间的纷争会变多，频率也会加大。在我的幼儿园，进入中班后，班级中常常会因为幼儿的建议出现"悄悄话角"：一个专门给幼儿说秘密的角落，教师也不能进入。"一个人的箱"：一个专供幼儿躲藏的纸箱，幼儿不想理睬别人的时候可以坐

---

① ［苏联］维果茨基：《维果茨基教育论著选》，386页，北京，人民教育出版社，2004。

在里面，谁也不可以打扰，包括教师。甚至还出现了"吵架角"：专门供幼儿吵架时使用，这个"吵架角"并不是来自教师的创意，而是幼儿的设想。

我：听我们班级老师说，我们小朋友吵架次数变多了。

幼：嗯，早上豆豆和涛儿吵起来了。

豆豆：谁让他拿我的东西。

幼：昨天，我和琛琛也吵架了，不过现在好了。

幼：我们组的涵涵和牛牛吵得声音可大了。

我：吵架是不是不太好啊？我们可以不吵架吗？

幼：好朋友不吵架。

幼：可是，有些时候他不对啊，不对就会吵。

幼：我们有时候吵架，是要知道谁对谁错。

幼：我们规定吵架的时候声音不可以很响。

幼：吵到后来就会很响的，忍不住。

幼：像我们区域一样，我们分一个吵架区，去那里吵，就好了啊。

——与中班幼儿谈话：可以不吵架吗？

和幼儿讨论如何不吵架，结果幼儿却想出了"吵架角"，他们认为这样能让想争吵的人有地方争吵，又不影响其他人。这完全颠覆了我原来的认知，毕竟一直以来我们认为处理幼儿冲突应该是学会讲道理，要谦让。但幼儿阐述争吵的理由时让我发现，在老师眼里带有负面成分的吵架对幼儿而言其实是不同意见的争论，最终我尊重了幼儿的决定，和幼儿一起在班级中开辟了一个角落，幼儿有矛盾时、有不同意见时可以去"吵架角"争论，并且约定其他人不能进入。幼儿的确开始频繁在"吵架角"进出，有些进入争吵几分钟后，两人能够妥协，但有些则越吵越凶，甚至到谁也听不到谁讲话的地步。面对新的困惑，我学会了请教幼儿。

我：好多幼儿都去过吵架角，你们想出的这个办法很好用。只是，有时候吵着吵着声音太大了，结果谁也听不到谁说话，这怎么办好呢？

幼：可以有个法官，声音太响了，就举起静音标志，吵架的人就要安静下来。

幼：我们可以轮流做法官。

幼：可以画下自己想说的事情，然后看着画，一个一个说。

幼儿的生长力真的会超出我们的想象，只要我们学会等待和倾听，就能看到幼儿处理冲突的一种能力。班级这个"吵架角"真的成了解决幼儿间冲突的一种方式，而且幼儿还不断完善这个角落。因为有幼儿吵得激动得想动手打，所以有小朋友拿来了枕头，建议大家很生气时可以先打枕头宣泄，然后再继续争吵，甚至出现了特别会劝说别人的小朋友——金牌调解员。

(二)拓展生长力

当教育者看到幼儿具备生长力发展的可能时，能够迅速调动资源支持，使这种潜在的生长力能够外显，并不断生长。

开学仪式上，幼儿园为每个幼儿准备了一个美好瓶，并且约定，每发生一件自己认为美好的事，就可以放入一颗美好星，一起收集这学期的美好。几天后，班中幼儿的美好瓶中五颜六色的美好星开始增多：当了升旗手、帮助了小班弟弟妹妹、帮老师到保安叔叔处借了锤子……

这天，然然拿着她的美好瓶，有些困惑地对我说："老师，我记得这颗绿色的美好星是因为我收到艺佳送给我的小礼物，这颗蓝色的美好星是我为小朋友讲故事，这颗粉色的美好星是我能爬上最高的梯子，但是我想不起这颗黄色的美好星是因为什么事了。"我被然然问住了，说实在的，最初我们在设计这个开学仪式时，真没有想到这一点。"那怎么办？"我下意识地问道，旁边的果果说："拿到美好星的时候要马上画下来，以后如果忘记了，看看图画就记起来了。"然然觉得果果说的这个办法不错。她不再求助我，两人去美术区找纸和笔开始行动。

我在晨间谈话时，让然然和果果分享了自己的"美好日记"，大家都觉得这个方法很好。

跳跳提出反对意见：纸容易丢，丢了怎么办？

果果说：用订书机订起来。

跳跳说：用本子，你看，我这种。（跳跳去橱柜拿出他经常带着的一个小本子）

然然说：画不下吧，太小了。

跳跳：那我家有大本子。

张希说：我也有大本子。

中餐后，很多幼儿都自发开始画"美好日记"。

发现幼儿采用绘画的方式记录美好事情时，教师要及时关注并跟进，将个别幼儿的想法、做法在群体中分享。我还带来了自己宝宝的成长日记供幼儿翻阅了解，进一步推动幼儿了解记录册的作用。可以看到，教育者的拓展对幼儿增强生长力是有巨大帮助的。

我有意识地在家长群中分享了幼儿的谈话，以及他们画的日记。一天，豆豆要将"美好日记"带回去，他说要告诉妈妈他今天升旗的美好事。第二天，我看到他的日记画下有豆豆妈妈对豆豆讲述的文字记录。我立即在晨间谈话、家长群中进行了分享。于是，带"美好日记"回家和父母分享、父母文字记录成了风尚，幼儿依托"美好日记"能很轻松地和父母分享幼儿园里的故事。

将幼儿的记录在家长群中进行分享，引发家长了解、记录幼儿图画日记的愿望，从而实现幼儿与家长无阻碍地交流幼儿园发生的各种小事。这个过程推动了幼儿有目的、有内容地交流、表述，给家长以具体的对话内容，让家长成了推动幼儿生长力发展的人群。

我看到楠楠将每天的"美好日记"画成了两行，上方是用图画画自己的美好星故事，下方用数字和符号进行了标注。楠楠告诉我，这些数字、符号是记录每天自己要记住的事情：老师布置的任务，如要带绳子；或者是答应小伙伴的事情，如第二天要带一个芭比娃娃。晨间谈话时，楠楠独特的记录方式在集体中被分享。大家都认同这种方式，因为"美好日记"本每天都带回去，晚上家人分享时一打开就能看到当天要完成的任务，就不会忘记了。

教师观察到有幼儿在日记中增添了"明天任务备忘录"，便在全班进行了分享，让全班幼儿学习用这种方式来增强自己的记忆，教师的推动让幼儿学会了用简单符号记录事件。教师在做这些支持时并没有对幼儿记录的图画做技术上、风格上的要求，所有幼儿在记录"美好日记""明天任务备忘录"时，遵循的是自己喜欢的作画方式。仅以记录方式为例，有幼儿凸显的是描述事件的能力，仅仅使用黑色笔画出简单的符号和箭头；有幼儿关注美术技能，注重构图布局、色彩搭配；有幼儿重视事件中自己的感受，运用一连串的表情图呈现。他们不断吸纳各种做法，从而增强了自己的记录能力和表达交流能力，增强了任务意识。

在"美好日记"的活动中，因为教师的支持，每个幼儿的生长力都得到了充分的发展。在为期一学期的"美好日记"的记录过程中，所有的幼儿都爱上了这种用图画(符号)表达的方式，都很乐意和家长描述自己的幼儿园生活。幼儿在不断增强生长力的过程中，教师所做的努力是推动，并且是有意义的推动。推动什么，不推动什么，在教师心中有准确的判断，这个判断依据就是"这样做，能否增强幼儿生长力"，幼儿能够不断将优势纳入自己已有的体系中，使自己的力量更为强大并具有自己的烙印，这就是生长教育所追求的终极目标：成为最好的自己！

我们生活在自己的世界，

一个对你们而言太小的世界，

即使手脚并用

俯下身子，你们也难以进来。

成年人的托辞。

即使你们用善于分析的眼睛

去探究、窥视，

用愉快的表情

去偷听我们所有的谈话，

你们仍然不能找到那个中心。

在那里，我们跳舞，我们玩耍。

生命仍在酣睡，

在那紧闭的花朵下，

在那光滑的蛋壳下。

杯状的巢内的蛋，

嘲笑着你们那更为遥远的天堂中

褪色的忧郁。

——［英］R. S. 托马斯《孩子们的歌》

---

①高兴、子禾：《给孩子的诗歌经典·中阶　牧羊人在山上寻找他的羊》，24页，南京，江苏人民出版社，2018。

第五章

那些生长教育故事

第一节　在问题中生长

作为教育者，我们期待在与幼儿互动的过程中，我们的教育言行都能符合幼儿生长的需要。作为教育者，我们也期待在与幼儿互动的过程中，教育的过程如行云流水般的顺畅。然而，作为一名理性教育者，我们首先要提醒自己的是，我们渴望理想教育，我们努力践行理想教育，但在教育过程中我们不能回避的是失败、错误、问题、迷茫。生长教育本身就包含在错误的反思中，在与问题的争论中生长。首先，在教育过程中我们会错失教育契机，虽然我们懂得幼儿教育要关注生活、关注个性，但其实在真实的教育场景中我们常常错过有价值的偶发现象。其次，在教育过程中我们会经历幼儿质疑，幼儿其实经常会从自己的角度对成人的安排提出质疑。有直接的质疑："为什么不可以?"有间接的质疑："这样也可以啊。"这些质疑不一定是语言，也可能是行动。我们鼓励教育者随时记录下教育中的问题，并能够勇敢地直面失败，不断反思、不断尝试、不断总结。最终，我们会发现，任何失败与问题都会成为我们和幼儿共同生长的契机。

一、蛇之问——谈教师专业思维的缺失

这是一个失败的教育案例：一条误入幼儿园的蛇，在教育现场，我错失了偶发的教育契机。事件发生后的一周里，我都非常懊恼自己当时的言行。深深的反思之后，我记录下了自己的失败行为，只有如此，我

才有能力抓住下一次到来的教育契机。

蛇：脊索动物门、爬行纲下的一类动物。体细长，分为头、躯干、尾三部分，无四肢或在低等蛇类横裂的泄殖孔两侧有爪状的后肢遗迹；周身披鳞；头部形状各异。

教师专业化思维：教育者能针对生活、教育中的现象、情境、问题，以教育专业者的视角反省，并采用适宜方式回应。

在幼儿园里与蛇偶然相遇，我，作为一名接受了专业学习，拥有近三十年教龄，并时时提倡应该关注教育契机的教育者，能表现出怎样的教师专业思维？能展示出怎样的教育机智？

(一)蛇来了

事件的发生极其简单。

中午用餐后，我在操场打电话，突然看到不远处的草丛中盘绕着一条蛇。我首先是出自本能的惊叫，几位在附近的教师闻讯赶来，大家和我的反应都很相似，惊慌失措。蛇被我们的吵闹声惊了，从盘绕的状态伸展开来，向草丛中爬去。看着这条长长的游动的蛇，慌张中的我努力镇定下来，先让一位教师打110求助，让其他几位教师分头去通知幼儿园的其他教师，关好教室的门，不要让幼儿出来。

做完这一切，在等待专业捕蛇者到来之前，我一边心怀本能的恐惧，一边紧紧盯着草丛中蛇的动向，担心它因躲藏而留下安全隐患。教师们和我一起走到旁边一间有落地玻璃窗的大会议室内，透过大窗户关注着草丛中穿梭爬行的长蛇，讨论着它的可怕、它的长度、它脑袋的形状。回忆着和蛇相关的经历，或许同为女性，故事虽不相同，但似乎都是厌恶、恐惧、害怕、危险……

二十分钟后，专业捕蛇者赶到。在我们的指引下，他从草丛中抓出了那条长长的蛇，在我们的一片惊叫声、感叹声、赞美声中轻松地将蛇放入蛇皮袋，带着蛇走了，前后不过五分钟的时间……

(二)我的反思

围绕这条蛇在幼儿园内一小时左右的时间里，我所有的举动都是围绕安全管理出发，我处理这件事情完全是基于"如何解决幼儿园安全隐患"出发的。等尘埃落定后，我却开始反思：在整个事件中我的教育专业化思维体现在哪儿？为何这长达一小时的理想的偶发性教育契机，我却错手而失？要知道处在城市幼儿园的幼儿能够在生活中如此近距离接触到蛇的概率基本为零，而我在这个过程中根本就没有思考过这一点。鲁迅先生关于《红楼梦》有一段经典描述："经学家看见《易》，道学家看见淫，才子看见缠绵，革命家看见排满，流言家看见宫闱秘事……"①不同视角的人对《红楼梦》的审视体现的正是自己的思维。如果把这个描述放到我所碰到的教育场中，那么它是否应是以下情景。

午后，幼儿园的草丛中出现了一条蛇。

害怕蛇的人：快逃，可怕的蛇，快找人把蛇弄走。（他看到的是恐惧）

不知道蛇的人：那是什么，扭来扭去挺奇怪的。（他看到的是惊奇）

见惯蛇的捕蛇人：好大一条蛇，估计可以卖个百十来块钱，今天运气好。（他看到的是商机）

喜爱蛇的人群：哇，蛇，快来看，快把它拍摄下来。（他看到的是惊喜）

教育者：蛇，我的孩子们是否会感兴趣？时机难得，找个安全的地方快让他们来看看。（他看到的是教育契机）

回望蛇这一事件，我的言行自始至终体现的是我的非专业化思维：害怕蛇，担心蛇会伤害人。在这种思维下，我理所当然地用自己的感受代替了幼儿的感受，想当然地认为所有的幼儿也如同我一样害怕蛇、厌恶蛇，我甚至认为只有关闭了所有的房门才能确保幼儿的安全。因此教育对象——幼儿，在教育场中始终没有出现，虽然他们和蛇的距离是如此近。要知道在省编教材中就有一节集体活动"曲里拐弯的蛇"，故事描述的就是一条来到幼儿园的蛇和幼儿之间的一系列活动。活动中为了能让幼儿感受蛇，我在演绎这个故事时还用布缝了一条蛇，以便让幼儿感受蛇"曲里拐弯"的形象。而当真正的蛇来到幼儿园时，我却丝毫想不到幼儿对蛇的感受，而是用自己的感受直接代替了他们的感受。

"怕蛇而隔离幼儿与蛇的接触"，这种思维方式与专业者无关，而与一位普通的没有接受过学前教育专业培训的人的思维模式无异。正是这种思维模式，决定了我所采取的措施：隔断幼儿观察蛇，等待捕蛇者的帮助。和我同一屋檐下的幼儿、在城市幼儿园的幼儿因此和这难得一遇的现象擦肩而过。女性怕蛇是普遍现象，但作为教育者，必须能在害怕、紧张的同时尽力保持自己的专业化思维，因为只有专业化思维才能准确

---

① 鲁迅：《鲁迅全集》（第八卷），179页，北京，人民文学出版社，2005。

把握事件的教育价值。只有具备了教师专业化思维的人才是一位真正的教师、一位优秀的教师。

（三）我的重构

如果能将时光倒回，作为专业者的我可以这样进行。

午后，我在幼儿园的草丛中发现了一条蛇。刹那间，我迅速做出以下的决定：

打给110求助，和教师一起关注蛇的动向。（教育管理者对安全的关注）

在选择好安全的观察点后，我回教室告诉幼儿，今天幼儿园来了不速之客——一条长长的蛇，询问他们是否想去观察。（幼儿可能会对自然界敞开心怀，亲近自然）

带领幼儿在室内透过窗户关注蛇的动静，和大家讨论蛇、拍摄蛇、画蛇，陪同胆大的幼儿去相对安全的户外观看蛇……（幼儿可能获得语言的发展、观察的能力、记录自己感兴趣事物的能力）

敏锐察觉幼儿对蛇的不同反应，并在之后进行针对性的谈话。（幼儿可能获得个别交流的能力，对蛇有恐惧感的幼儿会降低焦虑，对蛇有好奇心的幼儿能满足自己的愿望）

观看专业人士捕蛇的过程，邀请专业人士和幼儿对话。（幼儿能了解不同的社会分工；学习与专业人士对话；感受动物和人类的关系）

蛇离去后，幼儿对蛇的兴趣如果依然高涨，有关"蛇"的主题活动开始进行……

缺乏了专业化思维，即使你懂得幼儿的学习是以直接经验为基础的，即使你知道自然是幼儿最好的教师，即使你常说幼儿拥有各种兴趣、不同能力。但在具体的教育场，你采用的却可能是完全相反的做法。教师专业化思维并不是随着教龄的增长而同步增长的，教师专业化思维也不能完全依赖于培训。实现教师专业化思维的重要方式是教育者的自觉，养成时时处处进行专业化思维的自觉习惯，试着将自己认同的教育教学理念、方法、模式与自己的实践方式进行专业化审视，自觉反思自己的教育实践，无论是成功之处还是失败之处。敢于剖析自己，敢于将自己的不足展示出来，深入地去剖析、分析。只有如此，我们才能在教育中逐渐形成自己的教育思想体系，到那一天，我们才能无愧地说："我是幼儿教育专业者！"

二、骨折之后，"大带小"该如何继续？

"大带小"活动是幼儿园倡导的一种混龄交往方式，是指大班幼儿陪伴、帮助新入园小班幼儿，这种方式既可以帮助小班幼儿因哥哥姐姐的陪伴而降低入园焦虑，对幼儿园产生归属感，又可使大班幼儿在帮助他人中产生自信，并增强自己的责任意识。

(一)事件背景

我们的"大带小"活动是依据幼儿特点进行的，其模式为大班幼儿在小班教师的帮助下，事先调查小班弟弟妹妹喜欢的玩具、书籍，然后做相应的准备。准备好后，大班哥哥姐姐带着这些物品在场地中等待小班弟弟妹妹。小班弟弟妹妹来以后，在选择自己喜欢的玩具的过程中，接受了玩具背后的哥哥姐姐，从而确定结对的对象。此后，结对的哥哥姐姐和弟弟妹妹在每周固定的时间见面，哥哥姐姐与弟弟妹妹一起游戏、散步。例如，每年9月，我们大(一)班结对的是小(一)班，为了能获得小班弟弟妹妹的认同，大班幼儿足足忙碌了半个多月。终于，在第一次见面那天成功被小班弟弟妹妹认可，每位幼儿都有了自己的弟弟(妹妹)。在之后几次的互动中，大班幼儿带弟弟妹妹游戏，给弟弟妹妹讲故事，午睡起床时去帮助弟弟妹妹穿衣服。

(二)突发问题

这一天餐后，天气特别好。我们按照事先约定的计划，带结对的弟弟妹妹到户外散步，这是第一次带弟弟妹妹去户外，大家讨论了很多：不要去小山坡、不要牵着弟弟妹妹的手跑、准备一些餐巾纸可以给弟弟妹妹擦汗，等等。

然而，散步时，一位姐姐带着小班妹妹慢慢地走在平地上，不知道什么原因就摔倒了，而且这一摔直接导致小班妹妹手臂骨折，送幼儿就医，联系家长……在处理好所有事情后已经是中午了，我们几个教师心里沉甸甸的。毕竟受伤的小班幼儿入园才十几天，这样一骨折，就要在家休养三个月，家长会怎么想。我们甚至开始纠结让刚刚升入大班的幼儿去照顾小班幼儿，去户外是不是不适合。回到教室，我想着怎么和幼儿聊聊关于暂停"大带小"的活动。

事件中的当事人昕纯(姐姐)跑过来对我说："老师，我的妹妹怎么样了?""老师，我真的是慢慢走的，我没有跑。"昕纯快哭了，班级其他幼儿也都围了上来。配班教师告诉我，班级幼儿一直在讨论这件事情，他们要求教师等我回来以后再午睡。

我猛然发现，我们教师在处理紧急事件、反思问题的时候，从来就没有想过要听听昕纯的感受和所有幼儿的感受。

我牵着昕纯的手坐了下来，我告诉全班幼儿："妹妹情况还好，医生已经看过妹妹，给妹妹进行了包扎，妹妹的爸爸妈妈来医院把妹妹接回家休养了。""老师，我不知道为什么会把妹妹弄摔倒，我真的不是故意的。"其他幼儿也分享着："嗯，昕纯一定不是故意的，是不小心。""我有些时候走路也会摔倒的。""为什么慢慢走，妹妹还会摔倒?""我们走路和妹妹走路不一样吗?""下次我们带弟弟妹妹时再小心点儿。"

昕纯平时在班级中很乐意帮助别人，生活自理能力特别强。为期近一个多月的"大带小"活动分享会上，昕纯都会分享自己成功帮助妹妹的办法。她的妹妹也非常依赖她，有一次"大带小"，昕纯因生病请假在家休息，我们安排了另外一位幼儿暂时代替她做姐姐，但小妹妹坚持认为，这不是她的姐姐，她要等自己的姐姐。那一次"大带小"，小妹妹就自己一个人玩。第二周，昕纯回来后，小妹妹开心得不得了。

我肯定地对昕纯说："嗯，妹妹知道你不是故意的，妹妹好了就会回幼儿园的。"昕纯的情绪缓和了很多："那我妹妹要休息多久? 什么时候能回来?""因为妹妹的骨头受伤了，医生说需要休息比较长的时间，可能要好几个星期。"正在讨论的幼儿刹那间安静下来了，沉默后，他们问："骨折了，骨头还会长起来吗?""骨折是骨头断了? 破了吗?""骨头有什么用?""我爷爷也摔倒过，要躺着。"昕纯焦急地说："那我妹妹一定很痛、很痛。老师，我要去看我妹妹。"

和幼儿的交流让我对自己刚才的想法感到惭愧，一个突发事件让我忽视了幼儿之前的努力与投入，忽视了幼儿之间因为结对建立起的不可割裂的情感。作为活动倡导者，我只是将活动看成一个活动。因此，出现了我所认为的"负面"事件时，我的第一反应是叫停。昕纯对小班妹妹的担心，直到回到班级后仍旧念念不忘。全班幼儿目睹了妹妹摔倒被送去医院的场景，并根据自己的经验讨论、猜测。他们担心妹妹，想去看看妹妹。自始至终，他们是真正融入这个活动中的，他们的交流中也包含着他们的困惑："我们和弟弟妹妹到底有什么不一样?""骨折是什么?"

(三)事件的发展

1. 看妹妹之行

由于幼儿对妹妹的强烈担心，我们和家长联系后决定去看看妹妹，但妹妹家离幼儿园比较远，幼儿一致决定让昕纯作为代表和教师一起去探访。为了这次探访，幼儿自发准备了很多东西：自制卡片，小零食，还推荐班级的"故事大王"录播了讲故事的视频。看了妹妹之后，昕纯带回了很多信息："妹妹小，脚步小。""妹妹拍 X 光片了。""骨折在 X 光片中是白白的一条线。""骨折会好，但要很长时间。""妹妹手上扎了绷带。"这些答案让幼儿释怀，但同时他们又产生了更多的困惑："脚步小多少？""X 光片是怎样的？为什么断了是白色的？""扎了绷带会怎样？"

2. 有什么不一样

聚焦困惑点"妹妹脚步小"，幼儿和小班弟弟妹妹进行走路比较。在比较中，他们发现两个人走步的距离的确不一样，并且走得越多，和弟弟妹妹的差距就越大。在比较中幼儿还发现，造成"脚步小"的原因是弟弟妹妹的腿短。最后幼儿在自己真实的发现中得出"如何带弟弟妹妹一起走"的结论：和弟弟妹妹一起走，要走得慢，脚步要比一个人走的时候小一点。这个比较并没有因为答案的获得而停止，而是蔓延到手臂的长短，手的大小，身高、体重，力气的大小……他们为此设计了各种比较的调查表。在比较中，他们不但发现了自己和弟弟妹妹更多的不同，还慢慢感悟到"我长大了""我是哥哥姐姐"的真正意义。在之后的"大带小"活动中，幼儿更多了一份耐心、认真，和弟弟妹妹去楼上大活动室看电影，他们负责搬椅子，他们说："妹妹走一格楼梯要两步，一只手需要扶着楼梯把手。不像我们，一格楼梯走一步。因为他们腿短，上楼梯需要我们帮他们拿东西。""他现在搬不动，我小时候也搬不动。"

3. 妹妹怎么样了

在家休养的妹妹一直是全班幼儿的牵挂，征得家长同意后，全班幼儿和妹妹通了视频。幼儿安慰妹妹："你在家好好休息。""听妈妈的话。"……看到妹妹手缠绷带，幼儿想体验一下这种感受。我提供了很多绷带，幼儿自己假定什么地方的骨头受伤。刚缠上绷带时，幼儿好像没有什么特别的感受，然而半个小时、一个小时过去后，他们感到了不方便：没有办法倒水、上厕所无法脱裤子、拆不了玩具……再次和妹妹视频时，他们有了完全不同的安慰："妹妹，你不能自己倒水喝，要叫爸爸妈妈帮忙。""雪花插片要两只手，你玩木头积木吧。""我可以给你讲故事，你躺着听就可以。"还会交代妹妹的妈妈："您要多帮帮她。""您可以给她听故事。"

4. 骨头是怎样的

为什么骨折了就不能动？骨头在哪里？骨折是什么样的？幼儿对骨头的兴趣越来越浓，有一部分幼儿有和骨头相关的经验：家里人骨折拍X光片。于是，幼儿发起了"骨头探索"活动。X光片、人体骨骼图、人体模型都进入了区角，供幼儿操作、研究。我们还邀请了骨科医院的医生，和幼儿面对面交流、解惑：骨头有什么用？骨折的骨头怎么变好？怎样可以让骨头变得坚固？全班幼儿也到街道医院考察了骨科，调查了骨科里因各种原因伤害了骨头的病人。这些收获都在"大带小"的活动中呈现了出来，哥哥姐姐们耐心和弟弟妹妹们解释为什么要多喝牛奶，多晒太阳，多运动，为什么要好好保护自己。幼儿还画了很多安全警示的标志，贴到幼儿园的楼梯、山坡、大型玩具等他们认为容易摔倒的地方。

5. 神奇的身体

幼儿的研究从骨头蔓延到整个身体，肌肉、内脏、牙齿……班级里各种和人体有关的材料也越来越多，幼儿的讨论越来越激烈，伴随的发现也越来越多。两个月后，在幼儿园举办的"科博节"上，我们班级自然而然推出了"人体馆"。在"人体馆"的现场，班级每位幼儿都能自如地向所有来参观的幼儿、家长细细讲解人体的奥秘，因为这一切完全是他们深入探究获得的。

(四)事件反思

1. 看得见的幼儿生长力

"妹妹骨折了"的活动在班级中持续了近三个月，三个月的时间里，全班幼儿全身心地投入讨论、发现、探究活动中，伴随这一过程的是他们的真正成长。成长体现在他们对"大带小"活动的真正接纳上，幼儿真正理解了"我是哥哥姐姐"的含义。具体表现在以下四个方面。

其一，我有责任陪伴弟弟妹妹。在每次和弟弟妹妹互动的 20 分钟时间里，幼儿能够努力克制自己的喜好，全身心关注弟弟妹妹的感受。这次见面，浩浩给弟弟带来一个不倒翁，他一边耐心地教弟弟玩，一边尝试用语言向弟弟解释不倒翁不会倒的原因。他对询问他这个玩具好不好玩的教师说："这个我是不喜欢玩的，太简单了，但弟弟喜欢，我就陪他玩。"一些平时被视为"幼稚"的游戏、玩具重新被大班幼儿接纳的原因是弟弟妹妹喜欢。其二，我要寻找陪伴弟弟妹妹的方法。每次和弟弟妹妹见面后，幼儿回到班级都会分享"和弟弟妹妹交往成功（失败）"的心得。他们会归纳出"什么玩具适合给弟弟妹妹""弟弟妹妹哭的时候怎么办""用图画书给弟弟妹妹讲故事会更爱听"等经验。其三，持续惦记在家养伤的妹妹。班级幼儿坚持每周和在家养伤的妹妹视频，随着活动的深入，他们以小组的方式进行分工合作。每次视频都有一个小组的幼儿提供一个在线活动展示：讲故事、歌曲表演、木偶剧等。每次结束都会询问："妹妹，这个节目你喜欢吗？下个星期你想看什么节目？"之后，他们就会围绕妹妹想看的活动做准备。其四，主动学习的能力。在这个过程中，我真正感受到了幼儿内心力量被点燃时的那股强大生长力。即使是平时最胆小的小朋友都能够主动出击，为弟弟妹妹寻找各种办法，寻求各种帮助。在和骨科医生互动、走访骨科医院、向所有来访者介绍班级的"人体馆"时，他们不需要教师强调纪律，专心倾听。因为他们是真正全身心投入其中的。特别是决定展示"人体馆"后，他们用了两周的时间分场地、分组准备，推出了"骨骼馆""牙齿馆""内脏馆"。增加了体验的用具，如听诊器、血压仪、假牙等。

2. 看得见的教师生长力

在事件发生之初，我因为担心管理而想停止"大带小"活动。然而，幼儿的努力让我看到了我教育中的失败。教育者应该怎样以教育专业者的视角看待教育中的问题，这其实非常重要，因为我们无法保证在教育过程中永远是一帆风顺的。在这个事件的发展过程中有三个问题一直伴随着我的反思。其一，当教师真正基于幼儿立场关注幼儿时，教育的作用才能真实有效。我用心关注幼儿对骨折的困惑、对帮助方法的分享，我真心赞赏他们。活动中，我创设了分享墙面"帮助弟弟妹妹的高招"，幼儿零碎经验得到了及时的整理，而墙面上的方法又推动了幼儿有目的地去尝试、比较。其二，当教育者能够用心聆听幼儿的想法时，教育的路径才可能真正符合需要。视频连线分享是大班幼儿一种有效的互动方式，这是在本次主题中幼儿帮助我发现的。当幼儿向我反复询问受伤妹妹的情况时，我发现我的语言解释其实很难解决幼儿的困惑。为了解决幼儿的困惑，我尝试运用网络连线的方式安慰妹妹。这种有明确对话点、有明确时间点、有前期准备的在线交流方式，在幼儿园大班是可以运用的。其三，当教育者能够懂得利用所有教育资源时，幼儿的学习方式才能真正趋向多元。一直以来，我都希望能找到符合不同幼儿个性的学习方式，支持每个幼儿以自己的方式成长。但在幼儿教育阶段，如果仅仅以课堂、园内教育资源为主，是很难为以直接经验为主的幼儿提供多元方式的。在这次的主题中，幼儿的强烈愿望促使我们不断扩展资源：和小班的紧密合作，让专业人员走入课堂，让幼儿走入专业场所。如何为幼儿不断扩展教育资源，是我们教育者需要用心修炼的一门课程。

故事记录者：宁波市闻裕顺幼儿园 李江美 盛红

三、我的小书袋

(一)故事背景

进入中班，闲暇时间喜欢看书的幼儿越来越多，由于班级场地有限，小小图书馆无法容纳所有幼儿同时进入，于是，大家都准备了一个小书袋，书袋套在椅子背上，这样幼儿就可以将自己喜爱的书放入，方便随时阅读。

(二)出现问题

然而，一段时间后，因书袋来告状的人越来越多。配班老师说："很多幼儿在集体活动中喜欢将手放到书袋里掏东西。"班级保育老师说："书袋太重，椅子经常翻倒。"保健医生说："你们小书袋里怎么还放巧克力？你看，融化在书袋里，这不符合卫生要求……"难道书袋不好？我试着提醒大家，并做了一个提示卡作为规则：书袋里只能放书。但情况依旧，问题并没有得到解决，配班老师、保育老师、保健医生建议停止使用书袋。停用还是不停用？我有些纠结，因为从使用情况来看，书袋应该符合幼儿的需要，但是幼儿似乎并没有按照最初的约定使用。无论是否停用书袋，我都想知道他们为什么这样使用书袋。

(三)了解原因

在得到大家的同意后，我参观了他们的书袋。

干净的书袋：书袋内干净整洁，里面就一本书。(5 名)

胖胖的书袋：存放各类玩具。(13 名)

脏脏的书袋：玩具、糖果、各种小零食。（5名）

百宝箱书袋：用过的蜡笔、皱巴巴的手工作品、没有盖的记号笔、一团橡皮泥，还有用过的餐巾纸。（4名）

为什么书袋会变成如此模样？我需要听听大家的想法。

天天：书袋里是我喜欢的东西，书袋是我的百宝箱。（解读：每个幼儿都很向往有个百宝箱，书袋的出现给了他们拥有百宝箱的机会）

小王子：我书袋里有很多玩具，我不用走很远的路就能拿出来玩。（解读：对于他们来说多玩一会儿很重要）

喆喆：书袋里有没吃完的饼干，想饿的时候再吃。（解读：有幼儿可能是不想浪费食物，也有幼儿可能是因为知道饼干、水果不能浪费，但又实在吃不下，所以悄悄藏在书袋里）

任任：我也不知道为什么有那么多东西，放着放着就多了。（解读：我好像也会这样，随手一放，事后却忘记放过什么）

通过沟通，我们发现了幼儿对书袋的作用其实有自己的认识。

放东西方便：在幼儿的世界里，玩是第一位，把玩具放在触手可及的地方可以很快开始玩，可以多玩一会儿。

物品所有权：中班幼儿清楚地知道"别人的东西"和"自己的东西"，将认定的"自己的东西"放入自己的书袋中，获得安全感。

无意识归置物品：放着放着就变多，这不仅仅是幼儿，大人一样会如此，班级钢琴上、办公桌上也常常因为我们老师放着放着，东西堆积如山。

既然找到了原因，可以找到比停止用书袋更好的办法吗？

（四）尝试推动

1. 教师预成

我试着创编了一个真实故事《小书袋想对你说》，和幼儿交流分享。

大家好，我就是每天和你们生活在一起的小书袋，有你们每天陪伴我，我很喜欢。我有个超厉害的本领，是我的大嘴，它里面可以放下很多东西，你看。

书本对我说："书袋书袋，我要进来。"我说："可以。"

玩具对我说："书袋书袋，我要进来。"我说："可以。"

记号笔对我说："书袋书袋，我要进来。"我说："可以。"

橡皮泥对我说："书袋书袋，我要进来。"我说："可以。"

彩色纸对我说："书袋书袋，我要进来。"我说："可以。"

饼干、水果、纸巾、蜡笔盒……好多东西都对我说："书袋书袋，我要进来。"我："我好像装不下了，我撑得难受。"

小朋友们，我知道你们喜欢我，你们还把所有喜欢的东西都给我分享，可是我真的塞不下了，我会摔倒，我会变脏，我还可能会破，可我不想离开你们，你们帮帮我，帮帮我。

故事分享完毕，全班幼儿都激烈地讨论了起来。

豆豆：书袋就这么大，我们应该少放一点儿东西。

萱萱：书袋是我们的朋友，我们应该保护它，把它整理得干干净净。

子涵：书袋就放书，放轻点的书。

天天：我其实还有一个百宝箱，是柜子，我会把玩具放到我的百宝箱里去。

我顺势问：你觉得书袋里可以放什么？

大家开始分组讨论、探索，并把讨论结果贴在了黑板上。有幼儿从数量上做了要求，觉得书袋里只能放一到两样东西；有幼儿从种类上做了要求，觉得书袋按照功能，只能放书；有幼儿对玩具和书的大小做了要求，不然会放不进去。通过激烈的讨论，大家做了决定：以后书袋里，可以放入书、玩具、美好日记、好吃的。

2. 幼儿争论

决定又引发了他们的争论，对于好吃的，有不同的声音。

"不能放吃的在书袋里，可能会引来虫子。"

"就是啊，如果你把吃的放在书袋里，坏了、化了，书袋会脏兮兮的。"

"卫生是很重要的，我们都快大班了，每天这样吃、吃、吃，多不好呀！"

"糖果外面有包装怎么会引来虫子呢？"

"我可以不放巧克力，这样就不会融化，放其他吃的又没关系。"

就这样，一场幼儿自发的争论赛如火如荼地进行着。争论很有意思，他们甚至会想着说服和自己意见不同的人。有的妥协，有的据理力争……那么到底能不能把零食放在书袋里呢？大家谁都说服不了谁，最后他们想到了幼儿园里的保健医生。

3. 专业者介入

大家请来了幼儿园里最懂卫生的人——保健医生。保健医生详细地和他们分享了食品的保存方式，以及为什么书袋里不适合放食品。

幼儿园的食品放在密封的专用器皿内，确保没有虫子等进入，还要定期检查，防止过期。

小书袋里的小零食无法定期查询保质期，零食、玩具和书籍同放无法消毒。

听完专业的解答，幼儿观看了保健医生带来的保存食品的各类盒子，还采访了厨师奶奶、保育教师，查看了食品储藏处。在反复验证中，幼儿知道了食品保存的科学方法。他们最终一致同意去除"放好吃的"选项。

4. 矛盾再起

决定后，大家开始挑选放入书袋里的东西，但是问题又出现了。

小王子：老师，我只放了一个玩具，为什么书袋的嘴还是张得那么大呢？

嘟嘟：我就只放了一本书，椅子还是会倒。

张天：我的书塞不进去。

于是"多大才能放进书袋里"，一个由幼儿真实问题产生的数学活动应运而生。大家发现，和书的厚度和长度有关。幼儿测量、比较、记录，在这样的探究过程中，他们自然而然地感悟到了自然物的测量，学会了运用测量物首尾相连的正确测量方法等。最终，幼儿根据自己的认知，做了决定：书袋里最多只放两件东西，且书袋里的东西不能超过椅子的高度，不能超过迷宫玩具的厚度。就这样，幼儿为自己的书袋制定了小规则。

5. 经验迁移

书袋的整洁、干净，让大家有了更多关于整理、归类的想法。

"我们放衣服的箩筐有问题，放不下大家的衣服，而且放在下面的衣服很难找到。"

"我的柜子没有格子，全班东西就会跑到一起。"

"箩筐放什么，柜子放什么，要说清楚，大的东西放在柜子里，小的东西放在箩筐里。"

"老师，你怎么放东西的？"

我邀请全班幼儿参观了教师办公室，大家发现教师办公室柜门上的标签和柜子中的物品是一样的，他们说："这样很好找。"他们发现，教师的柜子有自己做的隔断盒子，他们说："这样可以分开摆"。幼儿发现，原来摆放物品不但可以按照大小，也可以按照功能、使用频率摆放。回来后，他们为自己的物品摆放画图纸，并且根据图纸做调整。整理小书包、整理铅笔盒，连超市物品怎么摆放都进入了他们的视野，整理还在继续……

（五）我的反思

回顾小书袋世界，我们看到的是，幼儿怎样理解规则、制定规则、遵守规则。其实，规则在幼儿园的一日环节中。我们常常会被如何让幼儿遵守规则和幼儿自主发展之间的矛盾所困扰。这个差点让我放弃的小书袋带给我的是怎样的思考？

1. 问题的真实性和普遍性

解决书袋使用的问题，需要制定规则。因为这是班级幼儿普遍出现的问题，而且无法完全依靠幼儿的自身能力解决。以主题、项目的方式来推进，使之成为一个以规则为核心的多领域联动，从而让幼儿明白规则是什么，为什么需要制定规则。如果在与幼儿制定规则时，不遵守这一原则，可能会发生什么呢？曾经，我看到有幼儿拿着书不读，而是卷起书当望远镜玩。我便在区域增加了一条规则："书不能卷起来玩。"并配上了醒目的图示。结果这条规则导致原本不知道可以卷书玩的幼儿，都会有意无意地去尝试卷书。因此，教师在制定班级规则时，如果遇到幼儿出现的问题不是普遍性问题时，我觉得运用个别沟通的方式会更加有效。书袋故事中还有一个小插曲，当大家都选择放书和玩具时，萱萱却说："我不放玩具，我想放剪刀和胶带，因为我需要修补我的书，我还会帮助其他小朋友修补书。"一开始，我心里是抗拒和反对的，剪刀有隐患，胶带容易黏住，为什么要把这些工具放入书袋里呢。但萱萱坚持，她会保护好剪刀，会好好用这些工具。我看着她坚定的目光，同意了，并把萱萱的决定告诉了全班幼儿，大家都支持萱萱的决定。最终，萱萱真的遵守了自己的承诺，还成了我们班的图书修补专家。

2. 考量问题背后的真正原因

书袋出现问题，是我用自己对书袋的认识代替了幼儿认识，就是我假定：所有幼儿都是和我一样，知道并接受书袋只是用来放书的。然而，倾听幼儿的声音，我们发现幼儿是将书袋作用定义为可以放置我的物品的。事实也证明，书袋的确有放置玩具的功能。作为教师，我们习惯于幼儿一出现问题，我们就立即提出要求、提出规则，期待幼儿来遵守并解决问题。但如果规则只是教师想当然制定出的，那结果一定事与愿违。这也就是说，直接给予幼儿的规则是无效的，他们表面答应，但是内心并不接受这样的规则，因此他们仍旧会违反规则、忽略规则。班上女孩们喜欢在区域里制作漂亮的串珠，区域的规则是制作好的串珠挂在展示树上展示，不能带回家。一段时间后，我发现有幼儿会把串珠戴在手上，用衣服遮住或者藏在口袋里悄悄带走。调查后发现，原来他们觉得自己做的串珠那么好看，想带回家给妈妈看看，问题的背后是幼儿想展示自己的成果，但是教师没有提供给幼儿展示自己作品的舞台。于是，我把展示区域从班级搬向幼儿园，并写上设计制作者的姓名。这些串珠出现在幼儿园的大厅、幼儿园的社模中心和园内其他地方，他们会带着自己的爸爸妈妈来参观。我们还举办了"美丽女孩"周，让幼儿有机会把自己设计的好看作品展示在自己身上。现在，班上再也没有幼儿把串珠带回家了。所以，只有了解幼儿、倾听幼儿，才能让幼儿真正遵守规则。

3. 结语

就这样，书袋一直用到了现在。在这个过程中，我发现，刚开始困惑我们的问题，在我们放下自己的成见后，在真正与幼儿对话的过程中，它都会不知不觉地被解决。其实在这个故事当中，它呈现的不仅仅是规则，还有其他许多方面，这都是因为我能直面幼儿的问题。我相信课程最美好的部分就是我始终关注幼儿的问题，我愿意和幼儿的问题展开真实的对话，我愿意和幼儿共同在这个问题当中成长。

故事记录者：宁波市闻裕顺幼儿园 李江美 黄艳

四、我的柚子朋友

(一) 我的尴尬：一大堆柚子带来的困扰

十月金秋时节，家门口的小店里、超市里，到处弥漫着果香。在午饭后散步时，大家闻到幼儿园里有果香，便一起抬头找是哪棵树上发出来的香味，树上长了什么。由此，小班年级组顺着幼儿的兴趣准备开设主题活动"好吃的好玩的"。根据教师预设的方案，幼儿需要带一种水果来幼儿园，丰富的水果可以更好地让幼儿沉浸在美妙的果香世界里，围绕水果进行探讨。因此，我就拟了一则通知发在班级群里。

亲爱的家长们：

你们好！因班级主题活动需要，请您花一点时间协助孩子准备一种水果，下周一带来，感谢您的配合！

小雨点班

然而，第二天，啼笑皆非的一幕上演了：我们班幼儿家长拎着水果牵着幼儿来到班级，将近五分之四的家长怀里竟然都抱着同一种水果——滚圆的柚子。不一会儿，桌上、地上堆满了金黄的大柚子。连门口站岗的园长妈妈都忍不住走进班里来询问："你们班是要进行关于柚子的活动吗？今天早上只要抱着柚子来的，好像都是你们的。"我有些懵了，为什么家长都带柚子来，难道是我的通知没有说清楚吗？还是因为大家住的小区门口只有卖柚子的？在几乎全是柚子的情况下，我们根本无法开展预设的活动。看到隔壁班级有各种各样的水果，我打算去向隔壁班级借几种，或者去水果店买几种水果来开展活动，我一上午都为这个苦恼。

(二)我的发现：幼儿和柚子

然而，班级幼儿和柚子互动的场景令我感到奇怪。

场景一：

柚子像开会般地堆在桌子上，正在点心桌上吃点心的幼儿喝着豆浆、嚼着饼干，一边嘬着手指，一边用小手指了指那堆柚子，同一桌的他们聊了起来。

馨馨：这是梨！好大好大一个球！

安安：是梨还是球啊，真滑稽。

八度：我的嘴小小的，怎么吃啊？哈哈哈。

丢丢（着急）：才不是，这是柚子，妈妈会剥好塞进我嘴里。

松松：是的，这是柚子。（说完，对着丢丢笑了笑）

八度：这是柚子。

场景二：

吃完点心的几名幼儿蹲在柚子边交流着。

谷歌：这个是我带来的水果。柚子，他比我的脑袋还大。（用手比画自己的脑袋）

当当：哇！真的耶！

涵涵：嗯，好香啊！哇！（鼻子紧贴在柚子上用力地吸鼻子，鼻子快

要戳进柚子里了）

多迪：谷歌，我跟你带来的一样，好大啊，和西瓜一样。

场景三：

户外运动回来，几名幼儿绕着柚子一圈圈地转，甚至还有幼儿伸出了舌头想要去舔一舔这个金黄色的大家伙。

小雨：它是不是像棒棒糖一样甜啊？

媛媛：这个外面的不能吃。

熙熙：你看，我还能把它顶在头上不会掉，快看快看！

梓媛：这也太多了吧，吃得完吗？

媛媛和梓媛是我们班年纪较小的并且性格相对内向的两个小女生，平时连问早都很少，集体活动中几乎看不到她们两个举手发言，游戏时候她们也经常选择躲在美术区或在娃娃家中一个人玩。但今天她们的表现令我感到很吃惊，因为柚子，她们两个活跃了起来，甚至和其他同伴有了交流，不像过去的她们了。

这些在我眼里很单一甚至令我有些发愁的柚子们，却吸引了这群入园才一个月的小班幼儿，引起了他们的兴趣。在这一个月来，我还真的很少看到他们会因为一样事物而产生这么大的兴趣，他们之间甚至还有了互动——互相交流讨论。我感到非常惊奇！

（三）我的第一次反思：我可以做什么

1. 同一性物质对新小班幼儿的吸引力

教育中我总是非常关注材料的丰富多样，也就是物品的多样性，因为我觉得多样性能够满足不同个性幼儿的需要。但同一时间大量的柚子出现在幼儿的视线中，小班幼儿成点状的兴趣竟然因为同一样物体的大量聚集而聚焦，幼儿的兴趣被激发，专注度也高度集中。相对于中、大班，小班幼儿还存在从众性的心理特点。在新小班幼儿中表现也很明显，如集体教学活动中，我提出一个问题，当第一名幼儿回答完后，后面的幼儿常常重复第一名幼儿的答案。在选择区域活动时，第一个幼儿选择去哪个区域玩，后面的幼儿也比较容易跟随。在我观察幼儿讨论的过程中，我发现，在点心桌上幼儿讨论这是什么水果时，有幼儿提出这是梨，但丢丢坚持认为这是柚子。于是，后面的幼儿都跟着丢丢的思路，相继说这是柚子。柚子似乎连接起了班级幼儿的共同兴趣，或许我苦恼的问题能够成为我们班幼儿融合这个群体的一种方式，值得我去试试。

2. 良好沟通对新手家长的有效支持

我作为一名新手班主任，为防止自己的通知不到位，意图表达不够明确，每次出通知前我总是提早三天，留给家长足够的准备时间。但从这次的情况看，仅做到这些是不够的。原因是我们班幼儿的家长是按照我的要求执行任务的，他们并不知道为什么要这么做，也不清楚带来的水果与幼儿的发展之间有什么关联，结果导致出现 20 几位家长几乎都带柚子的现象。反思我这个新手教师与家长沟通缺乏针对性，内容单薄，很难让家长真正内化教师的目的，也很难让家长配合教师进行同步教育。有效的沟通必须让家长清楚在教育过程中应该做什么、怎么做、为什么这么做。在有效沟通的背后是教师懂得理解家长的困惑，并有支持家长的意识，支持家长在幼儿教育思想、方法上的认识，让家园形成教育合力。

（四）我的推动：你好，柚子！

我持续一天对幼儿进行了观察，发现他们会自发围在柚子堆旁边聊，会主动地去摸摸柚子。在与班级教师、年级组成员以及园长妈妈沟通讨论后，我觉得有关柚子的问题可以尝试着跟进。

师：我们班里出现了许多金黄色的"大朋友"，谁知道它叫什么名字？

幼 1：老师我知道，我来说！妈妈告诉过我，它叫柚子。

幼 2：是的，是叫柚子。

师：愿不愿意和柚子朋友打个招呼呢？

幼 3：你好，柚子。

幼 4：你好，柚子。

班级幼儿竟然都非常主动并且声音响亮地与柚子打招呼，要知道好几名幼儿平时还不太肯叫我们二位教师。

幼 5：你好，柚子，我叫丢丢。

我敏锐地察觉到这个打招呼方式的不一样，在打招呼的基础上还能向对方介绍自己，说明新小班幼儿能够关注自己语言与其他人语言之间的关系。这其实是教育者们平时强调的让幼儿融入群体的有效方式：会向别人主动介绍自己。这是一个有意思的点，我立即抓住了这个点。

师：你好，柚子，我是顾老师。

幼1：你好，柚子，我是小雨。

幼2：你好，柚子，我叫安安。

幼3：你好，柚子，我是小番茄。

幼4：你好，柚子，我是熙熙。

全班幼儿都大大方方地向柚子介绍了自己，这一幕让我们三位教师都很吃惊。看到大家这么想要和柚子做朋友，我又抛出了一个话题。

师：哎呀，柚子和我长得真像，都有圆圆的脸，你们有吗？

幼1：我的脸也和柚子一样。

幼2：我的肚皮也是圆圆的。

幼3：我的头也是圆圆的，柚子也是圆圆的。

师：那我们有什么地方和柚子朋友不一样呢？

幼4：我不是黄色的。

幼5：它没有眼睛，我有。

幼6：它也没有嘴。

这次谈话后，班里的幼儿总喜欢去抱柚子。早上来园后的第一件事情就是去和柚子朋友问好，下午离园的时候，还不忘抱起柚子用自己的脸蛋蹭一蹭，和柚子说再见，请柚子在这里等他。有幼儿在与小伙伴发生争执后，还会找柚子去告状："柚子，他不对！"幼儿的情感在这里开始，大家在班级中多了一个可以随时进行情感倾诉的"朋友"。

一天午餐后，八度突然跑来和我说："顾老师，我要睡觉，柚子也要睡觉。"

我看八度抱着柚子，问："八度，你想要和柚子一起睡，是吗？"

八度点了点头。原来八度是想把柚子带走一起睡午觉，但她没有直接和我说。

八度在午睡时总会想妈妈，只有老师坐在旁边，拍着她，她才有安全感，才能入睡。我犹豫了一下，答应了，这一天，她带上柚子一起午睡。她轻拍柚子，哄柚子睡觉，等到我再去看她的时候，她已经睡着了，从需要被哄入睡到哄"别人"睡，中间是一个小小柚子的力量。其实，很多新小班幼儿喜欢玩偶陪伴的入眠方式。八度的举动吸引了班级中的其他幼儿，大家照顾柚子的行为蔓延到吃饭、看书的时候也把柚子放旁边，出现了各种各样照顾柚子的行为。

围绕柚子的活动越来越丰富多彩，并进入了"可能性区域"（可能性区域是生长课程进行过程中，能引起幼儿兴趣又不具备明显指向性的学习内容和材料，教育者就会单独开辟一个空间供幼儿自由探索，之后再根据幼儿的互动方式调整进入区域)。幼儿在"可能性区域"中用柚子做各种尝试，他们很希望柚子和自己一样，有眼睛、嘴、头发。在尝试的过程中，他们发现了记号笔、水粉刷、扭扭棒等的不同用途。

多迪：蜡笔在柚子身上画不上，但是在纸上可以。

涵涵：橡皮泥黏不上柚子，他们只能黏在盘子上。

梓媛：你看我，我用牙签把橡皮泥黏到柚子上，柚子有眼睛了。

熙熙：记号笔可以画。

幼儿在不断尝试、不断摸索中学会了运用多样的工具，成功地发现了多样工具使用的小秘密，并且用归纳性的语言表述了出来。渐渐地，幼儿在"可能性区域"中想要做的事情越来越多。例如，大家带来的柚子个头上有大有小，于是他们开始了一番讨论。

熙熙：谷歌，你看这个柚子好小啊。

谷歌：是啊，比其他的小那么那么多。

当当：这个是这里最大的了，我找不到比它大的了。

馨馨：你看这个，是这里最小的。

谷歌：最大的肯定最重了。

当当：你看我，抱都抱不动它。这个小的我就可以拿起来。

馨馨：妈妈都是这样比谁重的。（做出一手掂一个柚子的动作）

谷歌：哎呀，这个柚子太重了，我一只手都拿不起来，但是这个小的我可以拿起来，还是大的重。

在之后的日子里，大家还会每天像点名一般数一数柚子有没有变少，幼儿的兴趣从美术创意到比重量、数数量，在比较时，还能说出谁比谁重、哪个最重，并且还会用比较级、最高级的语言表达。

（五）我的第二次反思：拟人化柚子对新小班幼儿的价值

拟人化教育是针对新小班幼儿的感性思维，利用小班幼儿的泛灵心理，将物拟作人，用生动的语言，贴近幼儿童真世界的方式对幼儿进行的一种教育。代入感是指幼儿产生一种把自己当作想象中的人物而产生的一种身临其境的感觉。在柚子活动中，班级中形成了将柚子当成好朋友的拟人化氛围，幼儿将自己代入，成为柚子的好朋友。

1. 有效缓解新小班幼儿的入园焦虑

幼儿园的集体环境对新小班幼儿来说是陌生的，难免会使其产生焦虑情绪。入园焦虑的表现不同，程度不同，对于新小班幼儿来说，入园焦虑多多少少都会存在，如果长时间的焦虑得不到缓解，就会对新小班幼儿的心理健康造成不良影响。柚子的出现，让这群新小班幼儿找到了释放焦虑的对象，他们将柚子视为一个在班级中的朋友，如当八度午睡时，她需要柚子陪着她入睡。拟人化教育使新小班幼儿产生代入感后，他们时常就会觉得自己身边有一个好朋友陪伴着，多了一个情感倾诉对象。在陌生的环境里有一个熟悉的朋友，会让幼儿产生安全感，对班集体产生归属感，有效缓解入园焦虑，为更好地融入集体奠定了良好的基础。

2. 有效发展新小班幼儿的语言表达能力

小班幼儿的语言能力发展正处于关键期，并且良好的语言表达能力有助于幼儿更顺利地与同伴交往，表达自己的情绪情感。刚入园的新小班幼儿不太愿意开口交流，也很少与同伴交往。幼儿的语言发展，是在不断交往的过程中发展起来的，这就需要教师鼓励幼儿勇敢交流、表达。在谈话活动中，有这样的一幕：新小班幼儿在认识柚子后，全班幼儿纷纷加入与柚子打招呼的行列，并且开始主动、响亮地进行自我介绍。拟人化的柚子帮助新小班幼儿脱离了心理上的束缚，让幼儿释放了自己乐于表达的天性，表现出了语言的完整性。拟人化教育产生的代入感能够给幼儿创造良好的语言环境，适时为幼儿提供交流互动的话题，在谈话活动中，教育者及时抛出话题：柚子哪里长得一样，哪里长得不一样。瞬间，新小班幼儿就围绕柚子开始讲起来。

(六)幼儿的力量：柚子，我来帮助你！

幼儿与柚子互动一段时间后，我看到了在新小班进行项目活动模式的可行性，他们令人惊喜的点还在不断拓展。

幼儿和柚子一直在教室里互动。这一天，他们突然提出，我们每天去散步时，柚子也应该去。然而，柚子又滑又重，很容易在幼儿小小的怀抱中滚落，这让大家很心疼。安安发现，柚子可以放进班级的小推车里，被推着去"散步"。两辆推车装了八个柚子，可是还有好多柚子没有推车可以"坐"，怎么办？有幼儿马上说："隔壁班级也有车！我去借！"当时我很吃惊，也怀疑他们能否借到车。我在走廊上张望，看到几名幼儿到别的班级门口前有些犹豫，但最后他们还是成功地借到了车，全部柚子都能够"坐"在推车里去"散步"了。回到班级后，我和他们聊天。

师：刚刚那些老师你们都不认识，你们有没有担心？

幼1：我有点儿，但是她们也是老师。

幼2：没有，老师借给我了。

幼3：我们一起去，就不害怕了。

这一次，其实只有几名幼儿参与了借车，这些幼儿都是平时胆子比较大的、性格比较外向的幼儿，还有好多幼儿当时也说去借，但最终没有去。我希望每位幼儿都去尝试一下，但我知道这对于新小班幼儿尤其是内向的幼儿来说，是困难的。

师：那我们以后每天轮流去借好不好，大家都去，去问隔壁班的孙老师，再问隔壁班的张老师，我们都去试试看好不好？

幼1：老师，什么是轮流？

师：就是今天你们几个去，过一天换几名小朋友去，这样我们班级的每个人都能帮到柚子朋友，柚子朋友可"开心"了。

幼2：好的，我要去借！

幼3：老师，我先去！

幼4：老师，我去借！

幼5：我去。

看到大家都有勇气跨出第一步，我很高兴。但我知道，如果幼儿第一次的尝试以失败告终的话，可能就会导致内向的幼儿从此不敢再迈出去尝试。一天中午，我偷偷告诉各班教师，我们班幼儿可能会来借车，请他们支持一下。之后连续几天大家都成功借到了车，他们高兴地推着车回来，充满了自信。这样的行动在班级延续着，他们不仅会去借车，还会去食堂请食堂阿姨帮助加米饭；皮球瘪了，没气了，会去向门卫爷爷借打气筒。我把幼儿借东西的视频发给家长看，他们都很吃惊，在群里留言：当时熟悉班级教师都用了将近一礼拜时间，没想到现在能大胆地跟陌生教师沟通，甚至和门卫爷爷沟通了。还有家长发信息给我，表示很感动，因为孩子在家总不喜欢主动与人打招呼，在小区里碰到认识的邻居，明明认识也不愿意打招呼，现在竟然这么勇敢。

在和柚子的互动中，大家发现柚子会滚，但不是往前滚，而是在地上打转。他们有些纳闷，它跟皮球长得一样，可是滚起来好像又不一样。于是，我就推出了一个尝试活动"它们会滚吗"，大家在幼儿园里找了一些会滚动的东西，还有的幼儿从家里带来了矿泉水瓶、水杯、玩具车的轮子……跟着他们的兴趣点，我们展开了一场关于滚动秘密的探索。在探索中，他们发现有些物品会滚动(圆圆的)，有些物品不会滚动(方方的、尖尖的)，他们还发现会滚的东西滚起来不一样，有快有慢，有的朝前，有的转圈。

经过为期三周的活动，和柚子朋友的故事到这里就暂告一段落了，但幼儿的疑问还在继续。

柚子的肚子里面是黄色的吗？

柚子的大肚子里是什么？

柚子香香的，是从肚子里发出来的味道吗？

柚子原来是住在哪里的？家里吗？

……

柚子的故事还在继续，幼儿的能力也以柚子为载体，不断蔓延着……

(七)我的第三次思考：教育者应该做的努力

1. 教育支持细腻

新小班幼儿缺少与周围人交往的经验和技巧。因此，一直以来，我们都希望新小班幼儿敢于主动交往、有礼貌地交往。但我们往往容易疏忽很重要的一点，即其实新小班幼儿在迈出社会交往第一步的时候，非常需要外在环境的及时回应。教育者除了教给幼儿交往的技能技巧之外，还需要关注他们的实际能力和他们的心理健康。在这一次借推车的过程中，我提前与幼儿园的人员进行了沟通，细腻的教育支持确保了幼儿在迈向交往第一步的时候能收获成功。

2. 充分了解资源

幼儿生成活动是幼儿园课程形成的一个主要方式，并且生成活动对教育者有更高的要求。其中一个重要的条件是，教师在平时要对教育资源有密切的关注。就像这一次的活动，能够成为一个比较成功的生成活动，是因为我平时对幼儿园的资源很清楚。当他们讲到滚动时，我瞬间就能想到幼儿园的墙壁上有一排会滚动的皮球、沙坑里有会滚动的管子、操场上有滚轮玩具等，并立即整理资源，为活动提供充分的材料。生成活动需要教师平日里有意识的积累。一个有准备的教师，就要对园内物质资源、人力资源、自然资源都有充分的了解，并且当幼儿生发兴趣点时，教师能瞬间想到相关资源的支持，及时捕捉幼儿的兴趣点，并提供有效支持。

故事记录者：宁波市江湾城幼儿园　李江美　顾丰颖

第二节　在兴趣中生长

生长教育认为，为幼儿开启互动的最好方式是基于幼儿真实的兴趣。只有准确把握幼儿的兴趣，所有的教育支持和教育努力才有意义。我们能准确发现幼儿的兴趣吗？在发现幼儿兴趣后，教育者所有的努力是支持幼儿因兴趣而产生的真正的深度学习，还是因教育者的介入扑灭了幼儿的兴趣，或者因强行引导使幼儿的兴趣成了"假兴趣"。这一切都需要教育者真正的观察、记录，并及时反思。要知道教师"好的期望"不一定会产生"好的效果"，一切在于你能否真正尊重幼儿的兴趣。千万别小看幼儿，你是真正欣赏还是敷衍欣赏，幼儿都能分辨出来。

一、蚯蚓来了

(一)幼儿兴趣：这是什么

我和幼儿在操场散步，塑胶地上几条正在爬的蚯蚓引起了我们班幼儿的围观。

诺诺："小蛇，快打死它。"

阳阳说："好像是泥鳅。"

文文："那是蚯蚓，是益虫。"

大家争论不休，来找我当裁判。我说："它长长的身体边真有点像蛇、像泥鳅，不过它的名字就是文文说的，叫蚯蚓。""老师，它会咬人吗？""老师，它家在哪里？""老师，它吃什么？"确定了名称后，大家的问题接踵而至。我笑着说："你们这么多问题，老师一个人哪里回答得了啊，谁愿意一起和老师找答案呢？"

(二)共同研究：蚯蚓的秘密

"关于蚯蚓，你们想知道什么？"我询问，了解幼儿对蚯蚓的最初兴趣。

鑫鑫：我想知道蚯蚓住在哪里。

文文：这个我知道，蚯蚓家在泥土里，我还知道它是农民伯伯的好朋友。

鑫鑫：那蚯蚓能住在沙子里吗？

文文：可能也行吧。

浩天：我想知道蚯蚓喜欢吃什么。

添添：我想知道蚯蚓怕什么。

蚯蚓的出现引起了班级幼儿强烈的兴趣，但他们对蚯蚓能想到的问题并不多，这与他们原有相关经验比较缺乏有直接的联系。对于不熟悉的事物，幼儿的问题面会比较狭窄，也很难提出有针对性的问题。如果此时我们不给予幼儿一定的支持，那么他们的兴趣将会逐渐下降，直至消失。

我慎重地将幼儿的问题记录了下来，制成了一张简单的"蚯蚓问题卡"。我说："现在我们有关的问题都在这卡上了，如果你们找到了问题的答案就画下来。如果你们有新的问题产生了，也可以加上去。我们比一比，看看谁能成为我们班的蚯蚓专家。"

根据问题卡，大家兴高采烈地开始搜寻答案，到图书室找材料、去问门口的保安叔叔、要我帮忙上网查找……在搜寻答案的过程中，他们关于蚯蚓的问题反而开始增多。

门卫爷爷说，蚯蚓砍成两段还能活？那它不会流血吗？

网上说的蚯蚓刚毛是什么？可以摸到吗？

书上说蚯蚓吃垃圾，那它有牙齿？

3. 资源引入：大家助力

幼儿园现有的资源已经无法满足幼儿层出不穷的问题了，他们产生的众多问题都找不到答案。于是，一张"爸爸妈妈一起来"的海报出炉了。

亲爱的爸爸妈妈：

我们发现了一个奇怪的小动物——蚯蚓。我们很想了解它，可我们找到的相关资料太少了。请你们帮我们一起寻找好吗？

你们可以：

晚上给我们一点时间，陪我们上网找蚯蚓；

和我们一起打印蚯蚓的图片；

找找蚯蚓在哪里。

家长也纷纷加入了幼儿的研究队伍。周日带幼儿去挖蚯蚓、打印蚯蚓图片、寻找蚯蚓的头尾……家长的加入重新推动了幼儿研究蚯蚓的兴趣。的确，对蚯蚓有兴趣，是每位幼儿最初的感受，但幼儿的兴趣点如果得不到有效支持，往往就会转瞬即逝。因此，教师必须要及时把握幼儿的兴趣点，并懂得借助各种力量(园内和园外)保持、扩展幼儿的兴趣。

在爸爸妈妈的帮助下，班级幼儿在泡沫箱里装上泥土打造出了一个"蚯蚓之家"。鑫鑫的爷爷从钓鱼商店买了很多蚯蚓，放入泡沫箱中。同时，爷爷又提供了放大镜、小镊子、木棒、手电筒等各种工具，以方便幼儿观察。

大家可以随时随地在泡沫箱旁研究蚯蚓，他们每天念叨着蚯蚓，给蚯蚓作画、为蚯蚓起名字、为蚯蚓找食物、考虑如何给蚯蚓洗澡。

妞妞，一个胆子较小的女孩，看到涛涛用手抓蚯蚓，吓得尖叫。涛涛对她说："我这样才能知道，蚯蚓爬在手心里是痒痒的。"闻闻也说："对啊，你也抓抓看，蚯蚓有点黏糊糊的。你不抓，就发现不了这个秘密。"妞妞犹豫着伸出手，碰了碰闻闻手上的蚯蚓，又缩了回来。一个星期后，妞妞也独自抓起一条蚯蚓，并用放大镜仔细观察。墙壁上，"蚯蚓问题卡"上已经画满了文字和符号。

在"蚯蚓之家"，班级幼儿在自己的努力下、在爸爸妈妈的帮助下、在教师的支持下，发现了蚯蚓的许多秘密：他们知道可以将厨房不要的菜叶扔入泥土中让蚯蚓吃；他们经过慎重的决定，将一条蚯蚓一分为二，看到了蚯蚓有黄色的液体流出，而几天后，这条蚯蚓活了下来，但个头短了很多；他们发现蚯蚓在泥土中很灵活，但到水泥地上就会爬得比较慢。

蚯蚓引发的活动，让幼儿获得的已经不仅仅是蚯蚓的秘密了，他们通过蚯蚓懂得了观察、判断、坚持、分享。在学习这件事情上，我们发现幼儿完全有自我学习的能力，只要我们为他们创设适宜的平台，他们呈现出的学习方式和学习结果就会令成人诧异与惊喜。

(三)教师支持：共同释疑

随着幼儿与蚯蚓的亲密接触，他们对蚯蚓已经有了越来越多的了解：蚯蚓喜欢生活在泥土里，蚯蚓身体上有一圈一圈的，蚯蚓两头看起来差不多，所有的这一切都是他们在与蚯蚓的互动中获得的。当然，他们对某些问题也存在着相同的困惑，如盲眼是什么？刚毛我为什么看不到？为什么蚯蚓表面有点黏糊糊的？我认为，当幼儿对某些问题有比较明确的指向时，是组织集体教学的最好时机。我针对幼儿普遍存在的问题设计了集体活动"蚯蚓的秘密"，并精心准备了蚯蚓、放大镜、小手电、光滑板、粗糙板、图表等。

在活动中幼儿再次与和蚯蚓互动，并且分享了自己的发现。

幼1：蚯蚓身上一环一环，像呼啦圈。

师：对的，这样一环一环的，人们称它为环节动物。

幼2：蚯蚓爬起来一下长、一下短。

幼3：它长的时候就会变瘦，短的时候会变胖。

师：你们的眼睛真亮，科学家把蚯蚓这种一伸一缩的爬行方式叫作蠕动。

幼4：蚯蚓看起来两头好像一样，分不出头在哪边。但我仔细看了，它头这边有个比较大的环，还有它总是朝头这边爬。

我们可以看到，虽然幼儿研究蚯蚓已经有一段时间了，但他们的发现各不相同，集中观察、分享使散落在幼儿个体身上的经验得到了共享。在分享中，幼儿有了交流，对蚯蚓的了解更为全面。

我还安排了一个指向性探索环节。

探究一：为什么说蚯蚓是盲眼？（提供的研究工具有放大镜、手电筒）

探究二：蚯蚓在光滑的玻璃和粗糙板上爬行有什么不一样？（提供的研究工具有光滑的玻璃台板、粗糙的木面板）

探究三：蚯蚓在泥土里、水里、沙子里有什么不一样？（提供的研究工具有泥土、水缸、沙子）

幼儿针对这三个问题，有目的地运用工具研究，分享研究成果。

幼5：我用放大镜仔细看了，蚯蚓没有眼睛。但奇怪的是，我用手电筒照射它，它好像会躲避。

幼6：蚯蚓没有眼睛，我们都找不到。

师：对啊，长年生活在黑乎乎的地下，你想，眼睛用得上吗？

幼7：嗯，我知道，这叫退化，就是总是不用，就会没有的。好像有一种鱼也是这样的。

师：蚯蚓是没有眼睛，但为什么它好像对手电筒的光有感觉呢？这个问题我们还要好好研究。

幼 8：蚯蚓在那个粗糙的板上爬得很快。

师：你们从书上知道，蚯蚓用腹部刚毛爬行，对吧？刚毛必须要插入一个地方，才能拖着蚯蚓前行。

幼 9：哦，玻璃太光滑了，刚毛插不了，对吧？

幼 10：嗯，蚯蚓在那个粗糙的板上容易插入刚毛，就爬得很快。

师：蚯蚓用刚毛爬行的秘密被你们发现了，好厉害。

幼 11：把蚯蚓放进泥土里，它马上就不见了，它喜欢泥土。

幼 12：老师，我把蚯蚓放水里很长时间它也能动呢。

幼 13：蚯蚓在沙子里好像不行，一会儿就不动了，我马上把它拿起来了。

师：你们摸过，蚯蚓的表面是怎样的？

幼 14：有点黏。

幼 15：湿湿的。

师：对，这是蚯蚓的重要秘密，它必须要保持身体的湿润。所以，它在水里也能活比较长时间，但在干干的沙子里它就活不了，甚至在干干的泥土里它可能也会死。

幼 16：怪不得，老师要我们经常给蚯蚓的"家"浇点水。

有效的集体活动，其目标指向相对明确。在这个环节中设计的三个研究问题，都来自我日常对幼儿的观察。为了使大家的研究更有针对性，我提供了适宜的工具。从分享环节来看，这样聚焦的探究在幼儿和蚯蚓互动一段时间后开展，是适宜的。从中，我们可以感受到，只有来自幼儿真实困惑的问题才能使集体教学真正符合幼儿的兴趣，只有针对幼儿需要提供的支持才能使集体教学真正达到有效、高效。

班级幼儿对于蚯蚓的研究还在继续，他们创编了与蚯蚓有关的舞蹈，他们懂得了在蔬菜地里放入几条蚯蚓可以帮助松土，他们自编的《蚯蚓故事》吸引了隔壁班幼儿的关注……教师的支持也在持续：在阅读角放入绘本《蚯蚓日记》、在美术区放入各种各样的蚯蚓图片……

（四）我的反思：教育的方向

1. 个体学习与集体教学的结合

一直以来，幼儿园教育都存在着是注重幼儿个体学习还是注重集体教学之争。"蚯蚓世界"这个活动证明，形式不是症结所在，重要的是形式背后的理念。只要有正确的教育理念，那个体学习、集体教学都可以是适宜的方式。在"蚯蚓世界"的探索中，我们看到个体学习满足了每位幼儿对蚯蚓的独有兴趣与关注。同时，集体教学也不可或缺，设计适宜的集体教学在单位时间里让他们零碎的经验得到了充分的分享，而且教师有目的地设计的环节为提升、引领幼儿的继续探索指明了方向。

2. 园内生活与园外生活的统整

好的教育离不开家庭的支持，如何能让家长找到适宜的方式介入幼儿园教育？这值得我们思索。在活动中，我们采用了一个简单的招募令，吸引了家长的关注，后期我们不断地将班级幼儿对蚯蚓的发现分享到网上，让家长看到自己的参与对幼儿学习的直接影响。使家长的参与从被动到主动，从无意识到有意识。

3. 自主探究与教师支持的吻合

教师要相信每位幼儿都有很好的学习能力。只有明确这一点，我们才会真正放手让幼儿去探索，也才会真正尊重幼儿的点滴发现。在长达半个多月的研究中，班级幼儿的表现可圈可点，为了寻找答案，他们克服了种种困难。其间，他们的专注力、坚持性打动了教师和家长的心。相信幼儿有自我学习的能力，还意味着教师能够有适宜的方法去支持幼儿的学习。例如，在蚯蚓这个活动中，教师与家长为幼儿共同打造的"蚯蚓之家"很好地支持了班级幼儿的探索，教师提供的各种观察工具为幼儿的困惑及时提供了支持。我们必须随时解读幼儿的言行，唯有如此，才能使支持真正有效。

二、幼儿园里的窨井盖

(一)幼儿的兴趣：奇怪的窨井盖

在一个风和日丽的中午，餐后，我和班级幼儿在幼儿园里散步。一名幼儿指着脚下的窨井盖，大喊："这是什么？"喊声一下子吸引了我和其他幼儿，我们一起围过去看他的发现，大家纷纷讨论开来。

豪豪："这个盖子黑黑的，好难看。"

悦悦："这下面是脏东西。"

天天好奇地问："什么脏东西？是我们的大便吗？"

悦悦："那我不知道，反正我妈妈说，要离这个东西远远的。"

瑶瑶："我知道，这叫窨井盖。"

涛涛："这里也有。"

淼淼："这个是方的。"

散步变成了找窨井盖，如果不是幼儿的发现，我还真不知道，我们幼儿园里居然有那么多窨井盖，而且形状、花纹、大小不一样。事后，我还去数过，幼儿园里大大小小的窨井盖有71个，从盖子上的文字来看有水、电、污水、网等，不同的窨井其作用也不同。幼儿普遍有兴趣是课程最好的生长点，而且还有那么多唾手可得的资源。我开始思考：如果开展这样一个主题活动，幼儿能从中获得什么？于是，我们发动年级组教师开始审议这个内容。从幼儿的兴趣出发，挖掘可实施的切入点，开展一系列主题活动，鼓励每一个人都生长。因此，围绕窨井盖，我们与班级幼儿开启了一段长长的探究之路……

(二)活动的开启：窨井盖调查

这到底是什么？由于第二天就是周末，大家约定一起找答案："这些大大小小、方方圆圆的铁盖子到底是什么？它有什么功能？你还在哪里看到过？"

周末，好多家长都发来了幼儿找窨井盖的视频和照片。星期一的早晨，小乖一脸兴奋地走进教室，手上还拿着两张纸，看见我就高兴地拉起我的衣角。

"老师，星期天我和妈妈一起在我们住的小区里调查了窨井盖。你看，我和妈妈还一起做了调查表呢。"小乖说。

"你超额完成了任务，真棒！"我说。

接下来，陆续到班级的幼儿，除了和我打招呼外，都会加上一句："老师，我周末去调查过窨井盖了，它……"

于是，上午的晨谈活动变成了"聊聊窨井盖"。

小乖第一个讲述他发现的关于窨井盖的秘密。他拿着调查表说道："这是我和妈妈一起去做的调查，就在我家小区。在那里，我发现了18个窨井盖，17个是圆形的，1个是方形的。"

天天说："我看到过，窨井盖是圆圆的。"

悦悦说："我看到过的窨井盖是方方的。"

萱萱拿着从家中带来的关于窨井盖的图片一边给小朋友看一边说道：

"我发现有些窨井盖上写着一些字。"

我问："还有字，有些什么字呢？"

萱萱说："有些窨井盖上面写着'水'字，有些写着'电力'。"

多多说："我看到的窨井盖是方方的，写着字母。"

大家发现窨井盖有不同的功能，窨井盖上面藏着许许多多的秘密。"幼儿园的窨井盖也是如此吗？"讨论中，我们一起创设了一张调查表，带着各种各样的疑问，大家来到了操场，开启了窨井盖调查之旅。

在观察记录的过程中，班级幼儿分小组结伴行动，两个一对、三个一组、四个一群，边看边记。

乐乐兴奋地对开开说："你快看啊，这个是电信，我认识这两个字。"

那一头又传来对话："果果，这个还有字母，你看到没有，有 S、有 W……"

大家惊喜地发现，窨井盖上有的是通信、有的是供水、有的是供电、有的是排污水、有的是燃气、有的是消防栓、有的是雨水等，有的幼儿还找到了符号、日期、字母呢。

在这个调查过程中，大家相互交流的氛围以及与物之间的接触是直接的，每个幼儿都积极参与其中，充分发挥了积极性和主动性，得到了真正的发展。

（三）活动的深入：幼儿园里到底有几个窨井盖

大家发现，原来我们幼儿园有好多好多的井盖，这让他们很好奇，那到底有几个？于是，我们开展了"数数地上窨井盖"的活动。然而，由于幼儿园窨井盖的数量实在多，而且分布没有规律，大家想了很多办法，但数出来的答案都不一样。

有的说 51 个、有的说 43 个、有的说 64 个……

面对不一样的结果，大家有些困惑了："为什么我们数出来的窨井盖有那么多答案呢？"大家似乎找到了答案。

昊昊说："我们可能跑得太快，有些地方没注意，遗漏了。"

小乖说："人太多，跟着前面的人一起数了，我们这样数肯定要数错。"

我提问："那我们怎么样可以数得精确点，数过的地方不会再去数呢？"

萱萱说："我们可以在窨井盖上做个记号。"

"对，对，这样我们就不会漏掉了。"

大家开始第二次数窨井盖，并且在数过的窨井盖上面用粉笔标注"＋"和"0"。最后，男孩组发现有 67 个，女孩组有 64 个。

"咦，怎么还是不一样呢?"幼儿有些纳闷。

"我们再去数一次，这次我们在窨井盖上放雪花片，我们三个人放，我们回来了，你们再去收，别弄错。"

"我们放棒冰棒，你们放，我们看，一个也别漏掉。"

于是，我就看到了这样的场景:班级幼儿自主商量后，女孩组继续留在班级，男孩组分两个小组，走到大厅门口后向左右分开行动。5 分钟后，男孩组回到教室，女孩组行动，其中两个女孩快速跑出去查看是否有遗漏，回来后再和其他女孩一起去收窨井盖上男孩组放的雪花片。

由于雪花插片、棒冰棒数量较多，我发现数数的幼儿自然开始运用 10 个一堆的方法、5 个群数的方法。最终，在反复确认中，他们得到了答案，有 71 个窨井盖。之后，他们还用同样的办法发现了方形、圆形窨井盖的数量，电、水、污水、煤气、网络的窨井盖数量。

(四)活动的拓展:窨井盖能好看点吗?

伴随幼儿对窨井盖功能的了解，他们也提出了质疑:这些窨井盖这么有用，但为什么都是黑乎乎的有点难看。幼儿的质疑让我发现，无论是在小区、在幼儿园、在马路上，窨井盖好像确实都是黑乎乎的，我把班级幼儿的这个困惑带到了年级组。

教师 1:"我在国外旅游的时候，看到过有些国家地上的窨井盖是很漂亮的。"

教师 2:"是的，现在有很多国家的一些城市，他们的井盖做得很有艺术味道。"

教师 3:"是不是，这也可以作为一个课程视角，让幼儿去了解。"

带着新的信息，我和班级幼儿一起开始寻找"不一样的窨井盖":画着漂亮的樱花窨井盖、埃菲尔铁塔井盖、动漫人物窨井盖……幼儿也有了一个念头:我们也可以设计好看的窨井盖吗?连续几天，他们都在美术区设计。一系列画在圆形、方形纸上的"我心目中的窨井盖"开始出现。

果果:"我们幼儿园的窨井盖，我们也可以把它装饰得很漂亮。"

楠楠:"嗯，黑黑的不好看。"

大家拿着自己设计的窨井盖花纹去找园长妈妈，和园长沟通"让幼儿园的窨井盖更好看"的建议。最终，园长妈妈被他们说服。

(五)我们的实践：好看的窨井盖

去幼儿园操场上画窨井盖画的创作确定了，我以为他们会立即动手。没有想到，他们的举动却出乎我的预料。他们居然要求提供大的纸张："我们平时的小，小的纸上好看，到了大的窨井盖上不一定好看。"连续几天，他们都在和真实窨井盖一样大小的纸张上作画。终于完成了，大家带上设计图、水桶、颜料、笔等工具来到操场，小组分工：一个勾线、一个拿设计稿、两个做参谋。幼儿完成设计后还请家长评价，然后分工开始上色。看，那边有的组画艘轮船、有的画蝴蝶、有的画花朵……在商量、讨论、合作中，大家愉快地作画。他们会先用记号笔勾线，再用颜料作画，大家积极配合，用团队的力量解决困难。

幼儿园窨井盖创作成功，大家将视线转向了小区里那些黑乎乎的窨井盖，想给那些窨井盖来个大变身。我联系了社区书记，带着班级幼儿一起走访了社区居委会，她很支持我们这个活动，于是我们小区开展了窨井盖绘画之旅。

(六)活动的延伸：窨井盖下的世界

随着课程的深入，"窨井盖下是什么?"的问题自然而然地出现了。幼儿做了以下猜测。

幼1："肯定都是水。"

幼2："会不会是大便……"

幼3："我们看到过带'水'字的窨井盖，下面应该会有水管吧……"

社区里的工作人员打开了窨井盖，大家看到原来下面有管子和水表。我们找到了地下管道管理的相关人员，由于地下水管无法让幼儿参观。于是，工作人员给大家播放视频看，向幼儿介绍井盖的各种用途。大家发现，原来小小的、黑乎乎的窨井盖串起了整个城市，它可以说是一个城市的命脉——水之脉、电之脉、网络之脉，它保障着我们的生活。

(七)教师的感悟：向幼儿学习

"儿童是成人之父"，这句话耳熟能详。然而，在实际的教育过程中，我并没有做到，我还是觉得是"我教幼儿"。窨井盖的故事让我看到了幼儿的力量，这种力量经常被我们遗忘。

1. 保持好奇之心

窨井盖出现在我的视野中有 30 多年了，但我从来没有关注过它。我在这个幼儿园工作了十多年，我也从来不知道这里居然有 71 个窨井盖。我也不知道看起来一样的窨井盖其实形状、花纹、大小、文字、作用都不同。而幼儿却能够敏锐地察觉生活中常见事物的细微特点，只有保持好奇心的人才能时时处在学习中。向儿童学习，是学习他们常常问为什么，学习他们对世界的一切事物都保持好奇心。

2. 敬畏儿童力量

在窨井盖的活动中，幼儿其实遭遇了很多的困难，如怎么数出窨井盖的总数。连续几天，他们都围着整个幼儿园奔波，跑得满头大汗，结果答案还是不同。一个人踩住一个窨井盖，结果人数不够；借用操场上在玩的小班幼儿，结果小班幼儿站在井盖上一会儿就自己走开了；用雪花片好不容易点清，结果怎么数这堆雪花插片的困难也随之而来。但他们总是说一句："哎呀，错了，再来。"然后又充满力量地投入活动中。在画户外窨井盖时，第一次他们用的是水粉颜料，结果一场大雨，图画瞬间消失。第二天，难受了一天的幼儿找到原因后，开始重新作画。这一切让我看到他们身上那股强大的生长力。正如生长教育所说的，生长力，本来就在幼儿心中，教育者所做的是用适宜的方式唤醒这股力量。

故事记录者：宁波市闻裕顺幼儿园 张庆庆 孙玲娟 李江美

三、"洞"见生长

(一)项目起源：这里有洞洞

最近班里出现了一个奇怪现象：原本不太受小班幼儿关注的自然角，最近几天却拥有了独特的魅力。比如，原来幼儿很喜欢听我讲故事，而这几天我讲故事时，好多幼儿还在自然角嘀咕着；喜欢的区域活动开始了，自然角里居然还逗留着好几名幼儿。这个现象引起了我的关注，新小班的幼儿怎么会突然爱上自然角？

"这里也有洞洞。"(涵涵大喊着)

"虫子咬的！奶奶家的青菜上也有。"(八度边说边用手指着那片"受伤"的叶子)

"这个洞很大，这个洞小。"(丢丢几乎整个人趴在叶子上了)

"是蚂蚁咬的吧?"(媛媛用细小的声音弱弱地说着,她踮起了脚尖,脖子伸得长长的,脑袋探得更近了)

"蚂蚁才不吃青菜呢,是蜗牛。"(丢丢立马站起来反驳道)

"蜗牛在哪儿,没有蜗牛……蜗牛……"(哲哲小声呢喃着,扒拉着叶子寻找着什么)

"这有洞洞!"(随着熙熙一句话,孩子们又拥了过去看另一个洞洞;媛媛不知什么时候已经挤到了前排的"最佳观赏位置";哲哲也瞪大了眼睛)

"这里也有! 这里……"

原来班级幼儿被叶子上的洞洞吸引了。我园践行的生长教育一直以来倡导教师要善于发现幼儿的兴趣点,从幼儿的兴趣点出发帮助幼儿搭建生长平台,获得生长力。对小班幼儿而言,推进项目活动一直存在着各种各样的困难和挑战,他们的兴趣点也比较分散,但此时此刻班级幼儿的关注点让我兴奋不已。

(二)我的第一次思考:洞洞的价值

1. 符合幼儿兴趣

通过观察,我发现,只要一有时间,自然角总是挤满了人。看来,洞洞引发了班级大部分幼儿的兴趣。其一,它引发不同类型幼儿的关注。通过观察可以看到,对洞洞感兴趣的是众多的幼儿,并且这些幼儿有不同的特点。例如,主动型幼儿,如丢丢、八度、熙熙等,具有很强的观察探索的兴趣,并且他们在观察中语言表达清晰明确,会主动和身边的好朋友分享自己的猜测和结果。被动型幼儿,以媛媛为代表的幼儿,在平时的生活中不太喜欢主动表达自己的想法和感受,在集体教学中也很少主动发言。但观察发现,在关于洞洞的讨论中,她能和同伴交流自己的想法。甚至,平日里一个习惯游离在集体之外的幼儿,也参与了"自然角观察团",还参与了讨论。其二,幼儿对洞洞的关注表现出持续性,小班幼儿的关注点比较零散,且容易转移。基于幼儿对洞洞的观察,我发现,他们对于自然角中洞洞的兴趣并不只是一时兴起,而是对于这个点状的兴趣有着线性的关注。具体表现在,他们的观察活动往往从早上开始贯穿到一整天的活动中,只要一有碎片化的时间,就能在自然角看到幼儿的身影。在离园前,也会有幼儿拉着爸爸妈妈在自然角停留、交谈。由此说明,幼儿的兴趣始终在延续,并且这种兴趣并不是短时的,而是具有持续性的。

2. 具有教育价值

洞洞的教育价值体现在以下两个方面。其一，内涵不同，领域价值不同。在我们班的自然角中有植物、有动物，幼儿在与植物、动物的互动中隐含着各领域的价值。在观察探索中，我们可能发现植物的特征以及植物生长之间的关系，指向科学领域；在欣赏一草一木中，感受大自然独特的美，指向艺术领域；因自然角和同伴交流、交往，指向语言和社会领域。其二，促使幼儿能力发展的价值。他们围绕自然角的猜测、表达，并乐此不疲地连续观察，体现了幼儿初步萌芽的美好学习品质。自然角给幼儿搭建了互动交往的平台，促进他们积极主动探索、交往互动能力的发展，甚至可能唤醒部分幼儿的移情能力，如有幼儿会觉得植物被咬伤了，会主动来照顾它们。小班的幼儿具有泛灵论，天地万物对于他们来说和人类一样，是有生命的，植物的身上出现洞洞就意味着植物受伤了，需要照顾。自然角为不同能力幼儿的发展提供了无限的可能性。

基于以上分析，我认为幼儿对自然角的关注，其实是一个小小的项目活动的萌芽，基于班级幼儿的兴趣和已有经验，我开始预设课程的可能性走向。

(三)项目推进：我们造洞洞

情景一：在充分准备之后，我兴致勃勃地开始和幼儿聊他们发现的洞洞。

师："王老师发现，最近自然角出现了很多小小探索家，谁愿意来说说你的探索和发现呢？"(我试图引导幼儿展开讨论"叶子上的洞洞")

八度："叶子上面有洞洞，很可怜的，我帮它浇水了。"(八度很真诚地望着我，说到"可怜"时，眼眉不时紧蹙)

熙熙："我昨天问我妈妈了，妈妈说蜗牛吃了洞。"(熙熙立马站起来解释着，目光不时向八度投去，像是在安慰有些难过的八度妹妹)

多迪："蜗牛自己也背洞洞呀！"(多迪话题一转，让我有些不知怎么回应)

小雨："我看到过蜗牛身上的洞洞！黑黑的。"(坐在多迪旁的小雨立马附和着)

小番茄：“我用剪刀把我爸爸衣服上剪了一个洞，哈哈……”

“那你爸爸生气了吗？”(大家的话题越来越脱离我的预想，我丝毫接不上话，但似乎更多幼儿的兴趣被点燃了，我开始懵了)

多迪：“我还在家里搭过洞洞呢，我用乐高搭的！”(他一脸自豪地说)

丢丢：“老师快看！这是我搭的洞洞！”(只见丢丢“咚”地一下将两把椅子放倒，并拢在一起，用手指着中间的洞洞，不甘示弱地说道)

孩子们纷纷走过去效仿着，全然忘了我们之前的话题……

此刻的我有些受挫，原本我设想的是和幼儿一起讨论植物上的洞洞，但没想到他们对我的话题不怎么感兴趣，反而丢丢的一个动作引来了大部分幼儿的模仿：把椅子放倒后也尝试着搭洞洞。

八度：“丢丢你看我也会啦！”

“这有什么了不起的，我还能这样呢！”说着多迪把椅子倒了过来。

“快看我搭的洞洞！”番茄兴奋地喊着。

谷歌：“媛媛我们两个一起来搭吧！我教你。”

大家的热情逐渐高涨，声音也越来越嘈杂。面对幼儿高涨的热情，我逐渐从不知所措的情绪里抽离出来，开始仔细观察幼儿，思考幼儿感兴趣的究竟是什么，我能给予怎样的支持。

于是，我想到了班级的可能性区域，这是我们幼儿园特有的设定，是为班级幼儿真实兴趣而准备的场所。平日里，我们的可能性区域比较冷清，因为新小班还习惯听从老师的安排。但此刻，可能性区域或许能满足幼儿此时造洞的想法，我快速走到了可能性区域。

“我们到这里来！”

“你把刚才说的洞洞来搭搭看，看能成功吗？”(我对多迪说)

“来这里画一画你的洞洞吧……”(说着我已经准备好了笔和画纸)

“你是怎么剪洞洞的，可以再试试看吗？”(我对剪破爸爸衣服的小番茄说)

有些幼儿自己已经跑去美工区拿材料了，趴在桌上开始了，还不时跟我说：“老师你看，我这是黑洞，你知道什么是黑洞吗？”

“老师，我剪洞洞剪得可快了！”

于是，有的造洞洞、有的剪洞洞、有的画洞洞……一双双小小的眼睛里散发着光芒。这时，我才明白，原来幼儿真正感兴趣的是植物上奇怪的洞，也只有明白他们真正想做的事情，才能激发幼儿真实的学习愿望。

造洞的活动在班级中持续地开展着，在这个过程中，幼儿表现出不同的困难：剪出的洞总是破，于是我开展了手工活动"怎么剪洞洞"；拼搭的洞总是倒，于是相应的支持活动"怎么连积木"因此展开；牛牛想帮助八度画洞，结果八度说牛牛抢他的纸，结合绘本开展的"我来帮助你"的活动，让小班幼儿明白帮助别人时怎么说。我突然发现"造洞"其实是一座最好的桥梁，它让我发现了幼儿需要什么支持，幼儿因为自己真实的问题而能够接纳我给予的帮助，教育活动在新小班成了一种温暖的、信任的对话。

(四)我的第二次思考：让追随如何有价值

新小班教师对新小班推进项目活动并没有太多的经验，如何在幼儿有兴趣时，确保这种生成活动是有价值的?

1. 适时调整

只有真实的兴趣才能唤醒幼儿的内在学习动机，内在学习动机能使幼儿在活动中获得最大的满足，不再关心和在乎外在的奖赏。根据原先的预设，我准备和幼儿讨论开展的主题将是围绕自然角展开的。但在和他们进行真实的互动后，我发现，幼儿的兴趣是围绕洞本身展开的，而不是对自然角的关注。幼儿甚至不关心洞洞在哪里，不纠结于洞洞存在于哪个地方。在意识到这一点之后，我迅速转移并接纳幼儿的真实兴趣，关注重点转移到了怎样去造洞，洞是怎样的，你还见过怎样的洞。

2. 准确推进

其一，用好可能性区域。可能性区域提供给幼儿自主学习探索的时间和空间，他们在其中操作、探索、实践，构建自己的经验，探索未知的领域。通过与材料的相互作用，每位幼儿都能有不同的收获。通过可能性区域同样使教师更加了解幼儿的学习方式，发现幼儿的困惑点，从而开展更有针对性的、幼儿真实所需的教学活动。其二，把握集体教学的价值。将平时关注收集到而未能当场回应的问题进行有准备的呈现。这样既能使内容来源于幼儿，又能很好地吸引幼儿。集体教学活动是推进项目活动的重要途径之一。在开展项目活动的过程中，集体教学活动充满了不确定性和偶然性。活动以解决问题的逻辑来开展，问题的解决过程是儿童、教师、环境、问题等众多因素之间的对话过程。此过程会激发与生成许多新的问题与困惑，对这些新的问题与困惑的探究便形成了新的活动，在新的活动中又会激发与生成新的问题与困惑……①

（五）项目拓展：到处都有洞

随着班级幼儿对洞洞的不断探索，造洞洞、剪洞洞以及围绕洞洞开展的各种游戏，大家的兴趣逐渐趋向广泛化和外延化，并随之不断拓展。

情景一

一天，幼儿在吃水果时开始了有趣谈话。

媛媛："老师，你看我的嘴，好大的洞洞！还能吃东西呢！"

哲哲："我的洞洞更大，我一口就把葡萄吃进去了。"

丢丢："我鼻子上也有洞洞，哈哈哈哈……"

小雨："你的耳朵上也有洞洞呀！"

丢丢："你也有呀！哈哈哈哈，我们大家都有呢……"

大家对于洞洞的兴趣不只局限于物品上，他们逐渐开始探究洞洞和自己之间的链接。于是，绘本活动"寻找身体上的洞洞"自然展开，幼儿从中意识到身体上的洞洞和自己之间的关系。

情景二

幼儿园的各个地方都能看到趴在地上仔细研究洞洞的幼儿。在户外活动中，他们发现了窨井盖上的排水洞、水管上的洞、栅栏上许许多多的洞……探索地点也逐渐开始扩大：操场、草坪、楼梯间、大活动室……有时，就算是到了一间不熟悉的教室，对于洞洞的探索热情也会马上抚平幼儿对陌生环境的恐惧。

我抓拍幼儿探究的照片、视频吸引了越来越多的幼儿，大家都很自豪地站起来介绍着自己的发现。我还随时随地地将大家找洞洞的热情和每个阶段幼儿对于洞洞的描述发布在家长群中和幼儿园的教职工作群中，大家为幼儿的发现而惊喜、而震撼，越来越多的人都不由地被吸引到"洞洞"活动中。

一大早，安安爸爸来园时兴奋地跟我说：

"王老师，听说孩子们最近在找洞洞。我这里有一个有趣的洞可以和孩子们分享。"（说着他拿出了一副牙齿的模型）

"你看这上面一个个黑黑的小洞洞，都是因为没有好好保护牙齿！"

① 王春燕：《幼儿园课程概论》（第2版），179页，北京，高等教育出版社，2014。

"这个模型太形象了，谢谢您对孩子们的用心和支持！"

于是"牙齿上的洞洞"的健康活动展开了。活动中，安安介绍了这个模型，我把安安在课堂上讲述牙齿上的洞洞的视频分享到了班级群里，家长们纷纷为安安流利的表达点赞，并且也开始搜集自己工作中和洞洞相关的东西。搜集洞洞的热情逐渐在家长当中蔓延开了，大家一有什么发现，就会分享在班级群里。一名幼儿带动一户家庭，一户家庭同时带动其他家庭。在探索的过程中幼儿不断有新的发现，不断拓展新的未知领域。

一次，食堂阿姨兴冲冲地来到我们班。她神秘地对幼儿说："今天的午餐可神奇啦，食物上都是洞洞！"原来是藕。班级幼儿吃得津津有味，边吃边小声议论着还有什么食物上有洞洞。从那之后，幼儿经常守候在食堂门口的小方桌旁，讨论着每一样食物上是否有洞洞，不时来跟我分享。

小雨："王老师，我们发现辣椒上也有洞洞！"

当当："对啊，笋上面也有呢！"

谷歌："今天我发现了空心菜上也有洞洞，食堂阿姨说空心菜里面是空心的。"

丢丢："王老师，哈密瓜里面有洞洞吗？"

师："有什么办法能知道哈密瓜里面有没有洞洞呢？"

丢丢："可以切开来看看！"

师："是个好办法，可是王老师没有刀，怎么办呢？"

丢丢："我们去找食堂阿姨帮我们切开看看吧！"

说完，三五个孩子一起拥了出去，我也跟在后面。

丢丢："阿姨，可以帮我们把哈密瓜切开看看吗？我们想知道里面有没有洞洞！"

阿姨很耐心地展示了两种切法。切开后，幼儿为他们独特的发现而欢呼雀跃。同时我为他们大胆的尝试、流利的表达能力、"打破砂锅问到底"的探究精神而感动。是啊，幼儿本来就是天生的探索家！

在和洞洞为期两周的相处中我们有了颇多的收获，班级幼儿对于洞洞的理解也有了不同的表达，我和幼儿商量邀请爸爸妈妈们参观"洞洞展"，和他们分享"洞洞的秘密"、分享幼儿的成长足迹……

（六）我的第三次思考：教育者的作用在哪里？

在为期一个多月的洞洞探索活动中，我和班级幼儿一起成长着、努力着。从刚出校门，我努力关注怎样上好一节集体教学，到如今我已然真实地感受到生长教育中那句话的真谛："我们不仅要让教室成为孩子的世界，还要让世界成为孩子的教室。"

1. 交互式探索模式对小班幼儿的重要影响

在活动中，通过观察幼儿学习和探索的过程，我发现，幼儿的探索热情随着活动的开展而变得更加高涨，探索中所触及的活动内容自然也会变得更加多元化。但小班幼儿独特的年龄特点和学习方式，容易使他们在探索过程中的兴趣得不到及时的支持和延续，兴趣点会悄然消逝。只有懂得支持幼儿进行交互式探索模式的教师，才会珍视幼儿的兴趣拓展，才会逐步引导幼儿从班级的探索到户外的发现，让幼儿点状的兴趣逐渐生长。

2. 广泛人群参与对幼儿教育的重要性

广泛的人群应该是幼儿学习生活中所能接触到的所有人，这些人对幼儿来说都是互动的对象，也是提供教育支持的有力人群。比如，在洞洞大搜索的过程中，我努力创设一个让幼儿能够得到广泛支持的环境，通过不同的方式让全体家长、全园教职工知道：小雨点班的幼儿在寻找洞洞。他们也因此形成了强大的支持圈。

3. 做有心的教育支持者

教育者不仅要起到推动幼儿发展的作用，更要做幼儿真实的陪伴者、倾听者、记录者。和幼儿共同探索、猜测，体验探索的快乐，在活动中记录他们一点一滴的发现。教师需要通过各种媒介，如录音、视频、照片、日记、记录本、观察表等形式让幼儿的学习过程可视化，也能帮助教师关注幼儿的发展水平，让教育的解读更有依据性。记录也是家园合作交流的重要资料，通过教师的记录，家长能更加了解幼儿教育，了解幼儿的发展水平和学习方式，增进对教师的信任感。

随着问题的解决，幼儿的脚步会更加轻快。他们不断开始对新的问题产生兴趣，生成新的探索，建构起新的知识或是经验。我们乐于看到的是这个过程将持续幼儿的终身，也就意味着他们拥有自主探索和终身学习的优秀品质，我无比期待着……

故事记录者：宁波市江湾城幼儿园 李江美 王茂霖

四、和豆芽一起成长

(一)事件缘起：这个长得真快

随着"有用的农作物"主题的结束，班级幼儿想要尝试种一种水培或土培的农作物，他们带来了土培的土豆、水培的番薯、水培的芹菜等。每天，他们都关注着植物的变化。几天后，果果的豆芽吸引了班级幼儿的关注。因为这些豆芽变化特别明显，相比土豆、番薯，它们简直一天一个样。在星期四的时候，果果把其中长得比较长的豆芽剪了下来，带进小厨房炒了一盆豆芽。看着果果的炒豆芽，大家的兴趣一下子被激发了，问题接踵而来。

一一：你这个豆芽长得真快，你看我的土豆才一丁点儿。

果果：是啊，豆芽长得很快，我妈妈经常在家里种。

晨晨：豆芽是怎么种出来的啊？

果果：放水里啊，盖上保鲜膜，很简单，像我这样！

安安：真的吗？我也想种豆芽，你能教教我吗？

希希：你的炒豆芽真的很好吃，我家有黄豆，可以吗？

果果：应该可以的，可以试一试啊！

看果果种豆芽如此快，孩子们都有了尝试的冲动。

这是一群非常有行动力的幼儿。几天之后，各种豆出现在班级中，黄豆、绿豆、红豆。仔细观察，他们种的方法各不相同。童童(平时做事比较着急的)直接就把土豆给拿了出来，扔进已经浑浊的水里；安安和叶叶(做事比较仔细的)先跑去咨询果果，果果手把手地教他们，并且和他们一起去寻找下面有洞洞的箩筐。一一倒是按照果果的方法在种养，但她好像不知道要给豆芽换水。

(二)幼儿行动：种得出来吗？

看到这场景，我有点着急，因为我知道童童肯定不会成功，一一的豆芽估计会烂掉。如果他们第一次种养豆芽失败，会不会打击他们，我要不要介入呢？但当我看到大家持续地关注着豆芽，而且一直讨论，我忍住了介入干预的念头，继续退位到观察者的角度。

几天后，童童说："我的豆豆好像不行了，开始烂了起来，臭臭的。"

乐乐说："我的一点反应都没有，都不长。"

轩轩则开心地说:"快看快看,我的绿豆好像有点变大了。"

一一说:"我的豆上面长毛了,这是怎么回事呢?"

晨晨说:"我的也是,可能是豆不好,我要再换些豆。"

幼儿种养的结果和我的猜想一致。但幼儿失败后,他们并没有气馁,而是表现出想继续尝试的态度。他们还会思考种不出的原因,有更多的幼儿转向果果请教,果果看到小伙伴们遇到这么多的问题,一下子愣住了。于是,我将大家聚集在一起开始交流。

虞老师:"你们都想种出豆芽吗?"

乐乐:"我想吃一盆自己种的豆芽。"

安安:"我也是,那天我吃了果果的炒豆芽,味道真不错。"

虞老师:"被你们这么一说,我也好想吃,怎样才能种出和果果一样的豆芽呢?"

果果:"要把绿豆浸泡在水里。水不能太多,不然会把豆豆给淹死的,然后给豆豆盖上保鲜膜,还要给豆豆换水。"

轩轩:"一定要绿豆吗?黑豆可以吗?"

一一:"水是要用洗手的自来水呢还是我们饮水机里的水?"

童童:"为什么要盖保鲜膜?一定要盖吗?"

阳阳:"我们要等多久豆芽才能长大,才能吃呢?"

希希:"那豆腐是不是也是这样来的呢?他们都有豆。"

(三)我的反思:教育者的干预

对待大家的问题,我一直在寻找适宜的干预方式,具体包括以下两点。

1. 干预方式准确

当幼儿看到果果把种养的豆芽变成美食时,他们对种豆芽产生了初步兴趣,但此时我并不知道幼儿对豆芽的兴趣点到底有多少,兴趣时长又会是多久。为此,我选择在一旁观察他们的后续行为。当幼儿出现各种问题状况后,我发现幼儿中有先行一步的孩子(果果)。我继续忍住干预,积极推动了生生互动。在种豆芽的过程中,幼儿各种失败的经验和冲突助推了他们的兴趣。同时,他们也提出了更多关于豆芽的问题。从幼儿的语言中,我及时捕捉散落的兴趣点,并敏锐地发现此时正是介入幼儿活动的关键期。于是在"晨谈时光"里,我组织了一次围绕种豆芽的谈话活动，把幼儿的兴趣点、困惑点都一一记录下来做了一次全面干预。

2. 发现儿童力量

虽然我们相信儿童的力量，但在潜意识里我们还是会觉得幼儿是弱小的，是需要帮助的。所以，有时我们会不由自主地忽略幼儿的力量。改变的方式是用心观察，我发现果果是本次活动的引领者，她有种养豆芽的经验，对于种养豆芽的细节也相当清晰。同时，在班级里她也很善于表达交流，最重要的一点是果果很有耐心，大家1次、2次、3次……同一个问题不停地问果果时，她都能耐心地解答。为此，果果的力量在本次活动中可以充分得到借助，班级幼儿称果果为"豆芽小博士"。同时，我们也在"晨谈时光"里创设了"豆芽博士解答时"，为幼儿力量的拓展搭建了有效的平台。

（四）幼儿实践：我的豆芽在长大

随着豆芽项目在班级的推进，"怎样让豆芽长大"成了幼儿首要面对的问题。

安安："绿豆的生长和其他植物一样，需要阳光、水。"

豆豆："绿豆需要在水里才能长得快。"

妮儿："要加温水，因为我们小朋友也喝温水。"

乐乐："不行的，要加冷水，自然水，因为我们每天给植物浇水用的就是自然水。"

轩轩："不一定每颗绿豆都能长大，就像我们种的土豆，有大有小。"

希希："豆芽的叶子能吃吗？"

童童："到底该怎么种呢？"

妮儿："我去找找有没有书可以帮助我们。"

豆豆："可以去问下门卫爷爷，门卫爷爷是幼儿园的种植高手。"

乐乐："我自己可以研究，我一定会研究出来的，我还可以和门卫爷爷的方法比一比。"

阳阳："试试不就知道啦！"

我们发现幼儿懂得借助身边的力量，而且每位幼儿的学习方式和路径都不一样。我把大家出现的这种多样性全部呈现，让幼儿学习运用他人的方法，及时调整，这是否是一种好的教育方式呢？幼儿按照自己的方法开始尝试了，有的去寻找门卫，有的还带来了绘本，他们发现了种养存在的差异性。门卫爷爷给的方法是，豆芽喜欢生活在阴暗的地方，不喜欢阳光，用布把阳光遮起来，并且经常换水，就可以了！小宝的书上说："要给豆芽身上压东西，豆芽才长得好。"

为了争论谁对谁错，幼儿分成了两派。

乐乐："我相信门卫爷爷的，压会压死的。"

童童："我相信书上的，老师和爸爸妈妈都让我们去书里找答案，我哥哥能上小学，就是会看书啊。"

天天："我相信门卫爷爷的，他的菜种得多好啊！"

谁也说服不了谁，最后，大家决定亲自试试。

他们有的选择了门卫爷爷的方法，有的选择了书里的方法。种养豆芽的第三天，"爷爷办法组"的幼儿发现自己的豆芽有变化了。

安安不禁兴奋地大喊："快来看，快来看，豆芽的绿衣服爆开了，好神奇啊。"

果果说："豆芽宝宝原来和蚕宝宝一样，会更换衣服啊。"

"书本支持组"的幼儿有点儿气馁，他们的豆芽似乎长得比较慢。然而，当第五天他们打开积木看时，瞬间被震撼了，惊讶声也随之而来：全是又粗又壮的豆芽。

原来"爷爷办法组"能种出快而细长的豆芽，但"书本支持组"能种出慢而粗的豆芽。大家笑着说："原来都可以，就是看你喜欢吃什么样的豆芽。"但"书本支持组"发现了新的问题：压豆芽的积木变黑了。大家纷纷寻找可以代替积木的物体：石头不行，太重了，被石头压过的豆芽会"受伤"；泡沫不行，太轻了。最终，幼儿发现，不一定像书上说的要用积木压，可以用和积木差不多重的湿毛巾，或者小塑料筐上放塑料积木来代替。这一发现来自班级幼儿自己的实践，超越了绘本。在这个过程中幼儿发现了豆芽的成长过程，还体会到了木头的重量和大小对豆芽的影响，发现了比书中更完美的方法，这些都是我们班发现的养豆芽的秘诀。

（五）我的反思：教育者的支持

1. 呵护质疑精神

我们习惯强调向专业者学习、向书本学习。但这一次的活动挑战了我原有的认定模式，幼儿以实验的方式去验证爷爷办法和书本办法。这个过程让我们发现，学习不可以盲从，要学会独立思考，这也是我们生长教育推崇的理念及方向——培养理性的人。同时，也让我感悟到张雪门先生提出的"劳力上劳心"的这种精神。大家根据自己的操作反过来调整自己的思维，幼儿表现出让我震撼的质疑精神、实践精神、辩证精神。

2. 给予适宜支持

幼儿在真实场景中会有很多的想法，但是当他们离开这个场景后，记忆消退会比较快，这是幼儿期的特点决定的。我们如果觉得幼儿没有坚持性，那其实是教师没有针对幼儿特点提供相应的支持。这让我反思，我们习惯性让教师分上、下午班适宜吗？带上午班的教师对幼儿下午出现的问题不能很好地衔接，可能就会使幼儿的兴趣点消退、消失。所以，经过我们的协调，我们教师同时参与班级幼儿的上、下午沟通，全程了解他们的探究，以实现更好的助力。

（六）幼儿收获：豆芽长大了

经过无数次的失败、尝试，这一轮大家都用了自己觉得比较适宜的方法来养豆芽。这一天还没进教室，我就被班级幼儿的惊呼声吸引了，当走进一看，欢呼雀跃声不断，大家终于成功种出了很多的豆芽，但接下来的现象却很有意思。

小布把豆芽拿去益智区用尺子测量豆芽。

豆豆一边拿着尺子测量豆芽，一边说："这盆豆芽好长，这盆好短啊！"

一一用天平秤在秤豆芽，边秤边说："哇！这根好长啊，这根好短啊，营养不良了。"

安安说："快看，我这根有13厘米呢！"

馨馨说："你看你看，我这根比你长多了，有17厘米呢！我的肯定是最长的豆芽了。"

乐乐问："为什么你这根这么长啊？"

馨馨说："因为我每天及时给豆芽换水，压了重积木，每天都在照顾它。"

一一说："可能她的豆子特别大，又很能喝水！"

晨晨说："是啊，我们都六岁了，长得不一样高、不一样胖瘦。"

佳音把整盆豆芽都搬到了美工区，拿起画笔来，描绘着豆芽世界，用太空泥巧变豆芽。

　　童童在建构区正在忙碌地为豆芽搭建"高楼"，"我的豆芽可以搬新家了"，瞬间吸引了很多幼儿过来看，陆续也有几个幼儿也加入为豆芽"盖新房"的工作中来。

　　我们常常说多元智能理论，但很多时候在幼儿身上我们却看不到。在豆芽现场，我真实地看到幼儿的不同：有的对数字特别感兴趣，有的对空间建构感兴趣，有的对艺术绘画感兴趣。我该如何对幼儿的不同智能提供支持呢？我提供了电子秤，便于他们操作记录。下载豆芽成长的视频将其复制到自己的平板电脑中，放置阅读区，让大家可以直观地看到豆芽的成长变化。幼儿的兴趣点也在此扩散开来，从测量自己的豆芽，到同伴之间比一比谁的豆芽最长，到最后选出班级最长豆芽。

　　等一切忙碌后，豆芽美食成了大家共同的期盼。

　　果果："妈妈说过豆芽如果不马上吃掉会不好吃的！"

　　乐乐："我们拿到小厨房去炒了吧！"

　　童童："小厨房只有两个锅，我们还是一人一份带回家吧！"

　　豆豆："太好了，回家也可以吃豆芽了，可是用什么装呢？"

　　然然："我去拿袋子装。"

　　小布："美工区的毛根条可以用来捆绑，我用毛根条试试。"

　　晨晨："我用画画纸可以把豆芽包起来，我看我外婆就这样包东西。"

　　一场包装豆芽的活动展开了，放学时每位幼儿都带了一袋豆芽回家。这一天，晚上，班级群里特别热闹，家长们纷纷上传了幼儿烹制、品尝豆芽的视频和照片。

　　我家孩子以前从不吃豆芽，每次给他吃，他都说这么长，一条条的不好吃。但是，今晚他却说这个豆芽实在太好吃了，我从来都没吃过这么好吃的豆芽，因为这是他自己种出来的。

　　晚上，孩子非要自己炒豆芽，平时让她干点小家务，她都不愿意。

　　他说这个豆芽太好吃了，但吃到一半时，告诉我们不能再吃了，他明天要带到幼儿园给老师尝尝。

　　晚上，孩子一边洗豆芽，一边主动向我们介绍起他种养豆芽的全过程。

　　在洗的时候孩子很兴奋，说好多的豆芽啊，可以炒一大盆了。可发现豆芽下锅后的变化，小家伙惊呆了："豆芽怎么会缩短啊？"

　　家长和我都陷入了思考，为什么幼儿之前不爱吃的菜，此时爱吃了？

为什么平时看起来不爱劳动的幼儿，在这时却要求自己来动手了？为什么平时不乐意分享的幼儿，会想到第二天要带去幼儿园给同伴、教师呢？是什么力量在促使着幼儿的变化？

（七）我的反思：看见每一位儿童

我们每天和幼儿在一起，但并不意味着我们就能看到真正的幼儿，幼儿不是我们想象中的幼儿，也不是我们经验里的幼儿，只有看到每一个具体的幼儿，教育者的努力才有意义。

1. 看见才能支持

每位幼儿对同样的事物的兴趣点不同，关注点也不同。面对幼儿对豆芽长出时的不同态度，我看懂了他们的关注点和需要。反观我平时所说的"区域有丰富的材料"，那并不符合幼儿的真正兴趣，必然会成为摆设，成为应对检查的需要。

2. 看懂才会支持

在开展了豆芽这个项目活动时，我始终追随班级幼儿的一个个问题，调整自己的教学策略。通过适时的问题支架、环境支架、情感支架、多维度的教具支架等，来支持幼儿不断生成问题、解决问题。我欣喜地发现，我的这种教育支持让班级幼儿始终保持着探究的兴趣，最终形成了丰富的学习活动。同时，我和幼儿也共同研发、建构了一个属于本班幼儿的真正班本课程。

故事记录者：宁波市闻裕顺幼儿园 李江美 虞珍珍

后　记

　　我从事幼儿教育三十年。这三十年，正是中国学前教育迅速发展的三十年。我见证了《幼儿园工作规程》《幼儿园教育指导纲要(试行)》《3－6岁儿童学习与发展》等一系列重大文件的发布，经历了各种探索、改革。其间，我一直工作在学前教育的一线。在与儿童的互动中、在历次的教育改革中，"教育到底该如何推进儿童的发展"始终盘旋在我的脑海中，也不断推动着我前行。

　　1999年，我进行了"张雪门行为课程的开发与研究"，历时十年。这项实践研究对我教育思想的形成有非常深刻的影响，从根本上让我从"要教会幼儿"转向"先读懂幼儿"。正是儿童观的重塑，让我真正感悟到教育对儿童的推动作用，其根本应该是成就，这种成就不是让儿童靠近某一种标准，而是让本在儿童心中的那股力量绽放，我将它称为"生长教育"。"生长教育"有对杜威"教育即生长"的认同(张雪门的教育思想本身就是杜威实用主义的本土化)，也有新的视角。我并不是用"生长"代替"教育"，而是倡导一种关注儿童个性、顺应儿童天性、相信儿童力量的教育，这种教育如"生长"有着源源不断的力量。

　　我的探索还在路上，所幸这一路我获得了许多帮助。例如，在研究张雪门行为课程期间，我得到了南京师范大学虞永平教授的全力帮助与指导；2015年，我有幸跟随中央教育科学研究所刘占兰老师进行了为期一年的访学，访学期间刘老师为我全面梳理了生长课程的实践体系；2017年，甬派教育管理名家培养期间，我师从浙江省教育科学研究院的朱永祥老师，得到了朱老师的勉励与帮助。同时，我还要感谢宁波市教育行政干部培训中心柳国梁老师、袁玲俊老师一直以来对我的关心和鞭策。在此，向所有为我完成本书提供过帮助的前辈、朋友表示真诚的感谢！我因你们而不同！

　　"生长教育"的终极目标是助力每一位儿童"成为最好的自己"，当然也包括教师、家长。愿我们都能发现自己的生长点，愿我们都能找到自己的生长平台，愿我们始终拥有源源不断的生长力！教育的作用，当如是！

参考文献

1. [美]埃·弗洛姆. 为自己的人[M]. 北京：生活·读书·新知三联书店，1988.

2. 单中惠，钟文芳，李爱萍等. 蒙台梭利幼儿教育著作精选[M]. 上海：华东师范大学出版社，2008.

3. [德]第斯多惠. 德国教师培养指南[M]. 北京：人民教育出版社，2001.

4. [美]弗兰克·G. 戈布尔. 第三思潮——马斯洛心理学[M]. 上海：上海译文出版社，2001.

5. [德]福禄培尔. 人的教育[M]. 北京：人民教育出版社，1991.

6. 高平叔. 蔡元培全集(第四卷)[M]. 北京：中华书局，1984.

7. 顾明远. "水仙花"教育学[J]. 中国教师，2016(2).

8. 黄武雄. 童年与解放[M]. 北京：首都师范大学出版社，2009.

9. 纪树立. 科学知识进化论　波普尔科学哲学选集[M]. 北京：生活·读书·新知三联书店，1987.

10. [美]加雷斯·B. 马修斯. 哲学与幼童(修订版)[M]. 北京：生活·读书·新知三联书店，2015.

11. 蒋雅俊. 课程哲学：儿童、经验与课程[M]. 北京：人民教育出版社，2015.

12. 教育部基础教育司. 〈幼儿园教育指导纲要(试行)〉解读[M]. 南京：江苏凤凰教育出版社，2017.

13. [美]卡洛琳·爱德华兹，莱拉·甘第尼，乔治·福尔曼. 儿童的一百种语言[M]. 南京：南京师范大学出版，2006.

14. [德]康德. 实践理性批判[M]. 北京：商务印书馆，2003.

15. [印度]克里希那穆提. 心灵自由之路[M]. 北京：九州出版

社，2005.

16.[捷]夸美纽斯．大教学论[M]，北京：教育科学出版社，1999.

17.[英]莱斯利·史蒂文森．人性七论[M]．北京：商务印书馆，1994.

18.[美]理查德·洛夫．林间最后的小孩——拯救自然缺失症儿童[M]．长沙：湖南科学技术版社，2013.

19.联合国教科文组织国际教育发展委员会．学会生存——教育世界的今天和明天[M]．北京：教育科学出版社，1996.

20.刘济良．生命教育论[M]．北京：中国社会科学出版社，2004.

21.刘晓东·解放儿童(第二版)[M]．南京：江苏教育出版社，2008.

22.罗子明．消费者心理学(第4版)[M]．北京：清华大学出版社，2002.

23.[英]洛克．人类理解论(上册)[M]．北京：商务印书馆，1959.

24.[加]马克斯·范梅南．教学机智——教育智慧的意蕴[M]．北京：教育科学出版社，2001.

25.[意]玛丽亚·蒙台梭利．童年的秘密[M]．北京：人民教育出版社，2013.

26.[意]玛丽亚·蒙台梭利．有吸收力的心灵[M]．北京：中国妇女出版社，2012.

27.桑标．当代儿童发展心理学[M]．上海：上海教育出版社，2003.

28.[苏联]苏霍姆林斯基．育人三部曲[M]．北京，人民教育出版社，1998.

29.陶行知．陶行知选集(三卷本)(第2卷)[M]．北京：教育科学出版社，2011.

30.王春燕．幼儿园课程概论(第2版)[M]．北京：高等教育出版社，2014.

31.王晓明．二十世纪中国文学史论(第一卷)[M]．上海：东方出版中心，1997.

32.王振宇．学前儿童发展心理学[M]．北京：人民教育出版社，2015.

33.［美］威廉・C.格莱因.儿童心理发展的理论［M］.长沙，湖南教育出版社，1983.

34.［苏联］维果茨基・维果茨基教育论著选［M］.北京：人民教育出版社，2004.

35.吴式颖，任钟印.外国教育思想通史　第十卷　20世纪的教育思想(下)［M］，北京：北京师范大学出版社，2017.

36.吴志宏，郅庭瑾.多元智能：理论、方法与实践［M］.北京：上海教育出版社，2003.

37.夏征农.辞海［M］.上海：上海辞书出版社，2002.

38.［德］雅斯贝尔斯.什么是教育［M］.北京：生活・读书・新知三联书店，1991.

39.姚伟.儿童观及其时代性转换［M］.长春：东北师范大学出版社，2015.

40.叶浩生.身体与学习：具身认知及其对传统教育观的挑战［J］.教育研究，2015(4).

41.［美］伊斯雷尔・谢弗勒.人类的潜能——一项教育哲学的研究［M］.上海：华东师范大学出版社，2005.

42.［英］伊丽莎白・劳伦斯.现代教育的起源和发展［M］.北京：北京语言学院出版，1992.

43.虞永平.让理论看得见　生活与幼儿教育［M］.合肥：安徽少年儿童出版社，2011.

44.虞永平.学前课程与幸福童年［M］.北京：教育科学出版社，2012.

45.［美］约翰・杜威.民主主义与教育［M］.北京：北京人民教育出版社，1990.

46.［美］约翰・杜威.我的教育信条——杜威论教育［M］.上海：上海人民出版社，2013.

47.［美］约翰・杜威.学校与社会——明日之学校［M］.北京：人民教育出版社，2004.

48.赵南.理解儿童的前提：承认儿童的不可完全被理解［J］.教育探究，2019(5).

49.周作人.周作人论儿童文学［M］.北京：海豚出版社，2012.